地势坤，君子以厚德载物。

明朝一哥王阳明

吕峥 著

中国友谊出版公司

图书在版编目（CIP）数据

明朝一哥王阳明 / 吕峥著 .—北京：中国友谊出版公司，2020.6（2025.4 重印）

ISBN 978-7-5057-4906-1

Ⅰ . ①明… Ⅱ . ①吕… Ⅲ . ①王守仁（1472-1528）—传记 Ⅳ . ① B248.2

中国版本图书馆 CIP 数据核字（2020）第 090326 号

书名 明朝一哥王阳明
作者 吕　峥
出版 中国友谊出版公司
发行 中国友谊出版公司
经销 新华书店
印刷 三河市中晟雅豪印务有限公司
规格 700毫米×980毫米　16开
22印张　337千字
版次 2020年7月第1版
印次 2025年4月第10次印刷
书号 ISBN 978-7-5057-4906-1
定价 56.00元
地址 北京市朝阳区西坝河南里17号楼
邮编 100028
电话 （010）64678009

新版序

不能胜寸心，安能战苍穹

人间似道场，人生即修行，心学的核心要义是破心中之贼。

人类的很多竞争其实并非对抗，而是各自射箭。那些百发百中之人，都是苦练箭法的奋斗者，只跟自己较劲，没空管别人。而把他人当成对手严防死守的，则鲜有能成功者。

因为，成功属于摆平了内心的人。

人心若被外在的东西牵制，临事便易患得患失。而那些私心了无的人，至诚如神，廓然大公，做事往往全心全力。任何人的起心动念，在他面前都一览无余。

南赣的土匪和叛藩朱宸濠，个个被王阳明牵着鼻子走，只因摆开阵势前，已在心上输了——悟道后的王阳明如天心圆月，无所不照，“洞物情之向背而握其机，察阴阳之消长以乘其运，是以动必有成而吉无不利”。

由此可见，修己治人，本无二道。

事实上，修己的目的是觉醒，治人不过是副产品而已，用王阳明的话说就是：

四十余年睡梦中，而今醒眼始朦胧。
不知日已过亭午，起向高楼撞晓钟。
起向高楼撞晓钟，尚多昏睡正懵懵。
纵令日暮醒犹得，不信人间耳尽聋。

酣睡的原因在于大多数人都生活在人为创造的概念世界里，远离真实，甘作傀儡。比如奢侈品的“品牌价值”，其本质无非是忽悠出来的价值，收的是智商税；再比如一些极端女权主义者只享受权利，不承担责任，在谎言和假象中自得其乐，不可断绝。殊不知，即便是已被扔进故纸堆的“君君，臣臣，父父，子子”，孔子首先强调的也是责任而不是特权——君要负起为君的职责，父要履行为父的职责，权责对等。

随着经济的高速发展，一些人产生了“一切向钱看”的价值观，带来“风气浮嚣”“世道浇漓”的流弊，王阳明笔下“诡辞以阿俗，矫行以干誉，掩人之善而袭以为己长，讦人之私而窃以为己直”“妒贤忌能而犹自以为公是非，恣情纵欲而犹自以为同好恶”的乱象层出不穷。

如果各行各业的人都不安其分，凌空蹈虚，社会必将走向笑贫不笑娼的虚假繁荣，结果便是“盲人骑瞎马，夜半临深池”，最后房价畸高，乏人接盘；网贷公司“爆雷”，遍地狼藉；大龄青年孤芳自赏，有价无市。

董仲舒曾说，利以养身，义以养心。幸福安宁的源头不在身体上，而在心灵上，故由外在物质带来的快乐总是难以持久。养心之“义”即“适宜”，换言之，做任何事都求个心安理得。

儒家认为，人唯一能控制的东西就是自己的念头。因此，一个人的心是什么样子，生命就是什么样子。志于道德者，功名不足以累其心；志于功名者，富贵不足以累其心。

故而，人须“辨志”。志不立，天下无可成之事。内心没有主宰，只能听凭命运安排；志既立，不取于相，如如不动，面对一关过后一关拦的人生，决不退缩。

当一个人知道自己要去什么地方，就不会为眼前的琐事烦恼，迷茫焦虑；也不会被蝇头微利和蜗角虚名牵绊，一往无前。

可惜，大部分人明明想让车发动，却一脚踩着油门，另一脚踩着刹车，任凭能量和动力在空转声中无谓地消耗。

天人交战并不独属于内心戏丰富的人，而是这个时代的常态。很多人终其一生都在追赶风口，追随变化，懂得的“道理”越来越多，离“道”却越来越远，陷入“理障”。

观古人造字，“知”上有“病”就是“痴”——知道的多了，人也就痴了。“知识愈广而人欲愈滋，才力愈多而天理愈蔽”，以致“朝无鲠直之臣，野无守正之士”，人心趋于诡诈，世风流于侈靡。

对此，王阳明开出的药方是“心即理”。

我心即天理，意味着以自我为中心构建一套区别于客观世界的“我的世界”。一旦摆脱外界的束缚，远离人云亦云，独立意识和自由精神也就应运而生。

同时，“我的世界”绝非闭门造车，而必须和客观世界产生感应，将天理投射到万事万物上，赋予其意义。例如，环境恶劣的龙场驿就是王阳明的客观世界。当他发现无论怎么痛苦、怨恨都不能撼动其存在后，索性主动赋能，将不堪入目的住所命名为“玩易窝”与“何陋轩”，世界也就逐渐光明起来。

由此可见，心能成就宇宙，前提是澄澈心之天理——良知。

良知是是非之心，是每个人先天的道德感和判断力。它包含良心，又不止于良心。好人难以成事，就是因为只有良心却缺乏对人对事的判断。而良知则是一种决断的智慧，既告诉你正道，又告诉你如何行道，抵达成功的彼岸。

作为人类最厉害的直觉和本能，良知知善知恶，总是在人生的紧要关头做出正确的选择。可惜，很多人的良知长期处于尘封状态，凡事跟着欲望走，沦为他人的棋子；或虽选对了路，却无法坚持到底，知行分离。

究其原因，在于不良习气的熏染，私欲之灰的遮蔽。

私欲者，情（喜怒哀乐忧思恐）之过与不及也。因爱生恨与薄情寡义皆不可取，只有用良知的理性之光约束情绪而不是任其发泄与耗散，才能在恰当的时机收放自如地表达，获得情感的质量和速度。

未开之镜，何以照妍媸？恢复良知是挣脱私欲奴役，打开全局视野的唯一办法，具体途径则是“诚意”。

诚意者，不自欺也，去私欲也，笃定地按照良知的判定去践行，不为杂念所左右。

当然，道不可坐论，德不能空谈，实实在在的功夫不可或缺，这便是“静坐体悟”与“事上磨炼”。

无事时检视内心，体认良知，对往来胸中的念头“正其不正以归于正”；有事时事上炼心，用行动验证良知，用良知影响外物，循环往复。

没有静坐体悟的事上磨炼，往往是心不在焉的瞎忙，身心俱疲；而没有事上磨炼的静坐体悟，又容易陷入虚无，一逢事便方寸大乱。

只有合二为一，方可称“致良知”。

“致”者，“使之至”也。向内至，明觉良知；向外至，推行良知。良知感应神速，无须等待。一遇情境，便即发动。本心之明即知，不欺本心之明即行。

一个致良知的人，就是知行合一的人。

知行合一极大地提高了人生的效率。遵循良知的指引做事，充实喜悦，正气凛然，其势能甚至可以感染冥顽不灵的蛮夷和一毛不拔的懒汉。而违背本心行事，将时时刻刻受到良知的折磨，自我怀疑，畏首畏尾，即便事情勉强做成，效果也已大打折扣。

从这个角度来看，成功不是成事，而是一种身心境界，包含“自尽于心”“自得于心”和“自快于心”三重。

所谓自尽于心，即做任何事都全神贯注，哪怕是端茶倒水的小事。那些三心二意、提不起精神的人，往往是因为没有找到做事的意义。

只有自尽于心，人才能琢磨出干事的理论来，团结具有相同信念的人。这种信念是坚如磐石的，因为它深入骨髓，自得于心。而有了共识，方能共创，从而上下同欲，如臂使指。

比自得于心更高的境界是自快于心，即王阳明告诫弟子的“常快活便是功夫”，亦即连接共享、成己达人后价值得到体现的心满意足。

王阳明相信“心体同然”，只要每个人都“克其私，去其蔽”，最后势必回归到相同的本心，“公是非，同好恶，视人犹己，视国犹家，而以天地万物为一体”。

王阳明晚年在给内阁首辅杨一清的信中说：“夫惟身任天下之祸，然后能操天下之权；操天下之权，然后能济天下之患。”这就好比风平浪静时，船上的人都觉得自己才堪大用，足以掌舵，于是一拥而上，争权夺利。突然，黑云压顶，浊浪排空，眼看船要倾覆，所有人都抱头鼠窜。此时，谁能站出来操舵，无论能力大小，心虚与否，众人都会投之以赞许的目光，听其安排，共克时艰。

担当是这个社会最稀缺的资源，但也只有不畏险阻，无惧毁谤，勇于承担的人，才能成就大事。

从自立到自省，从灵魂拷问到化育天下，心学的力量苍天可踏。

愿得我心如明月，独映寒夜迷途人。

初版序

龙冈山上一轮月，仰见良知千古光

明朝万历年间，内阁首辅王锡爵曾对东林党创始人顾宪成抱怨说：当今所最怪者，朝廷认为对的，外界一定认为不对；朝廷认为不对的，外界一定认为是对的。

一个政府，不得人心到如此境界，也算是人类历史上的一朵“奇葩”。

然而，这还不是最可怕的。

最可怕者，上下交征利；最可怕者，弃婴垂死于闹市而路人不闻不问；最可怕者，互相投毒，共识破裂，阶层固化，黑白颠倒；最可怕者，真爱已死，理想破灭，道德沦亡，法度陵夷。

在这片废土之上，一眼望去，黑夜漫无边际。从失望到绝望乃至无望的世人不禁想问：尚有光明之可能乎？

1872年，坚信光明的曾国藩去世。一位知他最深的故交送上挽联：

尽瘁武乡侯，千秋臣节；
望隆新建伯，一代儒宗。

“武乡侯”是诸葛亮，而“新建伯”就是曾国藩的精神导师，人称“立德、立功、立言皆居绝顶”的王阳明。

曾国藩生前事事效仿王阳明，身后得此盖棺定论，可以含笑九泉矣。

其实，无论是在思想的影响上还是在事功的建立上，曾国藩都稍逊其偶像王阳明一筹。

政治上，王阳明官至都察院左都御史、南京兵部尚书以及江西巡抚、南赣巡抚和四省总督。生前封新建伯，身后谥文成公。

军事上，王阳明不费朝廷一兵一饷，选练民兵，平定了为祸赣南的大规模叛乱；又在高层的掣肘下，仅用三十五天就击溃了宁王朱宸濠的数万叛军，一举粉碎其蓄谋了几十年的篡位大计；而征讨思田和断藤峡更体现了他抚剿并用、文武兼修的军事思想，将兵家权谋上升到了“此心不动即为术”的化境。

思想上，王阳明融合儒、释、道三家之精华，打破僵化的官方意识形态程朱理学的窠臼，独创以“心即理”“知行合一”“致良知”三大命题为核心的阳明心学，信从者上至宰相，下及走卒，流传之速，蔓延之广，不仅有明一代无人能匹，纵观古今中外亦不多见。他的弟子中官居高位者不计其数，入阁拜相者不乏其人（徐阶、张居正、赵贞吉），在各自领域独领风骚者更是如过江之鲫（徐文长、汤显祖、徐光启、李贽）。

在明朝，他从祀孔庙；在近代，康有为、梁启超、章太炎、孙中山以及“五四”时期的陈独秀、胡适之无不从阳明心学中汲取人性解放、自尊无畏的思想，建立了不朽的事功。梁启超认为他“在近代学术界极其伟大，在政治和军事上亦有很大勋业”。章太炎一针见血地指出：“日本维新，王学为其先导。”孙中山更是赞叹道：“心之为用大矣哉！”

诚如章太炎所言，王阳明对明治维新产生了重大的影响，数之不尽的日本政治家、企业家对他奉若神明。倒幕领袖西乡隆盛、久坂玄瑞、前原一诚，维新功臣伊藤博文、高杉晋作，尽出王门。三菱集团创始人岩崎弥太郎，日本国立银行创始人、实业巨擘涩泽荣一，早稻田大学创始人、日本首相大隈重信，作家三岛由纪夫，企业家稻盛和夫，无一不是王阳明的追随者。

而在中国，蒋介石对王阳明的崇拜更是到了无以复加的地步。

据蒋介石自述：我早年留学日本的时候，不论在火车上、电车上或渡轮上，凡是旅行的时候，总看到许多日本人都在阅读王阳明的《传习录》。许多人读了之后，就闭目静坐，似乎是在聚精会神，思索精义。于是跑到书店，抱回一大堆王阳明的著作，不断阅读研究，到了后来，真有一种手之舞之、足之蹈之、心领神驰的仰慕……

1914 年，蒋介石研读王阳明、曾国藩和胡林翼的著作，在日记中称“研究至再，颇有心得。甚至梦寐之间亦不忘此三集”；在 1926 年 11 月的日记中又写道：“车中闷坐，深思看阳明格言。”

不仅如此，蒋介石还在各种场合为偶像振臂高呼：“王阳明的眼光，超过他同时代的一切读书人。”

同时，蒋介石还写信给留学苏联的蒋经国，让他多看王阳明的书。在他的影响下，蒋经国对王阳明尊崇有加，说：“阳明先生不但有高深的学问，而且能将学问实用实行。”

于是，一个问题浮出水面：为什么古今中外这么多大人物对王阳明顶礼膜拜？

的确，王阳明是哲学家、文学家、教育家、政治家、军事家和书法家，别人博而不精，他却越博越精。而且，他的哲学绝非书斋里的空想，而是学以致用的利器。用到政治上，他成了第一流的政治家；用到军事上，他又成了最可怕的军事家。

因此，被成功学洗脑多年的人应该扪心自问一下：为什么天天读曾国藩还是仕途失意？为什么日夜学胡雪岩仍然一贫如洗？

因为没有经历和他们一样的心路历程。道理人人会讲，诸子百家各有用武之地，但不从心上用力，砥砺出不偏不倚、动转得势的强大心灵，即使做同样的事，说同样的话，动作也会走形。毕竟相由心生，情随事迁。

阳明心学是炼心的学问，是“乾坤万有基”。王阳明之所以将国人宏大而细腻的心理图谱精确地描绘出来，就是要传达一条真理：一切战斗都是心战，内心的强大才是真正的强大。在这个基础上，他为世人曝晒出了心体，以自性之光照亮自己，凌驾于意识之上俯察喜怒哀乐，做出准确客观的判断，塑造出一个“情顺万物而无情”“终日有为而心常无为”的坚实心体。

首先，“心即理”告诉我们要相信自己，倾听内心，树立起强大的主体意识。其次，炼心的目的也不是成为圣贤一了百了。阳明心学是一种信仰哲学，而信仰只有被实践时才有意义。王阳明融三家之长，却归宗于儒家，提出振聋发聩的“知行合一”，就是要强调内圣外王，将心性之学转化为卓越的事功。

综上所述，在内，阳明心学让人不把外界的非笑毁谤、个人的进退荣辱看得太重，养成无所亏蔽、无所牵扰、无所恐惧忧患、无所好乐愤懥，富有弹性的心理状态；在外，由于有了内在的支撑，一事当前，不待思考，所行便能执两用中，恰到好处，动容周旋而中礼，从心所欲而不逾矩，既不过分也无不及，理直气壮又通权达变，最终迈入无内外之分、无人我之间、与天地合德、同万物一体的境界。

很显然，王阳明做到了，甚至超越了。

孙中山在《建国方略》中说：“夫国者人之积也，人者心之器也，而国事者一人群心理之现象也。”

你是什么样，世界就是什么样。

我依稀听见，一群熟悉的陌生人正站在门外。他们是王门弟子，是王畿、徐爱、王艮、钱德洪、何心隐、黄宗羲，是中江藤树、佐藤一斋、吉田松阴、木户孝允、佐久间象山……他们穿越历史的风尘，身着青衫，面带微笑，正砸响门环。

王阳明的时代，到了。

目录

第一章 万古长夜，第一缕光

002 明朝出了个王阳明
003 乘云降生
005 诸行无常，诸法无我
006 耕读世家
008 佛不度人，唯人自度
010 何为第一等事

第二章 天性不羁，跃马扬鞭

016 孔子的困境
019 圣人必可学而至
022 青青翠竹，尽是法身
024 为圣为文两彷徨

第三章 以日以年，上下求索

030 对境起修
031 盛世危言
036 朱陆异同
039 三个理学达人
041 俞伯牙和钟子期

第四章　政治风波，光荣下狱

046　宦不聊生的日子
049　证法之器
051　刘瑾开始耍流氓
055　最优秀的老师是生存
057　化险为夷，独赖心力
061　亡命天涯

第五章　万里乾坤共寂寥

066　春光荏苒如梦蝶
069　黄钟毁弃，瓦釜雷鸣
073　宗教 vs 科学
075　宇宙维度和人择原理
078　徐元庆谋杀案
081　欲动天下者，当动天下之心

第六章　我光造日月

086　灵魂深处爆发的革命
089　龙场悟道
092　贵州讲学
095　千古奇文《瘗旅文》
099　法住法位
103　安民于庐陵，传道于京师

第七章　中原“王旋风”

108　引爆重磅炸弹
114　“明矾”总动员
120　桨声灯影，布道金陵

第八章　文攻武卫

126　农民又起义了
129　二王 PK
132　必也有师
135　乾坤由我在，安用他求为
138　知道做不到，等于不知道
140　看书要看《传习录》，打仗须学王阳明

第九章　南赣戡乱

146　冰鉴和铁腕
149　避实击虚，兵以诈立
151　软硬兼施，上兵伐谋
155　百里妖氛一战清
159　连环计
165　破山中贼易，破心中贼难

第十章　目标，朱宸濠

170　春风化雨气象万千

174　但尽臣节所当为，何论君恩之厚薄

178　舌战腐儒

181　憧憬光明，就不会惧怕黑暗

184　扬善必先惩恶

186　此心不动，随机而行

190　兵无常势，水无常形

192　鄱阳湖大战

195　火烧朱宸濠

第十一章　应无所住而生其心

200　皇城闹剧

202　宇宙坏死，良知不灭

205　政治即人事

208　坚挺以待，动转得势

211　十地菩萨

214　文韬武略

第十二章　先秦精神文明建设

220　清理酱缸

224　解剖儒墨

227　天地不仁，以万物为刍狗

231 法尔法
234 为实现正义，哪怕天崩地裂
237 三部天书
242 冷血韩非

第十三章　位我上者灿烂星空，阳明心学在我心中

248 殃金咒
252 与君同舟渡，达岸各自归
255 雷霆启寐，烈耀破迷
258 千圣皆过影，良知乃我师
261 有无之境

第十四章　传薪有斯人——泰州学派

266 此身已在含元殿，更向何处问长安
269 成圣心切的富二代
272 泰州风暴

第十五章　大议礼

278 杨廷和布局
280 借花献佛，张璁得志
283 桂萼发家史
288 历史深处的目光

第十六章　夕阳无限好，只是近黄昏

294　王与朱共天下
297　狂狷天泉桥
300　戏炉焰上片雪飞
303　最是人间留不住，朱颜辞镜花辞树
307　千古毁誉随风散，只是良知更莫疑

附录一：王阳明年表 / 313
附录二：明代官制 / 315
后记：我们一路奋战不是为了改变世界，而是不被世界改变 / 319
参考文献 / 331

第一章

万古长夜，第一缕光

明朝出了个王阳明

人世的哲理长久地隐藏在玄冥之中，宇宙不知疲倦地演绎着爆炸、膨胀的轮回，直到上天也厌烦了这周而复始的一幕，打了个哈欠，眨眨眼睛说："让王阳明去吧！"

于是，一道天光划亮了沉寂悠远的万古长夜，坠入神州大地上一座叫余姚的县城。

几十年后，一个在地图上难以寻觅的地名——龙场[1]，将被永远载入史册。因为这一天，一个仕途失意的落魄青年在这里和神做了一笔交易。他以渊博的学识、丰富的阅历以及不分昼夜的冥思苦想，为人类换来了觉醒的火种和超凡的智慧，"阳明心学"横空出世。

一百年后，他的名字传遍大江南北，他的粉丝成群结队，他的事功被人编成传奇顶礼膜拜，他的文集让书商笑歪了嘴。他的再传弟子徐阶隐忍十载，用心学里的智慧除掉权奸严嵩，官拜内阁首辅，荣极一时。几年后，另一个不世出的奇才张居正更是将心学艺术发挥到极致。他左右逢源，架空皇权，以力挽狂澜的政治改革为行将就木的大明朝续了整整半个世纪的命。

福建愤青李贽，早年即受心学影响，创立"童心说"，批判重农抑商，倡导功利价值，猛烈抨击官方意识形态，企图为资产阶级革命做理论准备，在解放思想、深化改革方面走在了时代的前列。

江西文人汤显祖，主动向组织靠拢，拜王学传人为师，长期致力于哲学理论与艺术实践的结合，创作出中国的"莎翁剧"——《牡丹亭》。

除此之外，散文家袁宏道、畅销书作家冯梦龙以及各路草根写手纷纷亮相，在心学的影响下笔耕不辍，开创了一个崭新的文学时代。

蒋介石早年在大陆时就非常推崇王阳明，赴台伊始便将所居之草山改名为阳明山，并在草山创立了"革命实践研究院"，提倡"实践"运动，以示

1　龙场即今贵州省贵阳市修文县龙场镇。——编者注，后同

对阳明先生的尊崇。

于是乎，有人要问：王阳明到底是谁？心学咋就那么神奇？

其实，王阳明只是一种生活态度。

当然，也有人认为阳明心学可以浓缩为两个字——权道。权是权衡、权宜。对人心而言，权就是追求那微妙的恰到好处，像秤砣一样随被称之物的轻重而变动，找到那个不偏不倚的位置。

究竟怎样，说来话长。

乘云降生

话说 1472 年，明宪宗成化八年，王阳明降生在浙江余姚。

余姚在明朝属于绍兴府，大禹治水就告成于这片三苗古地。这是名扬四海的牛人制造基地，曾成功推出过虞世南（诗人）、黄宗羲（思想家）、宋汉章（银行家）和蒋梦麟（教育家）等名人。

作为相对严谨的官方史书，《明史》带头宣扬封建迷信思想，说王圣人他妈怀孕十四个月尚未分娩，父亲王华感到很奇怪。

一天，祖母岑氏上床午睡，不一会儿就进入了梦乡：房上笙笛悠扬，香烟缭绕，旗幡招展中，一群仙人驾着五色云自空中而来。其中一个头戴金盔、身穿金甲的天神脚踏一片紫云，怀中抱着一个小孩，从天而降，落在王家。天神轻推房门，高声道："贵人来也！"随即走了进来，将怀中小孩送与岑氏，回身出屋，随众仙驾云而去，仙乐和香烟也渐渐散去。

岑氏醒来后，王圣人就诞生了。

大家觉得这事非同小可，就把家里最有见识的人——娃他爷竹轩公王天叙请了出来。为啥叫竹轩公呢？因为据传此人"性爱竹，所居轩外环植之，日夜啸咏其间"，颇有魏晋遗风。

老头拄着拐棍从里屋出来，往太师椅上一坐，环视了一下众人，说："喀，喀。既然是云上的神仙送来的，那就叫王云吧。"于是王圣人有了第一个名字，他降生的那栋房子也被命名为瑞云楼。

有道是“彬彬三代”，精神贵族的养成绝非一世之功。翻开家谱一查，王家的祖先里面就有一个圣人——王羲之。

由于王书圣知名度太高，后世子孙都生活在他巨大的光环之下，有所建树的寥寥无几。一眨眼到了元末明初，张可久[1]有曲云：

> 兴亡千古繁华梦，诗眼倦天涯。孔林乔木，吴宫蔓草，楚庙寒鸦。
> 数间茅舍，藏书万卷，投老村家。山中何事？松花酿酒，春水煎茶。[2]

如果熟悉纳兰性德的词，就能体会张可久“兴亡千古繁华梦”的感慨。这种情愫在《红楼梦》里弥漫得最充分，或称“末世感”。许多年后，当严复的《天演论》出版时，人们才慢慢接受了“时代是在不断进步”的观点。

现在看来很可笑，这么浅显的道理小学生都明白。但可惜，中国是一个崇古的国度，自从孔子不遗余力地描绘了一幅天下大同的上古画卷，并倾情打造了尧、舜、禹三大人类偶像后，后世之人就常常生活在“世风日下、人心不古”的纠结之中。

崖山之后，蒙古人入主中原，汉人沦为三等公民，满目神州尽胡服，当真是千古未遇之奇灾剧变。而以往的士大夫阶层也没官做了，站在元朝汉族文人的立场上，不难想象他们的心态：末世来临。用曹雪芹的话形容就是“无才可去补苍天，枉入红尘若许年”。

1 张可久，元代散曲家、剧作家，是元曲“清丽派”的代表，现存小令800余首，为元曲作家中最多者。

2 此曲题为《人月圆·山中书事》。

诸行无常，诸法无我

王云的六世祖王纲就是这些落魄文人中的一员。当是之时（元末明初），天下大乱，山头林立，而王纲同志文武全才，颇有声名，是块建功立业的料。但王纲不这么想，经过末世的消磨，他没有太多的民族大义、壮志雄心，只愿“苟全性命于乱世，不求闻达于诸侯”。

于是，王纲坚持不懈地穿梭于山水之间，哪儿没人往哪儿钻，谁让他下山他跟谁急，比陶渊明还陶渊明。

然而，世事多不遂人意，王才子常年甘居林壑、淡泊名利的感人事迹不胫而走，愈传愈神。

据说，王才子早年曾跟终南山隐士学习卜筮法和相面术，学成下山，遇到的第一个算命对象就惊天动地——明朝的开国宰相刘伯温。刘伯温见王纲谈吐不俗，气质非凡，认定他是个奇才，当即与之结交。王纲则现学现用，端详了刘伯温半天。自信满满的刘伯温只道他要赞美自己一番，再来一句“苟富贵，无相忘”，然后像小说里面写的，杀猪宰牛，歃血结拜。

结果恰恰相反。

王才子神秘地告诉刘伯温：“你将来肯定会飞黄腾达，但是我呢，性本爱丘山，不愿意落入尘网中，所以到时候你就别来烦我了！”

刘伯温顿时无语。

人生弹指芳菲暮。王纲在古稀之年被举荐到兵部担任正五品的郎中。这可怪了，按照王才子的牛脾气，打死他都不会去做官，难道临老脑袋开窍了？史书中没有记载原因，但仔细推敲，不难得出答案。

如果你有幸生在明朝洪武年间，如果你有幸成为一方大员，最幸运的是你已经躲过了李善长、胡惟庸、蓝玉等大案要案的牵连，好了，恭喜你可以上任了。首先，你会受到朱元璋的亲切接见，当你离开时，他的谆谆教诲会在你的耳边时时回响：朕行先教后诛，不是不教而诛。尔等若是不听话，硬是要贪，那就只有死路一条了。

到任以后，会有专人安排“皮场庙”一日游。此处悬挂的都是贪污了六十两银子的前任地方官，他们先是被挑筋断指，折磨至死，然后将皮剥下后填上稻草、石灰做成“皮统”供后任瞻仰。

即使如此，朱元璋仍不放心，设立了十三道御史、六科给事中，处处布防，纠察百官。

于是乎，有人怒了：“老子不当官总行了吧！”

确实也有人直接挂印而去。但是不要忘了，朱元璋的行事风格就是不按常理出牌，当他意识到这个问题时，马上匠心独具地颁布了“诽谤朝廷罪”和“戴死罪办事”。前者用朱元璋的话说就是：“奸贪无福小人，故行诽谤，皆说朝廷命官难做。”后者更是明朝的一道奇观：很多罪犯过堂，发现当官的也戴着镣铐，和自己一模一样，后面还有人监视。被判死罪的官员先给下面跪着的犯人判刑，自己再到朱元璋那去领死。

现在可以想象王纲的境遇了。站在朝廷的立场：世有遗贤，肉食者之耻。王才子名气那么大，不去做官，你老朱同意，那些正处于水深火热中的文官也不会同意。于是，王纲连《陈情表》都没来得及写，就被人带到了京城。据当地百姓回忆，王纲说的最后一句话是：风萧萧兮易水寒，壮士一去兮不复返。

从此，再也没有人见过王纲。直到多年以后传来消息：王纲在广东增城征讨苗人的战役中光荣殉职。

耕读世家

王纲死的时候，儿子王彦达只有十六岁。命苦不能怨政府，他咬咬牙，用羊皮裹着父亲的尸体，将其背回了家。

烈士家属王彦达寻思着父亲为国捐躯，朝廷怎么着也得褒奖一番吧。然而，现实很黑暗很残酷，由于朝中无人，王彦达没得到任何国家补偿，再加上王纲生前为官清廉，家无余财，深感“死个人都死不起”的王彦达差点准备卖身葬父。

备受打击的王彦达开始相信宿命论，本着我命由天的心态得过且过，躬耕养母，读书自娱，临死的时候还不忘告诫儿子王与准：“不要中断我们书香世家的传统就行了，不指望你当官！”

王与准果然有乃父之风，闭门谢客（其实也没几个客），很快读完了家里所有的书，并且鄙视科举，拒绝引荐，专心致志当隐士。

如果王与准就这样平平淡淡过一辈子倒也罢了，但可惜他犯了和他爷爷同样的错误——迷上了算卦。从此，人们经常看到乐于助人的王与准给乡里乡亲免费算卦的身影，而且由于他天赋极高，一算一个准，结果麻烦来了。

当地知县听说了王与准，想让他帮自己算算前程，便派人登门邀请。可王与准平生最厌恶的就是那些目无王法、鱼肉乡里的微官末吏，于是，他深感考验自己气节的时刻来临了！大义凛然的王与准当着来者的面把卦书烧了，恶狠狠地说：“我王与准不是那种趋炎附势、妄谈祸福的算命先生！”

可叹王与准聪明一世，却不明白一个最浅显的道理：事可以做绝，但话不能说绝。

还好他虽然直，却不傻，清楚惹恼了县太爷肯定没好日子过，搞不好哪天种完地回家的路上就被人黑了，便带足干粮，跑到附近四明山的山洞里躲了起来。

知县抓不着人，气得直骂娘。正巧朝廷的钦差到浙江“督有司访求遗逸”，招揽贤才。知县大人的政治敏锐性还是挺高的，立刻跑到钦差面前告黑状，说：“王与准认为朝廷亏待他爷爷，长期仇视政府，并和他几个儿子共同发誓一辈子不考公务员。”钦差一听怒了：“公务员咋了？公务员也是人，都是爹生妈养的！”

于是钦差大人一声令下，扣押了王与准的三个儿子，再本着活要见人、死要见尸的指导方针，对四明山展开地毯式搜索。

许多年后，大洋彼岸的林肯说了句名言：“宁可给一条狗让路，也比与它冲突让它咬一口好。如果被咬伤了，即使把它杀掉也无济于事，得不偿失。”翻译成中文就是“宁可得罪君子，不要得罪小人”。

得罪了小人的王与准此刻别无他法，只好上演新一轮的《亡命天涯》。可惜饶是深山更深处，也应无计避追兵。就在王与准向深山里钻的时候，一失足掉到了山沟里。

有的人一失足成千古恨，有的人一失足传为千古佳话。王与准属于后者。

机会像条狗，追不上，赶不走。当追兵找到躺在地上不能动弹的王与准时，大家一致认定他完了。

没有人知道，王与准的机会来了，改写历史的契机也到了。

遍体鳞伤的王与准被带到钦差面前。钦差虽然冲动，却不是昏官。他见王与准“言貌坦直”，不像是破坏分子，便向他了解了来龙去脉，又着人四处走访。调查结果表明：王与准是个助人为乐、刻苦钻研的好同志。于是钦差便放了他们全家。又见王与准的二儿子王世杰很有出息，便道：“你们一家子都当隐士，太不给朝廷面子了，不如让你的儿子代你出仕？”

王与准经此一难，思想发生了重大变化。他不仅欣然应允，还给自己取了个“遁石翁”的名号，感谢伤了他脚的石头。

王世杰作为特招生，从此有了秀才的身份。

正好这年大考，王世杰前去参加。按规定，考生必须散发脱衣接受检查，以免夹带作弊的东西。世杰同学觉得这是对他人格的侮辱，连考场都没进就走了，把他妈给气的。由此观之，到了这一代，王家人的思想已经逐步趋向入世。

王世杰他妈的临终遗言是：“尔贫日益甚，吾死，尔必仕。勿忘吾言！”但终其一生，王世杰都没实现这个理想，历史把目光投向了他的儿子王天叙。

佛不度人，唯人自度

王天叙就是那个喜欢竹子的竹轩公，王云他爷爷。史载此人细目美髯，风度翩翩，与人交往亲切和蔼而又不可侵犯。再加上博学多才，与人为乐，不久便成为远近闻名的大儒。

王大儒教子有方，培养了一个三好学生。

王华继承了中华民族的传统美德，小时候在河边捡到一袋金子，留了个心眼将它藏在一旁的草丛里，守了一天等候失主。太阳快落山时，一人匆忙赶来，面带焦虑之色，说丢了钱袋。王华问他数目，与袋中金额相符，故交还给他。

失主大喜，取出一锭作为报酬，孰料王华正色道："如果我贪图钱财，这一整袋都是我的了，又何必在这里等你！"言毕，翩然而去。

王天叙的确是个教育家，给许多豪门望族当过家教，也给很多勋贵子弟取过名字，但在给王云取名这件事上，他犯了一个错误。

康德曾经提出，小孩如果一定要表示主语的话，他会用别人称呼他的那个称呼来称呼自己。比如他不会说"我要什么"，而是说"宝宝要什么""贝贝要什么"。大人在旁边说"给他，给他"，他也会说"给他，给他"，而不会说"给我"。

突然有一天，这个小孩学会说"我"了，对一个人的一生而言，这是一个划时代的瞬间。康德说，在这个时候，他的心中像是升起了一道光明，从此再也不会回到他从前说话的那种状态中去了。从前他只是感觉到自身，而现在他思维到自身了，意即自我意识确立了。实验表明，自我确证在一个人年纪很小的时候就出现了，最晚也不会超过五岁。

那王圣人的情况如何呢？实在有点对不住大家，心中无"我"的王圣人从出生到他五岁，就没开口说过一句话！

不爱说话的小孩并不少见，如果不是智障或天生聋哑，就是百年一遇的天才儿童，这些人外表看起来呆若木鸡，其实大脑正一刻不停地高速运转，根本没工夫理你，懒得开口。

事实上，王家人也一直用后一种可能安慰自己。

王云五岁那年的一天傍晚，和小朋友们在田野间玩耍得正欢，一个慈眉善目的和尚朝他们走来。

和尚谁也不理，径直向王云走去。到了跟前，把王云仔细打量了一番，摇了摇头，道："好个孩儿，可惜道破！"

说完就走了。

众人不解其意，但又觉得事有蹊跷，便将此事汇报给王天叙。

王天叙捋了捋胡须，皱着眉头瞎琢磨起来。突然，他眼前一亮："云者，说也。好个孩儿，道破了天机。王云这孩子果非凡人！"

心念及此，王天叙激动地跳了起来："快给王云改名字！"

于是，王云的正式名字"王守仁"宣告诞生，语出《论语》"知及之，仁不能守之，虽得之，必失之"。

王守仁果然跟王云大不一样。在一个平淡无奇的下午，王守仁他妈郑氏坐在床上做针线活，父亲王华全神贯注地准备公务员考试，王天叙则展开宣纸，笔走游龙，尽情挥毫，物我两忘。一切井然有序，波澜不惊。

王守仁看看这个，瞧瞧那个，觉得自己成了空气，顿时索然无味。他找了个地方坐下，发了会儿呆，忽然张嘴大声朗诵起来："大学之道，在明明德，在亲民，在止于至善……"[1]这一开口如黄河决堤，一发不可收拾，把四书五经里的名句都背了出来。

三个大人全给惊到了。

王天叙跑出来抱起兀自喋喋不休的王守仁，问："你从哪儿学来的？"

小守仁眨了眨那双大眼睛，道："父亲念书时听见了，便记在心里。"

众人惊愕不已。

何为第一等事

这一年，王华考进士，高中状元，举家迁居到北京。

为了使王守仁接受更好的教育，王状元花了大力气把他送到一所师资力量雄厚的私塾念书。

王守仁领悟得很快，能举一反三，其聪明程度让老师十分惊讶，可是不久之后，就发现了不好的苗头。据同学反映，王守仁不是个好学生，不愿意在私塾里坐着，却喜欢舞枪弄棍、研究兵书，还经常讨论稀奇古怪的问题，

---

1 出自《大学》第一章。

写一些莫名其妙的东西。有人曾在他的课桌上发现一首打油诗：

山近月远觉月小，便道此山大于月。
若人有眼大如天，还见山小月更阔。[1]

如此古怪的诗在当时的科学背景下没人能读懂，于是老师们一致判定这孩子思想有问题，准备找他单独谈话。

可没过多久，问题少年王守仁就主动找到老师，问了他一个问题。这成了王守仁一生的真正起点。

问题是："何为第一等事？"

这说明少年王守仁已经开始考虑人生的价值问题。可惜，一个庸俗的老师给出了一个庸俗的答案。

不过，正是这个答案成就了王守仁早熟的名声。

老师回答说："惟读书登第耳。"这和今天教育小孩要考重点大学差不多，虽然没错，却没有自己独立的思考。

王守仁摇了摇大脑袋，不以为然地说："登第恐未为第一等事，或读书学圣贤耳。"

一个十二岁就立志要当圣人的小孩，翻遍古今中外的史书也找不出几个，更何况是在明朝那个盛行"学成文武艺，货与帝王家"[2]的时代。

有梦想不足以使一个人到达远方，但到达远方的人一定有梦想。

许多年后，当王守仁冥思苦想，追寻生命中的"良知"时，儿时这段朦胧的插曲让他恍然大悟：良知天然呈现，不用去外界寻求。何为第一等事？问得好！问出了人为什么活着，做什么样的人，走什么样的路，什么样的日子才值得去过。人生最大的痛苦就是找不到一双合脚的鞋，从这一点发散开来，王守仁进一步得出"心外无物"的结论——真正的生活在内心，只有内心强大才是真正的强大。

而这一切，都源于他儿时那看似荒诞不经的一问。

1　此诗题为《蔽月山房》。

2　出自元代无名氏创作的杂剧《庞涓夜走马陵道》楔子。

同时，这件事也让老师和同学见识了王守仁的机智和口才。从此，纵横家王守仁在同学中间享有很高的威信，经常趁老师不在教室，带领同学们浩浩荡荡跑到学校外面玩耍。这帮“逃学威龙”一般被分成两派，每派都有自己特制的旗帜，由王守仁统一调度。

于是一声令下，只见两派人马左冲右突，大呼小叫，变换阵形，宛若战场。

正当王守仁兴奋得手舞足蹈时，一张阴沉的脸出现在他背后，“战场”上的小朋友登时都僵在了原地。王守仁却还忘乎所以，但也慢慢觉察到气氛不对，他缓缓转身，看见了此刻他最不愿意见到的人——王华。

王华自从当了状元，便被分配到翰林院任“修撰”，每天的工作就是研究国朝掌故，编写先皇实录。恰好这天工作少，王华提前下班回家。于是，王守仁被逮了个正着。

王华强压着自己想捶人的冲动，怒道：“我们家世代以读书为要，你搞这些乱七八糟的名堂想干什么？！”

王守仁不服气，道：“排兵布阵怎么就乱七八糟了？”

王华耐着性子解释道：“本朝自开国以来就重文轻武，有志之士都不会参与武事，而古往今来的圣贤也从未听说过有舞枪弄棒的。”

王守仁道：“孔子不是文武全才吗？”

王华气得跳了起来：“人家是圣人，你只是个普通人。好好读书，参加科举，最好像你爹我一样中个状元，赢得大家的尊重。”

王守仁转动眼珠，“不怀好意”地问道：“父亲中了状元，子孙后代还是状元吗？”

王华不知是坑，严肃道：“你想得美！状元只是一代，你若想中，还须刻苦读书。”

王守仁笑道：“原来只是风光一代。但建功立业却能流芳百世，所以我才不稀罕状元。”

王华火冒三丈，想要体罚王守仁，但每每此时王天叙都会拿出一家之主的威严教训儿子：“人才不是管出来的！”

可不管能行吗？王守仁对周遭的一切都充满了好奇，一旦迷上什么事，就必须钻研出个子丑寅卯来，比如说象棋。

在那段痴迷象棋的日子里，王守仁废寝忘食。吃饭时，身边摆着棋谱；洗澡时，桶边摆着棋谱。王华见他荒废了学业，忍不住骂道："整天沉迷于这些'小技'，能当饭吃吗？"谁知王守仁一本正经道："我遵循的是圣人的教诲。"

王华冷笑："我怎么不知道圣人说过让人鼓捣象棋的话？"

王守仁摇头晃脑道："您说象棋是'小技'，但孔夫子说过，即使是小的技艺，也一定有可取之处（'虽小道，必有可观者焉'[1]）。"

王华又冷笑："断章取义的功夫还不错。这句后面还有句话，你可记得？"

王守仁装作不知，王华再冷笑："学艺不精！后面的话是'但对远大的事业恐怕会有影响（致远恐泥），所以君子不为'。"

王守仁一副恍然大悟的样子："孔夫子性情活泼，肯定支持大家钻研小技。后面的话大概是后人加上去的，非其本意。"

王华懒得跟他废话，趁他睡觉时把象棋扔到了河里。王守仁悲恸不已，作悼诗一首："象棋在手乐悠悠，苦被严亲一旦丢。兵卒堕河皆不救，将帅溺水一齐休。马行千里随波去，士入三川逐浪流。炮响一声天地震，象若心头为人揪。"

……

王华又想起一件往事。当年上京途中，借宿金山寺。夜晚，王天叙和同住于此的游客们觥筹交错，饮酒乐甚。一时间清风徐来，水波不兴，明月当空，风景如画。于是乎，众人决定来个赋诗比赛，各倾陆海云尔。

这些人的水平不咋样，王天叙耐着性子等他们一个个把那些酸诗念完之后，一边用筷子敲碗，一边闭着眼睛摇头晃脑，准备来个击碗而歌。

可天有不测风云，大儒王天叙由于喝得有点高，思绪混乱，摇了半天脑袋，也没摇出一个字来。

千钧一发之际，王守仁站出来解围："金山一点大如拳，打破维扬水底天。醉倚妙高台上月，玉箫吹彻洞龙眠。"

此诗动静结合，声色兼备，确属上品，众人一时自愧不如。而这一年，王守仁才十一岁。

1　出自《论语·子张》。

第二章

天性不羁，跃马扬鞭

孔子的困境

朝夕如流，一晃王华担任翰林院修撰已逾两年。

这天，风和日丽，王守仁和两个同学在街上漫步，迎面走来一个算命先生，盯着他直看。虽然王守仁一生遇到过很多神神道道的人，但这一个——无疑最神神道道。

算命先生在和三人擦肩而过的一瞬间，突然抓住王守仁的手，激动地说：“小朋友，你这种相貌实在……太难得一见了！”

王守仁的同学以为遇到了骗子，催他快走。但是大家不要忘了，王守仁爷爷的爷爷，以及爷爷的爷爷的爷爷都是干这行出身的，所以相面对他而言，从来就不属于怪力乱神的范畴，而是一项神圣的事业。

于是，王守仁认真地对他说：“愿闻其详。”

算命先生放开王守仁的手，郑重其事道：“你记住我的话。当你的胡子长到衣领那儿时，你就入了圣境；胡子长到心窝时，你就结了圣胎；胡子长到肚脐时，你就圣果圆满了。”

说完，算命先生扬长而去。

两个同学听得莫名其妙，王守仁却心花怒放。

多少个不眠之夜，当他躺在床上辗转反侧时，脑袋里总是充满疑问。人为什么来到这个世界上？人生弹指一挥间，譬如朝露，生若蜉蝣，活着到底是为了什么呢？每当这个时候，死亡的恐惧总会涌上心头，使他不敢继续想下去。

是啊，死亡代表了绝对的虚无和沉寂，是对一切可能性的终结，是不可穿透的黑暗。如何不恐？

于是，他穿上衣服，走出房门，仰望星空。

那浩瀚的夜空隐藏着什么秘密？宇宙的目的究竟是什么？一堆问题纠结在他心中，令他无法释怀。也许白天他活蹦乱跳，看起来与常人无异，但每当夜深人静的时候，这些问题总会汹涌地袭来，几乎使他窒息。

终于有一天，王守仁毅然决然地树立起自己的人生目标——成为一个圣人，解开这些谜题。去他的“人无百岁寿，常怀千年忧”，我只要明明白白地活，清清楚楚地死，我只要揭开人生的真相！

自从王守仁确信自己能够成为圣人后，他再也坐不住了。

千古文人侠客梦，这一年王守仁十五岁，正处在做梦的年纪。他偷偷溜出学校，单枪匹马来到居庸关。当年朱元璋怕北元卷土重来，出巨资让徐达、常遇春督造居庸关防御体系，可见此地之重要与凶险。

作为北京的咽喉，居庸关依山起势，巍峨雄壮。王守仁纵马上关，登上烽火台，望着万里晴空中自由翱翔的雁阵，强烈的阳光把他的双眼刺得蓄满了泪水。

前不见古人，后不见来者，谁能感受到他此刻气吞万里如虎的豪迈之情？谁能理解他欲与天公试比高的远大志向？

远瞰京城，伸出一只手掌就可以将之覆盖，王守仁不由得心事浩茫起来。一幅烽烟滚滚、战鼓隆隆、银光皑皑、喊杀震天的画面在眼前浮现，“但使龙城飞将在，不教胡马度阴山”的诗句在耳畔回响。联想到明朝边患未除，少年王守仁热血沸腾了。

至王守仁生活的时代，明朝已享国一百年。这是一个惊心动魄、五光十色的百年。

如果说方孝孺之死是明朝文人悲剧命运的序曲，那于谦之死就是其中最绝望的音符。前者代表大义，后者代表苍生。

人，是要有些信仰才能支撑着活下去的。没有了大义可以选择苍生，如果连苍生的代言人于谦都落个鸟尽弓藏的结局，那么路在何方？像庄子那样身如不系之舟，脱离这“曳尾于涂中”的苦海？两千年来，无数的人都这么做过，刘伶醉酒，阮籍狂狷，他们真的快乐吗？生命就是在这喋喋不休的追问中慢慢成熟的。每一个人，无论智商高低、相貌美丑，面对越来越复杂的环境，询问最多的问题终究是“我要做什么样的人”。

直到王阳明的出现，这一终极命题才被终结。

中国的历史一言以蔽之：治——乱——治——乱——治——乱——治——乱——治——乱——治——乱——治……

中庸虽说在中国很早就被提出，但只有少数人可以自觉自发地将其运用自如，大多数则是迫于强权而不得不做出的伪装与妥协。后者一旦脱离强权的压迫，便很容易剧变为一种极端思潮，直至付诸暴力行动。

《巴别塔》有言："实现正义的热情，会使我们忘记慈悲为怀；对公正的热望，使许多人成了铁石心肠。"

同理，康有为在点评法国大革命时说："合数十百万革命军之流血，以成就一罗伯卑尔之专制民主；合数千万良人之流血，以复归于一拿破仑之专制君主。"[1]

总是希望把人类引入天堂的梦想，往往最后都把大家带进了地狱。

子曾经曰过："人不知而不愠，不亦君子乎？"这是孔子在教导弟子应该做什么样的人——不为人知，却不因此而气恼。

由此观之，商朝是利用政治神学来确保其统治合法性的。

而到了殷周革命，事情发生了巨大的变化。周朝将商朝的神权政治改造为贤君政治，讲究治道，目标是创造理性的人文秩序。于是，过去的大巫、小巫纷纷下岗，自谋出路，混得不好的就只好在街边摆摊算命，另一部分有追求的逐渐成为一个致力于"治国平天下"事业的阶层，就是后来孔子的儒家。

其实这部分人也不好混，想想看，商朝时全国的文盲率还很高，认识俩字的屈指可数。而到了春秋，随着文化的普及，识字率逐渐上升，就像本科文凭也就当以前的高中文凭使，竞争加剧了，现实严峻了，于是孔子发话了："人不知而不愠，不亦君子乎？"

自勉中透着无奈。

春秋时，诸侯割据，求才若渴，游士们四处兜售其学，谋取权力。如果加入这些人的行列，别人要什么自己就卖什么，文字集团便丧失了人格的独立性，孔子颇有针对性地说这句话，无非是想表明一种超然的态度，至于是否达到这种境界，则是如人饮水，冷暖自知了。

其实这句话本身就揭示了说话者自己还没有完全超越。彻底超越了世俗功利的人，根本就不会问这样的问题，因为他早就物我两忘，随心所欲不逾矩了。

因此，这句话只不过是表达了一种为超越而做出的努力，四处游说的孔

1　出自康有为所作《法国大革命记》。

子想要维持人格独立绝非易事。而孔子以降的门徒就更等而下之，将仁义道德作为沽名钓誉之术了。

孔子和中国历代知识分子的困境，就是一方面强调自己的价值理想超越了世俗政治，自勉并教育学生不要理会权力游戏中的利益分配，但另一方面，他们理想的实现，又必须依靠政治权力。

这是一个无解的悖论。

直到王阳明的出现。

圣人必可学而至

到目前为止，十五岁的小守仁暂时还只是一个以民族大义为主导思想的少年。他在居庸关考察了一个多月，登长城，访乡贤，凭吊古战场，思考御边策，慨然有经略四方之志。

待下山时，山道很窄，迎面过来两个骑马的鞑靼人，大大咧咧，有说有笑，全然不将对面的这个少年放在眼里。

但很快他们就会为自己的大意付出代价。

王守仁正在为他的偶像于谦死得不明不白感到气愤，蓦地一抬头，正好看见那两个嚣张的鞑靼人，登时怒从中来，当下搭弓射箭，但闻嗖嗖两声，鞑靼人猝不及防，双双中箭。

可惜王守仁年小力弱，未能立毙二人。一时间国仇私愤，涌上心头，他连喊带射，呼啸着向二人冲去。两个鞑靼人对视了一眼，惊恐莫名，转身仓皇而逃。

一鼓作气，再而衰，三而竭，守仁既已出气，便不再穷追，信马由缰，缓缓向家的方向走去。

当晚，王守仁做了个梦，梦见自己去拜谒汉朝名将马援的伏波将军庙。他在梦里赋诗一首："卷甲归来马伏波，早年兵法鬓毛皤。云埋铜柱雷轰折，六字题文尚不磨。"醒来后记了下来。

彼时，由于史上最牛御姐控朱见深长期不理朝政，导致汪直专权，大臣昏庸，时人戏称朝堂上是“纸糊三阁老，泥塑六尚书”。

圣人云：政者，正也。子帅以正，孰敢不正？根据本命题成立，逆否命题同样成立来推断，成化年间的朝政从最上面就烂掉了，那么上行下效，地方官的腐败便有过之而无不及，民变也就四处爆发了。

少年王守仁留心时政，关心国家大事，听说朱见深要各位大臣就刘千斤之乱出谋献策，连夜赶写了一篇《平安策》，请求父亲交给皇帝。

王华哭笑不得：“你就不能干点正经事吗？”

王守仁心想：这还不正经？

王华见他终于不顶撞自己了，口气稍缓：“听说你没事就去逛于谦庙？”

王守仁来了精神：“于谦是大英雄。土木堡之变如果没有他，北京城就被蒙古人攻陷了。”

王华叹了口气：“你羡慕英雄我不反对，但你想过没有，人家是赶上了时势，有施展的平台。你要想学于谦，就要读书做官，这样才有平台。”

弘治元年（1488年），王守仁十七岁，带着如何成圣的疑问，回到浙江老家。母亲郑氏早前去世，守仁睹物思人，第一次深切地感受到了死亡的残酷。他越发觉得，外界的东西再多再好，又与我心有何相干。人生终究不过是“本来无一物，何处惹尘埃”罢了。这种消极的情绪以及对成圣途径的苦苦追寻促使王守仁去钻研道家思想，为后来自成一派打下了坚实的基础。

但王守仁终究不是出世之人，他只是游弋于各种思想，含英咀华，去粗存精，执着地去寻找他所认为的真理。

此次返乡，守仁还带着另外一个任务：完婚。

岳父大人叫诸介庵，郑氏的弟弟，时任江西布政司参议（相当于省委委员）。王守仁小的时候，诸介庵到王家串门，非常赏识小守仁，允诺将女儿许配给他。

守仁时年十七岁，可以成婚了。为了表示尊重和隆重，王守仁不远千里，亲自到南昌迎娶夫人诸氏。

人生四大喜：久旱逢甘霖，他乡遇故知，洞房花烛夜，金榜题名时。可惜守仁立志献身哲学事业，对男女之事没有兴趣，在新婚之夜还到外面散步，走着走着就“沉醉不知归路，误入藕花深处”了。

他猛一抬头，只见眼前一个道观，匾额上写着：铁柱宫。

既来之，则安之。但见道观里坐着一个闭目养神的道士，一问之下得知他懂养生之术。王守仁正因母亲之死而深感“人生在世，忽然而已，太短暂，什么事都干不成，倒不如学些长生术，做个不死神仙”，便开始虚心请教。神秘道士说了些什么已无从得知，唯一知道的是王守仁在那个道观待了一宿，直到东方既白。

这下急坏了诸介庵一家，还没圆房就开始玩冷暴力，诸老爷很生气，正要派人去寻，王守仁却自个儿回来了。众人问明缘由，个个哭笑不得。诸介庵为了防止这个新郎到处乱跑，让他到自己的官署上班。王守仁每天按时报到，帮着处理一些公文，别人两个时辰才能干完的活他半个时辰就搞定了，剩下的时间就练习书法。

百无聊赖的王守仁天天在机关笔走游龙，日积月累，把办公室里的纸都给报销了，书法大进。

大进到什么程度呢？著名书法家徐文长在评价王守仁的字时认为：“古人论右军以书掩其人，新建先生（王守仁）乃不然，以人掩其书。”

由于王守仁在其他方面名气太大，以至于掩盖了他在书法上的名气。不然，以其精妙绝伦、独具风格的书法艺术，名列中国书法榜前十当无异议。

第二年，王守仁领着老婆去北京。返京途中，路过上饶，特意下船拜访了大儒娄一斋。

娄一斋这个人神神道道，早年进京参加会试，走到杭州突然返回。大伙问他怎么回事，他神秘道：“此行非但不第，且有危祸。”没过几天，会试的贡院果然起火，烧死了很多举子。后来，黄宗羲在《明儒学案》中经过“科学论证”，解释说这是因为娄一斋“静久而明”有了神术。

可惜娄一斋没能算出几十年后的事，将孙女嫁给了宁王朱宸濠，以致酿成血光之灾。

娄一斋年轻时也有成圣之志，游走四方，遍访名师，结果非常失望：“都是些举子学，不是身心学。”

不过娄一斋运气不错，最终找到了江西临川的著名理学家吴与弼。现在知道吴与弼的人已经寥寥无几，但此人的徒弟陈白沙在明朝却是个大名鼎鼎、承上启下式的人物。

吴与弼的学说讲究身体力行，出入作息，时刻不忘。他长期与弟子躬耕于田间，栉风沐雨。一次，天还没亮，吴与弼就亲自簸谷子，瞥见陈白沙还在睡懒觉，大吼道："秀才，若为懒惰，他日何从于伊川（程颐）门下？又何从于孟子门下？"又有一次，割庄稼伤了手，他自语道："何可为物所胜？"照割不误。

吴与弼述而不作，躬耕垄亩几十年，隐出了名气，当地官员交章举荐他做官。吴与弼拒绝道："宦官、释氏（佛学）不除，而欲天下之治，难矣。我出山又有什么用？"

娄一斋得到了吴与弼的真传，但他没有像陈白沙那样举一反三，自成一派。因此，当他点拨成圣心切的王守仁时，翻来覆去讲的也不过是宋儒"格物致知"的老一套，唯一有价值的话是"圣人必可学而至"。

圣人可以靠后天的学习，搞明白一切事物的机理后达到——这无疑契合了王守仁的胃口。他笃定了致力的方向，将童年时算命先生的话上升到了理论高度。

青青翠竹，尽是法身

弘治三年（1490年），竹轩公王天叙去世，王华回老家守丧，顺便给家族子弟讲经解义，应对科举。王守仁白天随大家正常上课，背诵教材，晚上则旁搜经史子集秉烛夜读。王家子弟时常切磋交流，众人见王守仁文字功底一日千里，大惊道："彼已游心于举业之外，吾辈不及也！"

其实，王守仁对应试教育既不排斥也不沉浸，别人死记硬背，他就探究理学的内在机理。

可惜，他翻烂了理学名著《近思录》[1]，还是没弄清楚怎么才算格了物、

---

1 《近思录》是依朱熹、吕祖谦二人的理学思想体系编排的一部著作，全面阐述了理学思想的主要内容，可谓囊括了周敦颐、张载、程颢、程颐及朱吕一派学术的主体。

致了知。朱熹倒是给了句话，说“理”这个东西存在于天地万物比如一草一木之中，放心大胆地去格吧，今天格一物，明天格一物，物换星移，海枯石烂，总有一天你会恍然大悟的。

王守仁笃志要当圣人，便不能囫囵吞枣。他邀请一位姓钱的朋友和他一起去格自家后院的竹子。王天叙当年种的这片竹林，就这样青史留名了。

王守仁和小钱对着竹子，神色凝重地坐了下来，从早到晚，四目圆睁，望穿秋水，尽心竭力地去格其中之理。到了第三天，小钱用脑过度，筋疲力尽，摆摆手准备放弃，王守仁很不厚道地笑他不中用。可到了第七天，原本自鸣得意的王守仁也因耗尽心力病倒了。这下该小钱得意了，提了两袋水果来看他。王守仁自知理亏，也确实一无所获，只好找了个“圣贤有分”的借口搪塞过去。

其实，深入分析不难发现，程朱的格物致知，是对经验中的事物一一穷究其理，观察思考得多了，自然会融会贯通，化繁为简，并没有一个固定的标准。少年王守仁想通过格竹一蹴而就，毕其功于一役，彻悟万物之理，想法太浪漫了。但这段传奇却永远留在了哲学史上（守仁格竹）。

格竹的失败将王守仁逼到了人生的丁字路口。多年来，他“遍求朱熹遗书读之”，可以说除了科举考试的准备外，全部精力都用在钻研理学上了。没承想格来格去却得到这么一个令人沮丧的结果，成圣的信心动摇了。

这次挫折对王守仁的打击是巨大的，以致多年后回首往事时他仍感慨道：彼时终于发现圣贤不是那么好做的，也没有精力再去格物了！

闷闷不乐的王守仁不得不掉转头来准备自己曾经看不上眼的科考。

然而，博学多才的王守仁在弘治六年（1493 年）的会试中落榜了。

科举早就被妖魔化了，一经提起，会使人立刻联想到“决东海之波，流恶难尽；罄南山之竹，书罪无穷”。

总之，祸国殃民。

其实，教育的目的是将人塑造为德才兼备、有益于社会的人才，然而手段与目的的颠倒，古今中外都没能很好地解决。哲学家福柯晚年激烈抨击学校教育，称学校为现代权力的“规训机构”，可谓一语中的。但他晚了几百年，在中国，蒲松龄、吴敬梓、曹雪芹、龚自珍早就用各种文学形式反映过教育的问题。

科举的本意，在明代无非是为了求得圣人之道和朝政之势的有机结合。然而，学术与政治从来是一对欢喜冤家，不是合纵连横，就是势同水火。

古代有一拨人不喜欢写书，专爱注疏。若有孔颖达、裴松之的水平，或者再狠点，直接像郦道元一样把一本好端端的地理教科书《水经》搞成文学名著《水经注》也行啊，可惜大多数人都做不到。于是，歧说纷呈便成了统治者的心头大患。

面对图书市场这种鱼龙混杂的现状，明成祖朱棣大手一挥，拍板道："独尊程朱！"

自此，明朝公务员考试所用的工具书都以程朱的注释为纲。于是，思想统一了，读书人再也不用到汗牛充栋的书海中瞎撞了，得位不正的朱棣安全了，皆大欢喜。

老百姓最恨统治者钳制思想，统治者也总喜欢愚弄黔首，在这种此消彼长的对抗中，从防民之口甚于防川一路下来，历史跌跌撞撞地走了几千年。

天下无至理，皆为人所用耳。如果不左不右，心平气和地看待科举，功还是大于过的。毕竟作为文治社会，离开士人的支撑不可想象。

欲使士人有效地支撑朝政，关键在于培养士气。就这一点而言，尊程朱是当仁不让的选择，历史也证明了它在明初所发挥的卓有成效的作用。

然而，随着时间的推移，越来越多的人对这种制度提出批评，认为它不仅失去了公正，更与当初设立时的初衷背道而驰。

原因很简单，以程朱理学为意识形态的官方教条已经不适应复杂多变的社会现实。

为圣为文两彷徨

王守仁此刻顾不得考虑这些问题，面对落第的现实，家学渊源、远大理想，各种因素纠结到一起，完全无动于衷是不可能的。

然而，对于王守仁，考进士做大官只是世俗要求下的职业，尽人事、听天命就行了。探索成圣的道路，参悟人世的哲理，才是他为之奋斗一生的事业。

因此，当周围落第的同学哭天抢地、寻死觅活时，不为外物所屈的王守仁却说："世以不得第为耻，吾以不得第动心为耻。"

王华的同僚早就听说王守仁小朋友的各种逸事，见他落榜，都来鼓励他。内阁大学士李东阳开玩笑说："汝今岁不第，来科必为状元，试作《来科状元赋》。"

李东阳这么说不过是想帮受挫的小守仁找回信心，众人也没当真。谁知王守仁提笔就写，倚马可待，众人惊愕之余拿来一看，但见其旁征博引，纵横捭阖，纷纷叹服，连呼"天才"。

在神州这片土地上，有人的地方就会有斗争，扬才露己向来招人忌恨。古人教导我们，刚出道的时候一定要"低调，低调，再低调"。王守仁一时兴起，忘记了"七字言"，再加上李东阳一鼓动，登时志得意满，悬笔立就。而众人也都清楚，状元出身的王华肯定前途无量，借着夸王守仁在王华心目中留个好印象何乐不为？结果小守仁愣是让那些"比肩李杜，力抗苏辛"的阿谀之词给捧杀了。

接下来就有人不服气，暗地里嚼舌头："此子如中第，目中不会有我辈矣。"

果然，来科会试，王守仁又落榜了，心情沮丧的他回老家组织了一个龙泉山诗社。

不要小看明代文人的结社，这些大大小小的社团一般由仕途失意的文人组成，是一股很强的政治力量，绝非摆设。

万历时，张居正为顺利推行新政，曾强力打击全国各地的书院，结果想尽千方百计，也没能肃清这一传统。没过多久，就出现一个狂人，名曰顾宪成。此人是言官的楷模，愤青的偶像。张居正在位时他不满意，闹别扭；申时行上任了他还是不满意，天天发牢骚；更倒霉的是王锡爵，为了斡旋群臣和万历皇帝的关系，遭人误解不说，还被顾宪成放冷枪、设圈套，直接被骂回老家去。总之，谁当首辅他骂谁，整个一"首辅杀手"。

首辅杀手不贪不占，长期混迹于中下层官僚之中，团结一切可团结的力量，一致对上。俗话说，常在河边走，哪能不湿鞋。天天吵架的顾宪成终于让人给黑了，直接罢官回家。

顾宪成估计不懂什么叫“用之则行，舍之则藏”[1]，回去了还不安分，两天不折腾就闲得慌，成立了日后闻名遐迩的东林书院，还制定了院规：风声雨声读书声声声入耳，家事国事天下事事事关心。由此可见，这是一个培养愤青的书院。

相比之下，王守仁的龙泉山诗社就没有东林党那么大的影响力了，社员们的主要活动无非是吟诗作赋，相互品评。偶尔游山玩水，投壶对弈，一派名士之风。

这个时期是王守仁文学创作的迸发期，他以诗言志，抒发苦闷，佳句迭出。比如：

三月开元两度来，寺僧倦客门未开。
山灵似嫌俗士驾，溪风拦路吹人回。
君不见富贵中人如中酒，折腰解酲须五斗？
未妨适意山水间，浮名于我亦何有！

这种消极归隐的念头只存在了很短的时间就被打消了，在诗社后期写给诗友陈宗鲁（后拜守仁为师）的诗中，王守仁积极追求内圣外王的意念再次显露：

学文须学古，脱俗去陈言。
譬若千丈木，勿为藤蔓缠。
又如昆仑派，一泻成大川。
人言古今异，此语皆虚传。
吾苟得其意，今古何异焉？
子才良可进，望汝师圣贤。
学文乃余事，聊云子所偏。

1 出自《论语·述而》。

这是先就以李梦阳为首的“前七子[1]”的文学复古主张讨论一下自己的看法，然后又转到成圣的话题上来。

弘治十年（1497 年），王守仁二十六岁，回到北京。他开始用心钻研兵法，四处寻觅兵书研究，每遇宾宴，经常“聚果核列阵为戏”，想成就一番统御之才。

可惜，弘治时期的明朝已不再具有主动出击的军事意志了。实力是一方面，意志是另一方面。休养生息得久了，马放南山，再打起来牵涉到方方面面，患得患失，投鼠忌器，最终自然也就文恬武嬉了。

明孝宗一度想建功立业，扫平北方，却遭到大臣们的阻止，于是他去问还算有些想法的内阁大学士刘大夏：“太宗（朱棣）频出塞，今何不可？”老油条刘大夏答道：“陛下神武固不后太宗，而将领士马远不逮。度今上策惟守耳。”

至此，除了脑残志坚的朱厚照，明朝的皇帝再也没有挥师北伐的激情。

但这丝毫不影响王守仁学习兵法的热情，因为即使不当军事家，兵法中蕴含的权谋思想也值得一个有追求的人借鉴。后来的事实证明，心学在制敌时其实就是兵道。

王守仁对《司马法》[2]的点评颇具儒家的王道风范：“用兵之时，犹必以礼与法相表里，文与武相左右。”

不要嘲笑王守仁的书生气，以儒术解释兵道是合理且正义的。兵者，国之大事，关系到民族存亡，国家兴衰，不用正义统率必成凶器，王守仁站在“天下”这一高度看待战争，已不囿于一役之胜负。

而他对《吴子兵法》（简称《吴子》）的评价更可谓一针见血：

> 彼孙子兵法较吴岂不深远，而实用则难言矣。想孙子特有意于著书成名，而吴子第就行事言之，故其效如此。

1 “前七子”是明代弘治、正德年间的文学流派，成员包括李梦阳、何景明、徐祯卿、边贡、康海、王九思和王廷相七人，以李梦阳、何景明为代表。后来嘉靖、隆庆年间出现的李攀龙、王世贞等则被称为“后七子”。

2 《司马法》是现存最古老的军事著作之一，保存着春秋前期的一些非常古典的作战原则。

杀妻求将的吴起渴望出人头地，却一生坎坷，整个一中国版于连。性格决定了其带兵打仗追求实用的特点，包括他爱兵如子，亲自为生疮的士兵吸脓，目光如炬的司马迁在写《史记》时却很不厚道地通过士兵母亲的话暗指他收买人心。事实上，吴起这种死了都要找人垫背的实用主义者被人不爽是很正常的，但《吴子》的价值正在于其务实到极点的态度。《孙子兵法》（简称《孙子》）喜欢谈理论，把里面的军事术语删去就是《老子》。《吴子》则不同，它绝不说任何大而无当的话，通篇只讲山谷中应该怎么布兵，森林里应该怎么行军，可以说《孙子》是战略，《吴子》是战术。

而在王守仁看来，兵者，就是用来以暴制暴的利器。这一点同心学一样：志者，帅也。同一件事，有伊尹之志则可，无伊尹之志则篡。朱熹曾说："书不记，熟读可记；义不精，细思可精。惟有志不立，直是无着力处。"[1]

心学也是如此，作为一门炼心的学问，不在正心上下力，不在立志上用功，只贪求权术，违背圣人之道，永远不可能达到随心所欲、运用自如的最高境界。

这是王守仁的思想冲突最为激烈的一年，"自念辞章艺能不足以通至道"的他在谈兵的同时还潜心佛老，又不知从哪儿找来一道朱熹上宋光宗的奏疏，内称：居敬持志，为读书之本；循序致精，为读书之法。

王守仁照着他开的"方子"修炼了一段时间，一无所获，对自己成圣的目标越发怀疑。

1　出自宋代朱熹《性理精义·卷七》。

第三章 以日以年，上下求索

对境起修

弘治十二年（1499年），王守仁二十八岁，终于考中进士，“赐二甲进士出身第七人，观政工部”。

二甲第七名相当于全国第十名。自此，属于王阳明的时代到来了。

工部虽屈居六部之末，但上管皇家建设，下管植树造林，对想发财的人来说堪称肥缺美差。不过，王阳明一不缺钱，二不贪财，志不在此的他不甘庸碌，争分夺秒，即使只是实习，也热情似火，斗志昂扬。

但可惜，承平日久的大明朝早已失去锐意进取的开拓精神。目睹这茫茫一片的沉沉死气，王阳明愤怒了，上了一篇措辞激烈的奏疏：臣以为今之大患，在于一些大臣外托慎重老成之名，而内为持禄固宠之计。这帮人抑制大公刚正之气，专养怯懦因循之风。于是，忧世者，谓之迂狂；进言者，目以浮躁。长此以往，衰耗颓靡，朝纲不振，有识之士，无不痛心疾首。而近日的边陲之患正是上天在警醒陛下，革故鼎新、改弦易辙的时机到了啊！

接着，他又提出八项措施供皇帝参考，内容涉及经济、政治和军事，所虑甚深，所思甚广。

史家对明孝宗朱祐樘的评价基本一致——弘治中兴。但问题是，历史上的“中兴”太多了，这个到底掺没掺水？

朱祐樘童年不幸，常年遭受老女人万贞儿的迫害，命悬一线。作为一名御姐控的儿子，多年来，朱祐樘忍辱负重，寄人篱下，一年三百六十日，风刀霜剑严相逼，怎一个“惨”字了得！

穷人的孩子早当家，朱祐樘噩梦般的童年比穷人家的孩子恶劣多了，在这种生存环境下都能顽强长大的，一般不是沦为恐怖片里的变态，就是成为各行各业的优秀人才。

朱祐樘属于后者。

不过，朱祐樘的贤名主要体现在与文官集团融洽的关系上，史书上关于他批复文官奏折记载最多的一句话就是“上嘉纳之”。

但“上嘉纳之”不能当饭吃，治国要的是真才实干。即使弘治朝豪华的内阁阵容掩盖了朱祐樘能力上的平庸，后人依然可以通过时人的记载看到一些触目惊心的社会现实。

比如弘治十七年（1504年），内阁大学士兼礼部尚书李东阳奉命去曲阜祭孔，一路上见到许多令人感慨的现象：臣奉命匆匆一行，正好赶上大旱。天津一路，夏麦已经枯死，秋禾也没有种上。挽舟拉纤的人没有完整的衣服穿，荷锄的农民面有菜色。盗贼猖獗，青州一带治安问题尤其严重。从南方来的人说，江南、浙东一带满路都是流民，纳税人户减少，军队兵员空虚，仓库里的粮食储备不足十天，官员的工资拖欠已逾数年。东南自古富庶，是纳税大户，一年之饥就到了这种地步。北方人懒，一向没有积蓄，若是今年秋天再歉收，如何承受？臣恐怕会有难以预测的事变发生。

李东阳作为一代文豪，将汇报写得煽情动人，旋即广为传颂。但面对这种严峻的现实，他也提不出任何建设性的方案，只是反复提醒皇帝要“节用广储”。

客观来看，朱祐樘还是很勤奋的，选用了大批德才兼备的名臣，比如徐溥、刘健、谢迁、马文升。

但制度不改，就无法从根本上解决李东阳笔下“贪官酷吏，肆虐为奸；民力困穷，怨咨交作”的现状。没有一劳永逸的制度，制度是有保质期的，只有不断地修补、革新，才能保证社会机器的良好运转。改革固然会伤及既得利益集体，固然会出现波折动荡，但不改则必死无疑。因此，一个立志进行改革的政治家必须具备天变不足畏，祖宗不足法，人言不足恤的魄力与决心。

盛世危言

王阳明清楚自己此刻人微言轻，但他还是希望皇帝将他的八项建议交内阁审议，酌情施行。然而奏折呈上去却如泥牛入海，杳无音信。

没有抱怨是不可能的，以有限的生命投身于漫漫仕途，多少人就在光阴虚度中步入耄耋之年，哪还有平治天下的精力和热情？看透了官道之难难于上青天的王阳明发牢骚道：就做官这项高风险的职业而言，皓首而无成者占绝大多数。幸而有成，能得其当盛之年者几人？这几人中，想做点事却又半途而废、垂成而毁者，又往往有之。可不谓之难乎？

但王阳明跟普通人的不同之处就在于，他总能全面地把握事物的两面性，在自己偏激的时候立刻将心态调整到中间状态。比如他对仕途维艰感到郁闷时，马上又说："天下之事，其得之也不难，则其失之也必易；其积之也不久，则其发之也必不宏。"

心学教会了我们一件事——不要被自己一时的情绪所左右，偏激永远是因为你看得还不够多。

事实上王阳明此刻内心并不平静，观政工部却去考虑户部、兵部的事，显然是不想按部就班当个官混子。

明朝言官权重，稍有追求的人都希望跻身其列，王阳明也不例外。当他的朋友以礼科给事中擢升京兆尹（相当于首都一把手）时，他羡慕道："给事中是言官，京兆尹是三辅（治理京畿地区的三位长官）之首，朝廷这项任命是用言官来试做三辅啊！"

在此期间，王阳明被委派以钦差的身份去督造威宁伯王越的坟墓。

王越是皇帝的亲属，很有追求，靠自己考上了进士。当年参加殿试时，狂风突起，将王越的试卷给吹到天上去了。王同学顿时欲哭无泪，还好考官又给了他一张卷子，让他答完交了。

没承想这年秋天，朝鲜使节来京进贡，竟然带来了王越的那张卷子，说是朝鲜国王一天视朝的时候，一物从天而降，定睛一看，却是天朝学生的试卷，不敢怠慢，便叫使者将之带回北京。

一张卷子跋山涉水从北京飘到朝鲜已属天方夜谭，而更神奇的是，据《王阳明年谱》考证，王阳明早年曾梦见王越赠送弓剑给他。

作为此次工程的包工头，阳明格外留心，预演了自己的统御之才。他组织民工演练"八阵图"，劳逸结合，按时作息，比之前在桌上聚果核列阵为戏更加真实直观。

监工经历让王阳明明白了一个道理：权力越大，指挥的人就越多；指挥的人越多，越能成就大事。

任务完成后，二十九岁的王阳明循例担任实职，授官刑部云南司主事——分管云南案件的处长。官是小，但很有实权。

权利与义务从来对等，刑部主事要求身处京师而能决断于千里之外。并且，大小事务杂乱无章，是一项很费脑力很磨耐心很容易得罪人的工作。

而且，礼与法、情和理的冲突是刑部官员必须时刻面对的悖论，悖论思考得多了，王阳明自然也就越来越成熟，越来越深刻。

然而，当他步入刑部大牢时，才真正领教了什么是黑暗。

令人窒息的气味，此起彼伏的喊冤声，狱卒的鞭子和木棒上永远都有未干的血迹。犯人们蓬头垢面，在狭小的牢房里同蟑螂、老鼠争夺地盘。当王阳明被眼前的景象震骇，无法移动脚步时，下属告诉他："这根本不算什么，您还没去过锦衣卫的诏狱。跟那里比，这里简直就是安乐窝。"

不仅如此，王阳明还发现狱卒在大牢里养猪，把给重刑犯吃的食物拿来喂猪，并振振有词道："反正这些人迟早要死，吃那么多干吗？"王阳明气得七窍生烟，雷厉风行地废除了这一延续多年的潜规则。

第二年，王阳明被派到江苏淮安会同地方官审决重犯。职务虽说不高，但可以实现意志，施展才华。于是他又来劲了，详细审阅卷宗，四处走访证人，平反了许多冤假错案。

事毕，他冒雨游览九华山，沿着羊肠小道涉险寻幽，探奇览胜，访问了许多名人隐士，心旷神怡。

在九华山，王阳明结交了不少僧友。比如化城寺有个叫实庵的和尚，生得仪表堂堂，能诗善画，学识渊博。王阳明与他相识，当即结为诗友，并为他的画像题词：

从来不见光闪闪气象，也不知圆陀陀模样，翠竹黄花，说什么蓬莱方丈。看那九华山地藏王，好儿孙，又生个实庵和尚。噫！那些妙处，丹青莫状。

也只有时刻对外部世界保持浓厚兴趣的人，才可能写出这样俏皮生动的文字。

之后，王阳明又找喜欢谈仙论道的道士蔡蓬头搭讪。蔡蓬头装酷，不理他。他也不生气，客客气气继续请教，心理素质非常强大。蔡蓬头被问烦了，扔下一句“尚未”，就起身走到后厅去了。

王阳明不甘心，又跟到后厅追问，蔡蓬头还是说“尚未”。

王阳明软磨硬泡，蔡蓬头终于不说废话了：“你虽然以隆重的礼节待我，终究还是一副官相。”说罢，一笑而别。

地藏洞有位异僧，坐卧松毛，不吃熟食。阳明听说后，攀绝壁、走险峰，好不容易找到了这个和尚。

和尚假寐，想试试他，被阳明一眼看穿，不慌不忙地在和尚身边坐下，摸其脚。和尚觉得他不是个酸腐文人，于是“醒”了，道：“路险，何得至此？”

阳明没有回答他，只说自己想讨教修炼上乘功夫的方法。

和尚无甚高论，只撂下一句“北宋的周敦颐和程明道是儒家的两个好秀才”，便不再理他。

九华山之游让王阳明看清了道家和佛家各自的局限，同时又吸取了两家的精华，逐步形成自己的思想体系。

此时的北京正流行诗文复古运动。这是一场由李梦阳、王廷相为代表的“前七子”发起，反对当时千篇一律的八股文章的文学改良运动，同环绕在内阁大学士李东阳周围的“茶陵诗派”针锋相对。

李梦阳是愤青的偶像，他傲睨当世，曾上书孝宗皇帝，历数皇后之弟张鹤龄的罪状，差点为此送命；出狱后在街上遇见张鹤龄，仍痛加斥骂，并用马鞭击落其两颗牙齿。

“前七子”中的何景明更变态。此人在京城做官时，曾让仆人带一只便桶去赴宴，席间竟坐在上面读书，以示对时人的不满。

这帮人之所以傲然不屑，一是有资本，二是文坛确实死气沉沉，让人难以忍受。

李梦阳行文自由、感情真挚，最可贵的是能直抒胸臆、针砭时事，曾激愤地写道：“若言世事无颠倒，窃钩者诛窃国侯。”而何景明更是在《东门赋》

中通过一对濒临饿死的夫妇的辩说，得出“潜寐黄泉，美谥何补”的结论，鲜明地亮出反对宋儒“饿死事小，失节事大”之教条的旗帜，具有划时代的意义。

问题是李东阳也是大文豪，四岁就能写径尺大字，景帝朱祁钰召试时喜而抱至膝上。

一次，父亲带他进宫考神童。李东阳人小足短，跨不过门槛，考官笑道：“神童足短。”李东阳随口对答：“天子门高。”临考时，李东阳坐上考席，父亲站在旁边，考官出一上联：子坐父立，礼乎？李东阳当即作对：嫂溺叔援，权也。

此时，朱祁钰正在品尝御膳房的螃蟹，便以此为题出一上联：螃蟹浑身甲胄。

李东阳略加思索，对以“蜘蛛（知朱）满腹经纶”。朱祁钰赞道：“是儿他日作宰相。”

从天顺八年（1464年）中进士起，李东阳立朝五十载，历任礼部、户部、吏部尚书，参与内阁机务长达十八年。

由于文官集团在成化朝饱受黑恶势力的摧残，或贬官或隐退，一度与皇权产生了深深的隔阂。等到老好人朱祐樘一上台，文官们都觉得属于自己的时代来了，同皇权的信任关系重新建立起来。

这从李东阳对宪宗朱见深和孝宗朱祐樘流露出的不同感情就能看出。

李东阳为这两个皇帝分别撰写过悼词，孝宗的悼词极尽赞美，比如：极意穷幽隐，虚怀仰治平。近臣常造膝，阁老不呼名。

而之前给朱见深开追悼会时，李东阳就不知道该说什么了，总不能说“御姐甲天下”吧？于是只好绞尽脑汁编些空话来凑数。实在编不出，就把后代拉出来凑数，说些“欲知圣泽远，圣子复神孙”的鬼话。

因此，孝宗朝的李东阳虽然也痛陈朝政弊端，却从未表达过对朝廷的失望，而是他求治心切，追慕“三杨”[1]和“仁宣之治”的内心写照。因此，李东阳继承“三杨”衣钵，续写僵硬空洞、华而不实的“台阁体”诗文的举动就显

1 “三杨”指杨士奇、杨荣、杨溥，三人均历仕永乐、洪熙、宣德、正统四朝，先后位至台阁重臣，正统时加大学士衔辅政。他们在任辅臣期间，安定边防，整顿吏治，发展经济，使明朝的国力鼎盛发展。

得自然而然了。

当时的朝廷被划分为两代人，一代是先朝旧臣，另一代是当朝新进。新生代以李梦阳为代表，他不像李东阳那拨人因为经历过天顺、成化两朝的政治风波，人格已变得干练老成，而是充满了义无反顾的进取精神。搞文学复古哪里是跟文学较劲，本质是对现实状况的不满。李梦阳曾在《上孝宗皇帝书》中直言不讳地指出国家已患元气之病，不改必亡。他开的药方只有两个字：复古。认为唯有复古才能振作士气，革新朝政。

而王阳明的设想则更彻底、更全面，他要从改造思想意识入手，使士人树立起求圣的志向以及远大的政治理想。

可惜，李梦阳等人在京师搞得轰轰烈烈，王阳明微小的声音早就淹没在复古潮的汪洋大海之中，不见踪影。

当时国人徒好标新立异，盲目跟风。所谓复古，所谓国学热，不过是叶公好龙，得其皮毛，形式大于内容罢了。

失望的王阳明决定告别政治，告别文坛。他上疏皇帝，回家养病。

朱陆异同

王阳明回到绍兴，在会稽山上的阳明洞搭了个房子，摒弃俗务，专心修炼导引术。

这是一种神秘的养生术。据传，王阳明由于长期在洞中修炼，获得了先知先觉的能力。

一日，阳明在洞中静坐，几个朋友来访，还没到山门，就看见他的仆人前来迎接。众人惊愕不已，都以为王阳明快得道成仙了。

阳明在会稽山留下许多诗作，比如“池边一坐即三日，忽见岩头碧树红”“江鸥意到忽飞去，野老情深只自留”。

他一度想就这么神超形越，世外悠悠隔人间了。然而，就在他准备挥刀斩断俗念，了却尘缘，魂归自然的刹那，一个念头蓦地在脑海中闪现：我能舍弃一切，但我终究无法割舍亲情。

王阳明毕竟是读孔孟之书长大的，深知天伦不可违。而且，即使在远离庙堂的山水之间，依然有“夜拥苍崖卧丹洞，山中亦自有王公”的诗句，可见其终究不忘“王公”。

这种矛盾的心态可以解释心学为什么被人看作是儒家和道家的结合。把儒和道简单理解为入世和出世是片面的，孔子有“道不行，乘桴浮于海”的感慨，道家也不是简单地跑到山里躲起来修道。

老子的思想核心是“无为而无不为”。“无为”并不是什么都不做，而是追求一种自然而然的心态，不妄为。叔本华认为人生的本质是痛苦，因为每个人都长期处于欲求不满、目标不能实现的纠结中，这就需要时刻调整心态。老子肯定追求目标，但同时强调行动不要刻意、做作，心态要自然，学会主动放弃不可能改变的事物。

心学里权变的智慧即来源于此。

其实，陶渊明的一句诗很好地诠释了道家思想，那就是：结庐在人境。

结庐在山野的未必是修道之人，人境才是重点。

第二年，王阳明移居西湖，心情渐好，复思用世。他听说虎跑寺有一个僧人闭关三年，不语不视，觉得不可思议，便登门拜访。

和尚果然如泥塑一般，岿然不动。阳明想试他一下，大喝道：“终日口巴巴说什么？终日眼睁睁看什么？”和尚被吓得跳了起来，睁开眼同他交谈。

阳明问他家里情况，和尚说还有一个老母亲在。阳明又问了一个刁钻的问题：“想念母亲吗？”和尚愣了愣，道：“无法不想。”

王阳明笑了，给他讲了一番“爱亲本性”的道理，听得和尚眼泪哗哗地淌，价值观发生了剧变，哭着谢过阳明，收拾行李回家去了。

阳明也回到北京，销了假继续当他的刑部主事。

不久，机会来了。小有名气的王阳明被派到山东主持乡试。

齐鲁之地，圣人之乡，又是选拔人才的工作，王阳明摩拳擦掌，准备大显身手。

于是，山东考生集体抓狂了。

当他们拿到试卷时，发现第一题的题目是“所谓大臣者，以道事君，不可则止”。

这是孔子的话，意为：大臣嘛，用道义侍奉君主，行不通就辞职。

放在明朝，这句话很犯忌。因为孔子生活的时代是春秋，诸侯割据，礼崩乐坏，周天子根本没人理，八佾舞于庭是家常便饭，僭礼之事随处可见。那么，诸侯都不遵循人臣之礼了，底下的贵族还有对其死谏到底的必要吗？

到了战国，形势每况愈下，孟子愤怒了，骂骂咧咧道：

君之视臣如手足，则臣视君如腹心；君之视臣如犬马，则臣视君如国人（路人）；君之视臣如土芥，则臣视君如寇仇。

由此可见，儒家的原教旨是反对愚忠的，归纳起来就是：君有过则谏，反复之而不听，则去。

因此，朱元璋反感孟子，派人删节《孟子》一书就显得顺理成章了：“民贵君轻”也就过过嘴瘾罢了，你还很傻很天真地把它当真了？

然而，王阳明首场就出这样的题是颇具深意的。

对比理学代表朱熹和心学代表陆九渊不难发现，理学的要求是今日格一物，明日格一物，外在事物归纳总结得多了，经验值攒够，你就升级了。

那么，这种从外向内的修身路数到底有什么问题？

很简单，因为格到什么程度才能升级并没有统一的标准，于是就出现了心与理无法合一的问题。你就是说破了嘴，也有人当耳旁风，心与理终判为二。

于是，朱熹自认为很扎实的学问在陆九渊看来都是虚的。九渊早就说了，小朱啊，你那套理论是“歧出和假借”，支离而空洞，是“道问学”，于身心性命无关，最多也就成个专家学者，对学术文化有所贡献，而跟道德践履、成圣成贤没什么关系。

陆九渊认为成圣之学是内在的感悟，是人格的完成和践履，由内而外，达到与天地合德、同万物一体的境界，而与知识多寡、学问深浅并无直接关系，这也是后来王阳明“人人皆可成圣”的由来。

一言以蔽之，理学与心学的区别就是“为学”和“为道”的区别。

朱陆之争从“鹅湖之会”[1]始，终二人一生。几百年后，理学因官方的吹捧而成为显学，但问题终究慢慢显现出来。

三个理学达人

原儒并不反对追求利益，《中庸》里也有“大德必得其位，必得其禄，必得其名，必得其寿”的语句。

只要你品德高尚，那么名扬四海、位高权重、富甲天下、寿比南山又有何不可？

问题是这仅仅是一种理想状态，现实中才德与禄位并不完全对等，最典型的例子就是道德楷模孔子。他一生颠沛流离，教书糊口，被后人勉强封为“素王”。

到了明朝，才德与禄位之间的矛盾进一步加剧。有才德者未必有禄位，有禄位者未必有才德。人人都做抬轿人，无人想做轿中人。朱熹被大家伙儿抬来抬去，成了标准的敲门砖。

于是乎，有人问了：科举也是千军万马过独木桥，总不至于选出来的都是唯利是图的人渣败类吧？

问得好！理学这玩意儿有人当敲门砖使，也有人坚信不疑，但后者要么成为“笔下虽有千言，胸中实无一策”的花瓶，要么极端固执、偏激。

坚守理学的人一般都自律甚严，具有高洁的人格和凛然的正气，这些都是他们超越常人之处。但这帮人严于律己，更严于律人，比如薛瑄。

薛瑄是理学专家，由于当御史当得不错，笔耕不辍地揭露社会阴暗面，文笔犀利，思想深刻，受到了当局的重视。

于是，以“三杨”为代表的国家领导人想接见一下小薛，鼓励他继续创作，争取成为一个了解民生、反映需求的窗口。

1　鹅湖之会是指南宋淳熙二年（1175 年），在信州（今江西上饶市铅山县鹅湖镇）鹅湖寺举行的一次著名的哲学辩论会。由吕祖谦邀集，意图调和朱熹和陆九渊两派争执。实质上是关于朱的客观唯心主义和陆的主观唯心主义的一场争论。

按理说是个正常人都不会拒绝，搞不好就是条升迁之路啊！但薛瑄不这么想，他认为自己负责纠劾百官，不应私见阁臣，从而拒绝相见。

这就是纯正理学家的思想觉悟，非常人可比。

到了正统年间，王振呼风唤雨，扰乱朝纲。但对薛瑄而言，机会却从天而降。由于大臣们都不屑与死太监为伍，以王振为首的犯罪团伙长期面临人才匮乏的尴尬局面。

为了挽回局面，王振刻意拉拢群臣。薛瑄因为和王振是同乡而被提拔为大理寺少卿（相当于最高人民法院副院长），“三杨”出于好心劝他去见见王振，至少面子上要过得去。

薛瑄拒绝，“三杨”无奈，找和他关系不错的李贤去劝，谁知薛瑄义正词严道：“我的官职是天子给的，现在却让我向私人谢恩，我做不到！”

后来王振的官职越做越大，文官见了都要上前作揖行礼，只有薛瑄视而不见。王振出于尊重，主动向他作揖，薛瑄也不还礼。

是个正常人都该怒了，何况太监？

薛瑄得罪了权倾朝野的王振，被诬陷下狱，差点丢掉性命。

这还不算，黄宗羲在《明儒学案》中记载，说薛瑄当年做南安提学（相当于南安市教育局局长）时，一些生员因为生病回家休养，薛瑄便停发了这些人的廪米（官府按月发给在学生员的粮食）。停发倒也罢了，问题是他竟然还要追讨以往在类似情况下所发的廪米！

也许你认为这很刻薄，但薛瑄从不这么想。人家是立志要痛下决心克除私欲，还复天理，最终达到圣人境界的。在这天理与人欲的交战中，在这没有硝烟的战场上，他彷徨过，艰难过，并一再自勉：千万不能因为困难而懈于用力。

考察薛瑄的心路历程，可以深切地体会到他的矛盾和痛苦。

另一个理学达人叫曹鼐。此人是宣德八年（1433年）的状元，深谙程朱之义，在做典史（相当于县公安局局长）时，捕盗抓获一美女，目之心动。然而作为一名生理正常、血气方刚的青年，曹鼐竟然发乎情、止乎礼，没有出格的举动。

美色当前，他坚强不屈，不断地在纸片上写四个字：曹鼐不可。写一张烧一张，反复多次，其思想斗争之激烈，由此可见一斑。

曹鼐最终战胜了情欲，柳下惠后继有人。

更严重的是理学家丘濬，此人官至礼部尚书、内阁大学士。

丘濬廉洁耿介，自甘清苦，一生嗜学，至老不衰，应该说没什么人生污点，但各类史书却记载了他许多不好的逸闻琐事。《明史》说他性格狭隘，经常跟同僚吵架，还把帽子扔到地上置气。若只是缺乏容人之量倒也罢了，很多人对丘濬的评价都是诸如“貌如卢杞心尤险，学比荆公性更偏”之类的恶语。

荆公是王安石，这个倒也罢了。卢杞却是唐德宗时最大的奸臣，为相期间残害忠良，颜真卿就栽在他手里。一次，平定安史之乱的名将郭子仪大宴宾客，姬妾环绕。一听说卢杞要来拜访，郭子仪马上让姬妾全部退下。有人不解，问之，郭子仪说：“卢杞相貌丑陋而心胸狭窄，妇人见之必笑。他日若得志，我全族都有覆灭之险。”

将丘濬比作卢杞，可见其人格品行已经受到严重的怀疑。

即便如此，丘濬仍然没有被归入小人的行列。若再向前发展，偏执之心与逐利之心相结合，就使得士人的人格问题更趋严重。

俞伯牙和钟子期

明朝中叶，口诵仁义道德而行杨朱利己之实的渣男不可胜数。这帮人往往瞒天过海，把持朝政。一时间效尤者众，纪纲颓坠，士风败坏。

就在大伙被恶心得快受不了的时候，出现了一个人，一个对阳明心学的形成产生了重要影响的人。此人手举一本《象山全集》，斜刺里杀将出来，向大家推荐已被忽视了很久的陆九渊。

这个人就是陈白沙。

陈白沙早年从学吴与弼，学了半年觉得没什么新意就走了，回家闭门读书。读累了就自己动手修了个“春阳台”，天天坐在里面思考问题，足不出户好几年。

陈白沙最初也和大多数乖孩子一样，遵从朱圣人的教诲，到处格物，结果一无所得，总觉得心与理不能融会贯通，便逐渐转变到从心中自求的方向上来，最后得出“道也者，自我得之”的感悟。

陈白沙是明代由朱转陆的第一人，可谓心学运动的先驱。他秉承陆九渊的“宇宙即我心，我心即宇宙”，提出“天地我立，万化我出”的心本论以及“静中养出端倪”的功夫论，确立了自己的心学立场。

仔细梳理心学的发展脉络不难发现，陆九渊最早把人的主观精神“心”作为本源，用以反对朱熹将心与理一分为二的理学，革除士人只重诵读古书而忽视主观精神修炼的流弊。

陆九渊以“辨志”和“求放心”为其思想体系的出发点。辨志，也被称为“霹雳手段”：一事当前，审查自己的态度是否大公无私，是否趋义舍利，让人从现实的功名利禄、荣华富贵等夺人心志的境遇中超脱出来，用本心决定方向、做出判断。正所谓“先立乎大者”，先弄明白了做人的根本道理，学会了怎么做人才有可能无往不利。

然后是陈白沙。

陈白沙是明朝第一个转弯的人，而且是一百八十度的大转弯，直接转到道家、佛家那儿去了。事实上，陈白沙思想的转变并非孤立现象，而是一种时代潮流、历史趋势。明代前期的士人思想可以于谦之死为分界线，于谦的遭遇直接导致了信仰的崩塌和对朱熹那套理论的怀疑，伴随着这种绝望，陈白沙的思想应运而生。

由于黄宗羲的评价“有明儒者树立成圣的理想，寻找成圣的方法，至陈白沙始明，至王阳明始大”，后世便将陈白沙归为心学一脉。

其实，他更倾向于佛老。

陈白沙很少发表学术论文，常常借诗明志。他的诗只有一种题材——山水田园诗；他的诗最喜欢赞美一个人——陶渊明；他的诗都有同一个主题——反映官场是桎梏人的牢笼，向往自由自在的生活。由于过于风格化，以至于其弟子湛若水深受影响，参加完会试后，考官杨廷和拿着他的试卷笑着对其他人说：“这张卷子肯定是陈白沙的学生做的。”拆开糊名处一看，果然如此。

湛若水，广东增城人，从学于陈白沙。湛若水原本不想参加科举，因母命难违，才入了南京国子监。弘治十八年（1505 年）中进士，入翰林院当庶吉士。当时王阳明刚在山东主持完乡试，被授予兵部武选司主事，结识了湛若水。两人一见如故，大相契悦，一起讲求身心之学。

阳明对湛若水的评价是："守仁从宦三十年，未见此人。"湛若水对王阳明的评价是："若水泛观于四方，未见此人。"

两人都认为已经八股化了的理学是为今之大患，"言益详，道益晦；析理益精，学益支离无本"。因此，他们的共同目标是从理学中突围出来，倡明真真正正的圣学，最终在思想界掀起了一场轩然大波。

就在王阳明、湛若水往来于兵部和翰林院，出入孔孟，游弋佛老，沉醉于精神盛宴的同时，一场巨大的风暴即将到来。

第四章

政治风波，光荣下狱

官不聊生的日子

话说明孝宗朱祐樘大好人一个，勤勤恳恳，任劳任怨，好不容易博了个“弘治中兴”，结果因为忽视了对娃的教育，导致辛辛苦苦十几年，一夜回到弘治前。

朱祐樘快死的时候，派人把大学士刘健、李东阳、谢迁三人召至乾清宫的病榻前，嘱托道：“朕自继位以来，一直遵守祖宗法度，不敢怠慢荒惰。日后之事，多烦尔等费心！”

就这样还不放心，专门拉着刘健的手托孤道：“太子年幼，好逸乐，爱卿当教之读书，辅导他成为明君。”

烛台上的火光飘忽不定，随风摇摆，终于化作一缕轻烟，渐渐散去。老实人朱祐樘轻轻地走了，不带走一片云彩，还留下一个祸根。

山雨欲来风满楼。

所有正史、秘史、稗官野史都一致认为的昏君明武宗朱厚照登场。

朱厚照到底有多昏庸？一个很形象的例子就是清朝的皇子们在读书时如果不专心，师傅就会怒斥一句：“你想学朱厚照吗？”于是，这些小贝勒私下里玩游戏时，一言不合就会吵起来。

贝勒甲：“你二不二啊，你朱厚照啊！”

贝勒乙：“你才朱厚照呢，你全家都朱厚照！”

平心而论，朱厚照也是冤大头。李东阳就曾说：“老百姓的情况，郡县不够了解；郡县的情况，朝廷不够了解；朝廷的情况，皇帝不够了解。”

其实，这个说法已经很保守了，现实情况往往更糟。老百姓和皇帝之间起码隔着七八道关卡，是个人都不会指望信息在经过这么多关传递后仍不失真。

由于每道关卡都是一道选择题，加工哪个，隐瞒哪个，说多说少，如何取舍，都是有讲究的，也是各级官吏必须拿捏好的头等大事。

因此，在权力方面，皇帝无与伦比，但在信息的封锁和扭曲方面，文官集团却占据着得天独厚的优势。即使是负责直接向皇帝反映真实情况的六科给事中和都察院御史也不能免俗，要么被收买，要么等着被踢出局。久而久之，便形成了官场上彼此心照不宣的共识：一级一级往上骗，一直骗到太和殿。

皇帝很着急，后果很无奈。

朱元璋就清醒地认识到自己不是全知全能的神仙，不可能对官员的每一起违纪行为都了如指掌。因此，他遍插特务，机关算尽，就是为了监督百官，肃贪反贪。然而，这场猫和老鼠的游戏似乎永无止境，贪官污吏就像野草一般顽强，赶不尽，杀不绝，义无反顾，前仆后继。

被逼无奈的朱元璋甚至用发动群众运动、重金悬赏的方式来保证吏治清廉。可惜他忘了一点，所谓的官和民不过是一种身份的转化。考中进士是官，脱了官服就是民，骨子里那些东西没有任何改变。

贪官即刁民。

事实也是如此。很快，原本信心十足的朱元璋就开始抱怨一些刁民利用他赋予的权力横吃横喝，敲诈勒索，甚至和他们监督的对象同流合污，不仅没有达到全民反腐的初衷，反而让社会更加动荡，只好紧急叫停。

所以到了明朝中后期，绝望的皇帝再也不信文官，最典型的例子就是嘉靖和万历。崇祯本来还挺信，结果被骗得惨不忍睹。就在他吊死煤山前几个月，内阁首辅周延儒还把一场压根儿就不存在的战役吹成大捷，捞到一笔奖赏。而且据他所编，战役是在距离北京不过几十里地的通县打响的，就在皇帝眼皮子底下。

这不是把崇祯当白痴吗？

因此，一上台就果断除掉魏忠贤的崇祯，到了执政后期悲哀地发现自己竟不得不重新起用宦官，否则智商都会遭到侮辱。

这就很好解释为什么明朝出产了那么多仗势弄权的太监了——除了相信朝夕相处的太监，皇帝别无选择。

事实上，当朱元璋亲手废掉了宰相，传统政治里对君权的最后一道制衡——相权便烟消云散了，随之而来的是内阁和宦官竞相去填补这个空缺。及至成化末年，全国的宦官人数已逾一万，并很快超过了有品级的文官的数量。在此背景下，刘瑾出现了。

刘瑾很贪、很黑、很坏，简直就是人渣中的极品、太监里的败类，这一点大家都知道，毋庸赘言。

但问题是，他究竟贪污了多少钱?

根据史学家赵翼在《廿二史札记》中的记载，换算成今天的购买力，约合人民币二百五十亿元。

赵翼向来以挑刺儿为乐，这还是最保守的估计。

正德初年，兵科给事中周钥奉旨去淮安查勘，在返京的船上自刎身亡。由于下刀很重，旁人抢救时，周钥已口不能言，在纸上写下“赵知府误我”几个字后一命呜呼。

给事中监察六部，直接对皇帝负责，品级虽低，却握有实权，是天下读书人的梦想，周钥不珍惜这来之不易的金饭碗，寻死作甚?

原来，刘瑾当权，贪婪骄横，奉使出差的人归来，他都要索取一笔不菲的贿赂。周钥到淮安办事，知府赵俊本来答应送他白银千两以应付刘瑾，谁知临走时却变了卦。周钥彷徨无计，只好自杀。

一千两白银相当于人民币不到五十万元，乍听之下好像很离谱——至于吗?

至于，因为有前车之鉴。

之前另一个给事中安奎和御史张彧出京盘查钱粮，回来刘瑾索贿，嫌他二人给得少了，就找了个借口用东厂的“新发明”惩罚他们——戴着一百五十斤的枷示众。

要不是那几日阴雨连绵，这俩人必定中暑身亡。事实上，能从东厂的这项“创新”中逃生的人屈指可数，大部分都死得很惨，还不如像周钥那样自我了断，选个惬意点的死法。

当然，刘瑾想做大做强，靠自己单干是不行的，必须招兵买马，组织阉党。

很快就有人主动投诚。都察院右都御史刘宇带着上万两银子，敲开了刘瑾的家门。

这是刘瑾收的第一笔过万的红包，他惊喜交加道：“刘先生何厚我？”意思很明白：想要啥直说吧。

刘宇后来成为阉党的核心成员，官至兵部尚书。在任期间，所获颇丰，以至于当他再次高升，成为六部之首的吏部尚书后，发现文官的贿赂不如武官大方，竟怏怏不乐道：“兵部自佳，何必吏部也。”

刘宇也就是条指哪儿打哪儿的狗，真正给刘瑾当狗头军师的是焦芳。

证法之器

焦芳是有真才实学的。

这个出生于河南南阳的贫二代是天顺八年（1464 年）的探花，当过经筵讲官，曾为太子讲读。

成化十年（1474 年），焦芳已扎扎实实当了十年的翰林院编修，比他资历浅的都升侍读侍讲了，但不知什么原因，愣是没他的份儿。

不仅如此，还有人向内阁首辅万安进谗言：“像焦芳那样不学无术的人，也想当学士吗？”焦芳听说后，猜测此人是大学士彭华，因为彭华曾多次讥讽他，于是放出狠话：“彭华在背后算计我，如果我当不上学士，就跟他同归于尽！”

彭华觉得焦芳心理不正常，指不定哪天真的就伏尸二人、流血五步了，便找到万安替焦芳疏通。万安为了息事宁人，做了个顺水人情，将焦芳升为侍讲学士。

《明史》在记叙焦芳初入翰林遭到排挤时，说他“不学无术”其实是不恰当的泄愤之词。试问一个能给杰出坏人刘瑾当军师的人，怎么可能不学无术？人家是典型的要学有学、要术有术的复合型人才。反而是上面提到的万安、彭华，人称“纸糊阁老”，才真的是胸无点墨，尸位素餐，堵住了无数年轻人向上攀爬的道路。

成化朝的现实是从内阁就开始烂，身处这种环境，再正直的人也会腐败变质，焦芳一天到晚都觉得自个儿怀才不遇，更不可能例外。

其实，细考焦芳的成长历程，人家也是吃着圣贤的精神食粮长大的，也曾梦想着成仁取义，吟咏着“男儿何不带吴钩，收取关山五十州”[1]直至双眼湿润，也曾每天走来走去，为大明的命运苦苦思索……

1　出自唐朝李贺《南园十三首・其五》。

于是乎，大家集体纳闷了：这样一个曾经心忧天下、胸怀苍生的有志青年，怎么堕落成了一个死太监的狗头军师？太令人痛心疾首了！

五百年前，王阳明遇到了同样的疑问。于是，他循着焦芳的人生轨迹，开始了他的探索。

焦芳担任侍讲学士期间，吏部尚书尹旻炙手可热，其子尹龙也在翰林院当侍讲。焦芳深知人微言轻，以自己的地位轻易巴结不上尹旻，就去奉承尹龙，打算曲线救国。

然而好景不长，尹龙犯法被治罪下狱，尹旻也被革职查办，而焦芳因为与尹氏父子关系密切，被赶出了翰林院，贬为桂阳同知（相当于副市长）。

在桂阳任上，焦芳日夜梦想着东山再起，每遇升迁机会，便软磨硬逼，不达目的誓不罢休。这从他艰苦卓绝的履历上就能体现：四川提学副使（相当于教育厅副厅长）、南京右通政。

熬到这个位置就算正四品了，焦芳再接再厉，谋求重回翰林院。

问题是，此刻焦芳正在家里服丧，怎么才能如愿以偿？

他在等一个人，一个和他经历差不多，也在家丁忧的人——南京国子监祭酒李杰。李杰守孝期满，很得人心，内阁首辅徐溥想让他重入翰林院，阁臣刘健执意不肯，说："今天破例让李杰复入，明天焦芳就会提出同样的要求。"徐溥没听刘健的劝告，还是让李杰重返了翰林院。

焦芳蓄势已久，立刻抓住这个机会，日夜兼程，一路狂奔到北京，四处打点，援引前例，终于得遂其愿，服完丧事便重新挤进了翰林院。由于刻苦钻营，没过多久他又当上了礼部侍郎。

据说当年稍有良知的人惊闻此消息无不感到三江共震，五岳不安，上天无眼，公理何在！

焦芳对刘健阻止他复入翰林院一事耿耿于怀，时常当众撒泼，谩骂刘健。不仅如此，由于打压过焦芳的高层多为南方人，长期的积怨使他的地域歧视达到了无以复加的地步，后来竟写了一篇《南人不可为相图》呈交刘瑾。朝中每退一南方人，焦芳便喜不自禁；写文章亦必诋南而誉北，心理极度扭曲。

升任吏部侍郎后，焦芳又开始恶心吏部尚书马文升。对于这个正直无私的老头，他总是或明或暗地贬损。为了捞取政治资本，还经常发挥特长写文章，上书言"御边四事”，阁臣谢迁看后认为大而无当，予以否定，于是焦芳又移恨谢迁。

朱厚照在他即位的头九个月就花掉了四百多万两库银。户部尚书韩文财政告急，廷议时，大臣们认为没有别的办法，只能劝皇帝节俭。焦芳知道现场有皇帝的耳目，故意慷慨激昂道：老百姓家尚且需要用度，何况一国之君？

正德元年（1506 年），马文升去位，焦芳靠着不失时机的阿谀，毁人誉己的手腕，当上了吏部尚书。

刘瑾开始耍流氓

周钥自杀事件发生后，那个一毛不拔的赵知府被逮捕问罪，刘瑾却安然无恙。

但此事被传得沸沸扬扬，影响很坏。阉党骨干、吏部侍郎张綵找到刘瑾，劝他说：“那些官员给您行贿，用的都不是私财，而是先在京师借贷，回去后又打着您的旗号四处搜刮银子来偿还。这样下去是积累民怨，势将遗祸无穷。”

刘瑾深以为然。他早就不缺钱了，安全却越来越宝贵。此时，御史欧阳云等人又来行贿，刘瑾摇身一变，大义凛然地揭发了他们企图用糖衣炮弹腐蚀“廉洁官员”的恶劣行径，为自己换来了拒贿的美名。

然而，刘瑾不是文官，美名对他而言只是微不足道的点缀。只要安全系数足够高，他还是会变着花样纳贿，毕竟天下是他朱家的天下，亡国亡的是他朱家的国，刘瑾又没有儿女，死后哪怕洪水滔天！

以刘瑾为首的八个环绕在朱厚照身边的太监招致了外廷的强烈不满，内阁首辅刘健给他们起了个绰号叫“八虎”[1]，并列举了其累累罪行：首先，不分昼夜地骑马出宫玩耍；其次，把钱不当钱；再次，到北海划船，进行交通管制，严重影响京城百姓的正常生活；最后，饮食邋遢，不符合圣人“食不厌精，脍不厌细”的要求。

在朱厚照眼里，这些根本就不算事。没钱了便让太监去户部索要盐引（食盐

1　“八虎”指太监刘瑾、张永、谷大用、马永成、丘聚、罗祥、魏彬、高凤八人。

专卖许可证），再拿盐引去盐商那儿换钱，搞得户部尚书韩文每次退朝都泣恨不能救正。户部郎中（相当于财政部司长）李梦阳看不下去，说：“大臣共国休戚，徒泣何益！”韩文问：“计安出？”李梦阳高声道：“言官交章弹劾，阁臣死力坚持，去宦官易事尔。”

翌日退朝，刘健召集包括韩文在内的六部九卿大小官员密议，众人同仇敌忾，都认为天下兴亡，匹官有责，必须联名上疏，铲除“八虎”。刘健派人找到司礼监秉笔太监王岳，陈述了文官集团的计划：以李梦阳的劾疏为发力点，百官联署、内阁“票拟”后由王岳呈送给朱厚照，劝谏其点头，然后司礼监批红，颁布天下。对“八虎”的迅猛崛起深感忧虑的王岳欣然同意。

读罢由李梦阳起草的奏疏，被华丽且严厉的措辞击晕的朱厚照心下发慌，在王岳的苦劝下决定将刘瑾等人遣送南京。

王岳以为大功告成，谁知回报时谢迁却皱眉道：“皇上与他八人从小玩到大，情分极深，有朝一日想起，必会召回。我们高兴得太早了。”

刘健如梦初醒，谢迁已铺开纸写了封杀机重重的奏疏，论证“八虎”罪大恶极，不杀不足以彰天理、平民愤。李东阳担心“过激恐将生变”，王岳亦主张一步步来，可刘健坚持认为“庆父不死，鲁难未已”，一定要斩草除根。

这很好理解。时人在评价当朝三位阁臣时就说：“李公谋，刘公断，谢公尤侃侃。”意思是说，李东阳智谋多，刘健擅长决断，而谢迁口才好。

王岳无奈，只能再次转交，并力挺阁臣。朱厚照毕竟年轻，害怕群臣真的集体罢工，勉强答应次日早朝下旨逮捕刘瑾。刘健听说后，与众官约定，早朝时伏阙面争，一定要诛杀刘瑾。

然而，由于焦芳和锦衣卫千户钱宁的告密，一夜之间，风云突变。

大惊失色的刘瑾带着七虎连夜进宫，环跪于朱厚照四周，磕头痛哭。见朱厚照有些心动，刘瑾反咬一口：“王岳想害奴等。他勾结阁臣，目的是要制约皇上的行动。为此，他必须先除掉对皇上忠心耿耿之人，扫清障碍。”

朱厚照听说有人要限制他的自由，立马变脸，当即任命刘瑾为司礼监秉笔，马永成掌东厂，谷大用掌西厂，抓捕王岳，解送南京孝陵种菜。

次日清晨，大臣们斗志昂扬地入宫早朝，准备伏阙跪奏，却发现宣旨之人已变——皇上说昨夜失眠，无法上朝。至于刘瑾等人，从小服侍至今，不忍处理，此事容后再议。

刘健、谢迁大怒，决定押上威望做最后一击，上表辞官。他们以为皇上再颟顸，也不敢对先皇指定的托孤重臣动刀。谁知此举正中朱厚照下怀。

如果了解一段往事，不谙儿童心理学的刘健也许能更懂新帝的心思。

朱祐樘生前喜欢跟儿子在幽静的夜晚散步。也只有在此时，他才能罕见地流露出真情实感。

一次，路过端门外的六科廊（六科给事中的办公场所）时，淘气的朱厚照走到门口，大声问："这是什么地方？"朱祐樘赶紧向他摆手："小声点。这是六科言官办公的地方，里面肯定有人值班，别惊动了他们。"朱厚照不解："怕什么，六科官员不还是你的臣子吗？"朱祐樘摇头道："如果惊动了他们，纠劾的奏疏会立刻送到你父皇面前。"

朱厚照慢慢明白，看似无所不能的父皇，也生活在一个套子里。他日渐觉得这座紫禁城实在是无趣，文官难以捉摸，又很可怕。最怕的当数朱祐樘给自己安排的老师——王华。一次，朱厚照同大伴刘瑾玩得晚了，上课迟到，王华便讲了一通"十常侍""甘露之变"的历史，痛斥宦官之祸，在场的太监面面相觑，噤若寒蝉，刘瑾则很长一段时间都不敢再放肆……

不让李东阳走是刘瑾的主意：第一，李东阳在倒刘活动中态度并不激烈；第二，前朝老臣要是一个都不留，面子上不好看。

李东阳则再次上疏乞退，朱厚照的批复很简单："卿勿再辞。"

在送别昔日战友时，李东阳泣涕涟涟，刘健正色道："何用今日哭为！使当日出一语，则与我辈同去耳。"

不过，后来的事实证明，留下的作用远大于离开，直面黑暗所需要的智慧和勇气也远胜于逃避。

李东阳的嗅觉比较敏锐，当众多文官要求他扛起大旗向朱厚照上疏挽留刘健和谢迁时，他回绝了："你们这不是救人，而是在害人。刘瑾对两位阁老恨之入骨，群起求情，无异于火上浇油，逼刘瑾痛下杀手。"

北京的官员沉默以对。南京的六科给事中接过大旗，全部站了出来，交章挽留。

刘瑾恼羞成怒，竟派锦衣卫前往南京将为首的戴铣等人押解至京。二十多人，全部享受廷杖待遇，戴铣被活活打死。

接着，以蒋钦、薄彦徽牵头的南京都察院的御史们跳了出来，联名上疏，要求朱厚照罢免刘瑾，委任大臣，务学亲政，以还至治。

刘瑾黔驴技穷，一律以“廷杖除名”处置。

平日里，刘公公训练打手很有一套，对狠手的要求是做个皮人，里面塞上砖头，打下去皮子完好而砖成齑粉；对轻手的要求是在皮人外面裹上一层纸，重重地打下去，纸不许破。行刑时就看监刑太监的暗示：脚站成外八字就往轻了打，站成内八字就往死里打。

于是，“蒋钦”这个名字从浩如烟海的史册中脱颖而出，同三国时的东吴名将蒋钦一起彪炳千古。

御史蒋钦显然不喜欢就事论事，他在奏疏中大爆猛料，将刘瑾那些破事和丑闻全抖了出来，然后放出狠话：现在全国都感到寒心，唯独陛下您还把他放在身边使用，这是不知道左右有贼而把贼当成了心腹。请陛下亟诛刘瑾以谢天下，然后杀臣以谢刘瑾。使朝廷以正，万邪不入，则系臣之所愿！

这是要一命赔一命，相信刘瑾在看到奏疏时，心头是恐慌的。

蒋钦立刻又挨了三十大板，被扔进诏狱。

蒋钦笔耕不辍，在狱中继续写道：请陛下将臣与刘瑾比较一下，是臣忠还是刘瑾忠？臣的骨肉都被打烂，涕泗交流，七十二岁的老父也顾不上赡养。然臣死不足惜，所惜者，陛下随时可能遭受亡国丧家之祸！望陛下杀掉刘瑾，悬首于午门，使天下都知道臣蒋钦直言敢谏，知道陛下英明果断。如果陛下不杀此贼，就请先杀臣，臣宁可与龙逄、比干同游于地下，亦不愿与此贼并生于世！

蒋钦此疏，字字泣血，忠心毕现，览之者无不动容。可惜他遇到的是一个我行我素的皇帝和一个帮皇帝更帮自己揽权的太监。所以，疏入，再杖三十。累计九十棍，就是铁人也扛不住，他终于实现了与刘瑾不共戴天的志向，三日后卒于狱中。

几十年后，当手无寸铁的兵部员外郎（相当于国防部副司长）杨继盛死劾只手遮天的严嵩时；一百年后，当一身正气的都察院左副都御史杨涟死劾祸国殃民的魏忠贤时，他们的心中都曾闪过一个名字——蒋钦。

最优秀的老师是生存

朝廷上下鸡飞狗跳，却不见王阳明的身影。时任兵部主事的王阳明实在太不显眼了，朝中大佬们下岗的下岗、跑路的跑路，中层官僚上书的上书、拼命的拼命，一片热火朝天，你死我活，王阳明在干吗？

在观察。

他绝不会像蒋钦那样一条道走到黑，然而，良知与个性又使他不能无动于衷。于是，在戴铣等人被押赴京城之前，他上了一道旁敲侧击的奏疏——《乞宥言官去权奸以彰圣德疏》。

小时读《古文观止》，喜欢那些文气充沛、纵横捭阖的文章，为苏洵的《六国论》[1]所倾倒。长大以后渐渐懂得，像《陈情表》[2]这样表面阴柔婉转，实则暗藏玄机的文章才是真正的奇文。王阳明的奏疏就将这一点发挥到了极致。

上疏前，湛若水劝他："当初闹得那么凶，不见你有任何动作。现在胜负已定，却逆风而动，有什么意义？"

王阳明道："当时有那么多正义之士在奋斗，多我一个不多，少我一个不少。而现在死气沉沉，必须有一个声音来唤醒大家。这个重任非我莫属。"

《乞宥》一折用语委婉，言辞平和，看上去很和谐。王阳明开门见山，先把朱厚照捧得老高：君仁，臣才直。上有您这样英明的皇帝，下才有那些直言敢谏的言官。

王阳明通篇不提刘太监，只说戴铣等人触怒了皇上是不应该，但作为言官，他们的职责就是劝诫您，即使说错了，您也多包涵包涵，以开忠谠之路。现在您派锦衣卫（白痴都知道是刘瑾的主意）把他们拿解赴京，在外人看来，

1　《六国论》提出并论证了六国灭亡"弊在赂秦"的精辟论点，"借古讽今"，抨击宋王朝屈辱的对外政策，告诫北宋统治者要吸取六国灭亡的教训，以免重蹈覆辙。

2　《陈情表》是三国两晋时期文学家李密写给晋武帝的奏章，辞意恳切，真情流露，语言简洁，委婉畅达。相传晋武帝看了此表后很受感动，特赏赐给李密奴婢二人，并命郡县按时给其祖母供养。

您就是在堵塞言路，将来再有奸佞之人危害国家，谁还敢挺身而出，您又能从哪儿听到肺腑之言？

为了增强感染力，王阳明摇身一变成了电影导演，用了一组平行蒙太奇，提醒皇上这天寒地冻的，万一这帮人在押赴京城的道上挂了，您老人家这杀谏臣的恶名可就背定了，到时候群臣纷议，您再责怪左右没有劝诫您就晚了。

典型的连蒙带唬，绵里藏针。

全文没有一句申讨宦官的话，标题是王阳明的弟子在整理其文集时加的。而他，走的是一条曲线救国的迂回之路——保护了言官，自然就压制了权奸。

然而，王阳明显然低估了刘瑾，他不是政客，是流氓，应以最坏的恶意来揣度。

态度并不激烈的王阳明也被光荣地扔进了诏狱。说光荣是因为诏狱这地方不是你杀个人、放个火就能进来的，这是犯了重大政治错误的官员待的地儿。纵览明朝政治斗争史，逼急了就把对手往诏狱扔，这起码说明了两点：一、离死不远；二、想不出名都难。

说来凄惨，王阳明自弘治十二年（1499 年）中进士，先是观政工部，然后授刑部主事，弘治十五年（1502 年）告病而归，弘治十七年（1504 年）返京，正德元年（1506 年）下狱，在官场的时间总共不过六年，却因一次并不激烈的上疏而下狱，实在令人寒心！

北京的冬天，空气里弥漫着令人绝望的冷酷，微弱的月光从狭小的窗口洒进阵阵寒意。此刻，王阳明，任你抱负如何远大，智慧如何超群，也只能在这“室如穴处，无秋无冬”的铁窗中，在这暗无天日的漫漫长夜里面壁叹息！

失去自由是一种尖锐的痛苦，没有体验过的人永远无法感知。崖穷犹可涉，水深犹可泳，唯独身陷囹圄，有力无处使，有感不能言，就像坠入了无底的黑洞。又如一块没有感觉的石头，只能依托千丝万缕的冥想来打发无尽的时间，悠悠我思，曷其极矣！

寂静。

除了寂静，还是寂静。

宇宙的脉搏在他耳边回响。

如果说精神也是一种能量，那质能公式的应用范围将远不止于量子力学。

逼仄的空间，渺小的质量，即将迸发出崭新的思想。

脑海中，一幅幅画面迅速地闪回。

朱熹，阉党的文人无不饱读你的著述，一个个却已是厚颜无耻，教我如何再相信你的理论？！

陆九渊，你说“我心即宇宙，宇宙即我心”，但你可知何为宇宙？宇宙的目的又是什么？

儿时的疑窦再次出现在王阳明眼前：为什么会有生命？为什么会有宇宙？

宇宙由各种各样的物质组成，生命是物质发展到一定阶段的产物。有了生命，就有了意志。意志产生于物质，又与物质如此不同。然而，无不能生有，既然宇宙可以孕育出有生命、有意志的人，是不是可以说其本身也是有生命、有意志的？如果说宇宙是一个人，那么我们生存的星球是他的一个梦。宇宙在梦里，他不知道发生了什么，只是津津有味地做着一个杂乱无章的梦。当他醒来时，一切都烟消云散，化为虚幻。

抑或，宇宙作为一种存在确实就是物质的，人的出现不过是偶然罢了。王阳明，此刻的你一定觉得这个偶然是一种错误吧？无休无止的战争，乌烟瘴气的官场，永远无法消弭的贫富差距，人类存在的意义难道就是一小撮人对一大部分人的剥削？所谓的智慧、所谓的思想，都只是为了粉饰这种剥削的合理性？如果是这样，所有的努力还有什么意义？我们不过是从自然界的有机分子经过漫长的岁月发展来的一具为了满足肉欲和物欲而拼搏的精密机器，与其他动物没有任何区别，万事万物都按照大自然的既定规律往下演变。虚生实，实化虚，生下来终究要死，一切原本没有意义。

化险为夷，独赖心力

信仰崩溃后的空虚，注定无解的思索，幻灭得就像现代派小说，空气里弥漫着无助和绝望。

我还有什么？我还能抓住什么？

两只吱吱乱叫的老鼠打破了死寂。没有李斯的人鼠之叹[1]，王阳明望着相依相伴的老鼠，心里升腾起一丝暖意：人间有情，更胜天道。我还有父亲、妻子、朋友，即使不能相见，即使阴阳相隔，有他们的挂念和惦记，夫复何求？

心念及此，他又无比欣喜，《诗经》中的句子几乎脱口而出：妻子好合，如鼓瑟琴。兄弟既翕，和乐且湛[2]。

是啊，是非成败转头空，万般回首化尘埃。天道轮回，情字不改！

元稹痛失爱妻后的“曾经沧海难为水，除却巫山不是云”[3]，李益失恋后的“从此无心爱良夜，任他明月下西楼”[4]，贺铸错失一见钟情的女子后的“试问闲愁都几许，一川烟草，满城风絮，梅子黄时雨”[5]。更有崔莺莺思念张生时的癫狂：“自别后遥山隐隐，更那堪远水粼粼，见杨柳飞绵滚滚，对桃花醉脸醺醺……怕黄昏忽地又黄昏，不销魂怎地不销魂！新啼痕压旧啼痕，断肠人忆断肠人！今春，香肌瘦几分，搂带宽三寸”[6]。

如果众神已死，那么爱就是最后的信仰。心中有爱，便有了活下去的理由。王阳明借着这一线光明，继续前行。然而，未知的命运总是令人恐惧，于是，他搜集了五十颗可以替代蓍草的石子，开始算卦。

六爻算毕，是遁卦，下艮上乾。根据《易传》的解释，乾为天，艮为山。天下有山，山高天退。阴长阳消，小人得势，君子退隐，明哲保身，伺机救天下。

是啊，该退一步了，事已至此，若像蒋钦一般，继续上书死谏，以卵击石，只是徒增一具尸体罢了。

1506年的除夕之夜，大明朝最黑暗的幽室之中，前不见古人，后不见来者。

天地虽大，除了自己这颗心，又有什么可凭借的？这个道理王阳明虽然暂时还未悟透，但觉悟的种子已开始生根发芽，直到有一天，长成一棵能使“万物皆备于我”的参天大树，能化一切不利为有利：君子友我，小人资我，艰难困苦玉成于我。

---

1 典故出自《史记·李斯列传》：“于是李斯乃叹曰：‘人之贤、不肖，譬如鼠矣，在所自处耳！’”

2 出自《诗经·小雅·常棣》。

3 出自《离思五首·其四》。

4 出自《写情》。

5 出自《青玉案·凌波不过横塘路》。

6 出自元代王实甫的《十二月过尧民歌·别情》。

然而此刻，爆竹声中，他想到的是会稽山下的漫步、余姚江上的放舟，是无尽的乡愁、思亲的煎熬。

寒冷的北京，干燥的大风刮过屋顶，沙粒在屋瓦上滚过，如同小鸟的喙击。它带来的是童年时在庭院里仰望那一小块湛蓝天空的回忆，是京城郊外的山地上策马狂奔的回忆……

然而，他不知道的是，入狱后不久，父亲王华就被明升暗降为南京吏部尚书，而京城里原先反对刘瑾的官员早已作鸟兽散。

其实，刘瑾如此强势地打压文官集团（不好动刀的也往死里整，比如对韩文罚俸，罚得其倾家荡产），究其原因，乃自卑与恐惧所致，如果文官集团能为之所用，倒也不会赶尽杀绝。阳明身陷缧绁期间，刘瑾多次拉拢王华，甚至想荐其入阁。但王华始终拒绝合作，即便以王阳明相要挟，也不松口。

一个月后，王阳明接到上谕：廷杖四十。

午门。

阳光灼人，城楼上当差的侍卫看戏般望着楼下，旁边点着的香正微微地冒着烟。

一根燃完了，又一根燃完了。

终于，一队身着飞鱼服的锦衣卫步伐整齐地从午门鱼贯跑出，其中几个还举着粗圆的朱红色廷杖。

明代最有创意的刑罚又一次粉墨登场，这次的主角是王阳明。

按照传统，廷杖时可以用棉絮裹身，但刘瑾实在太恨这对油盐不进的父子了，居然改了规矩。于是，王阳明成为大明朝第一个被脱了裤子廷杖的文官。

他被绳索绑住双腕，趴在砖地上。监刑宦官手捧诏旨，用尖细的声音喊道："用刑——"

侍立两侧的锦衣卫校尉轮流上前，用大棍猛击阳明。每五杖即换一人行刑，左右站立的校尉高声报数，闻者无不胆寒。往往廷杖二十，受刑人便已奄奄一息，被活活打死者不在少数，而王阳明整整挨了四十棍。

与此同时，贬谪的文书下来了——贵州龙场驿驿丞。

龙场，东经 106 度，北纬 26 度，今贵州省修文县。

湛若水费了好大劲儿，才在帝国疆域图的最南边找到刘瑾替王阳明挖的这个坑。他沮丧地对王阳明说："此地非人类所能居住，你这一去恐怕……"

但那一刻，没有人会意识到，传奇即将诞生，历史将被改写。

料峭春风吹人冷，正是京城花开时。阳明的好友汪抑之、湛若水、崔子钟等人前来送行，免不了又是一番赋诗壮行。

只有湛若水的诗符合他自成一体的思想体系：

皇天常无私，日月常盈亏。
圣人常无为，万物常往来。
何名为无为？自然无安排。
勿忘与勿助，此中有天机。

另一首：

天地我一体，宇宙本同家。
与君心已通，别离何怨嗟？
浮云去不停，游子路转赊。
愿言崇明德，浩浩同无涯。

送行的人里还有一位女子，姓名已不可考，诗也没流传下来，只有阳明回赠她的一首诗：

忆与美人别，惠我云锦裳。
锦裳不足贵，遗我冰雪肠。
寸肠亦何遗？誓言终不渝。
珍重美人意，深秋以为期。

看来，王阳明在妻子诸氏之外尚有一个关系暧昧的红颜知己。

亡命天涯

沿京杭大运河乘船一路南下，来到杭州。

阳明的本意是先回余姚看望年已八十八岁的祖母，然而，由于刘瑾从中作梗，这一点愿望都未能达成。

穷追猛打的刘瑾搞了个“奸党名单”，光荣上榜的一共五十三人，王阳明名列第八。

前七个分别是大学士刘健、谢迁，尚书韩文、杨守随、林瀚，都御史张敷华，郎中李梦阳。

除了李梦阳，其他几个都是相当于政治局委员级的高层。问题是李梦阳是红极一时的文坛领袖，王阳明紧随其后，可见刘瑾对这个六品主事有多“重视”。

方到杭州，王阳明就感受到了这种重视——被刺客跟踪。

为了避免连累家人，阳明叫家童先回余姚报信，自己则暂避城外胜果寺。

月黑风高夜。

阳明辗转反侧，难以入眠，索性起身，点上灯凝神默思。蓦地，他来到墙边，大笔一挥，一首《绝命诗》写在了壁上：

学道无成岁月虚，天乎至此欲何如。
生曾许国渐无补，死不忘亲恨有余。
自信孤忠悬日月，岂论遗骨葬江鱼。
百年臣子悲何极，日夜潮声泣子胥。

随即，阳明穿戴整齐，出门去了。

他来到钱塘江边，将冠戴朝靴脱下，伪造了自杀的现场，遁水而去。

翌日天色放亮，两个刺客进房察看，已不见阳明踪影。四下搜寻，来至江边，见到阳明的衣帽鞋袜，又联想到壁上的题诗，断定王阳明已投水自尽，于是匆忙返回，报告刘瑾。

王阳明被一艘小船救起，驶出杭州湾，在舟山停泊。是夜，狂风大作，波浪连天，小船被刮到了福建沿海，在福州东郊的鼓山停了下来。

阳明未敢久留，弃舟登陆，也不知身在何处，只循着小路往西狂奔而去。

天色渐晚，一座寺院出现在眼前。晨钟暮鼓总是能让人找到心灵的归宿，阳明稍稍心安，上前拍打山门，请求留宿。

没承想开门的和尚正眼都没瞧他一下，就忙不迭地回绝了。

王阳明长叹一口气，继续跑路。

夜色朦胧中，一座墙塌壁残的破庙出现在眼前。王阳明心下大喜，想推门而入，哪知庙门早已被人卸去，颇有《聊斋》取景地的感觉。

阳明奔波数日，早已筋疲力尽。他顾不上害怕，进到庙中，双腿一软，倒头便睡。

梦里不知身是客，一晌贪欢。

如果就这样一直睡下去倒也不错，不用亡命天涯，不用担惊受怕。他实在太累了，身体上的、精神上的。官场如战场，心战打得太久，心已是千疮百孔，疲惫不堪……

突然，一声低沉的吼叫将他从梦中惊醒。他定睛一看，却是一只吊睛白额的老虎，正朝自己一步步逼近！

他绝望了，闭上眼睛，听天由命。

一秒，两秒，三秒……时间一点一点过去，备受煎熬的王阳明忍不住睁开眼，奇迹发生了：老虎并未伤害他，只叼着行李走开了。

这一番死里逃生，再也难以入睡，好不容易挨到天亮，昨夜将王阳明拒之寺外的和尚上来找他，道："近日常有歹徒在山中抢劫，是以寺中不敢收留陌生人过夜。"接着又问他昨晚是否遇到老虎。原来，山中时有猛虎出没，这座破庙早已成为虎穴。

阳明心下暗暗生气：你早知此地凶险，却硬是不让我进寺。如今并非前来道歉，而是看我是否已入虎口，好取我行李罢了！

王阳明灵机一动，将昨夜的遭遇添油加醋地描述了一番，惊得和尚目瞪口呆，嘟囔道："你一定不是常人！"说着，连拉带扯，将阳明请到寺中。

这是一座很大的寺庙，一边靠海，一边临江，林木参天，建筑古朴。阳明突然醒悟：这不是千年古刹涌泉寺吗？

没想到名寺之中也有如此卑劣的僧人，可见世道人心到了何等不堪的地步。

阳明在僧人的引导下，来至后殿，却见一道士盘腿而坐，屏息凝神。

阳明一愣：这不是自己新婚之夜跑去铁柱宫与之彻夜长谈的那个道士吗？

道士听见动静，睁开双眼，一见阳明，眸子里露出惊喜，却立即收敛，只淡淡一笑，起身下榻，吟诵道："二十年前曾见君，今来消息我先闻。"

僧人瞅了瞅阳明，又看了看道士，心想"俩神经病"，转身而去。

僧人一走，王阳明便将自己的遭遇都说与道士听。道士不断点头，说："那你今后有何打算？"

阳明叹了口气，道："孔子说，危邦不入，乱邦不居。从此隐姓埋名，枕石漱流，绿水青山长对吟罢了。"

道士摇头笑道："孔子所说乃是春秋之时，王室衰微，诸侯林立。而今率土之滨，莫非王土，你却往何处栖身？即使你能独善其身，你的全家老幼呢？若刘瑾迁怒于他们，诬陷你北投蒙古，将你父亲下狱，严刑拷打，如之奈何？"

王阳明的额上渗出汗来。

道士又道："且伯安（王阳明字伯安）志存高远，胸怀天下，区区微祸，何足道哉？"

王阳明说要浪迹江湖原本就是气话，经道士反复陈述，雄心又起，满腔豪气汹涌而出，当即提笔濡墨，向着大殿白壁便书：

> 险夷原不滞胸中，何异浮云过太空？
> 夜静海涛三万里，月明飞锡下天风。

这首《泛海》是王阳明流传最广的诗，画面感很强。

头上是明静的月夜，周围是险恶的波涛，一叶孤舟忽而被抛上浪尖，忽而跌入深谷。随时都可能到来的死神拍打着它黑色的翅膀，在阳明的头顶盘旋，迟疑着要不要落下来。而王阳明却异常平静，视凶险如浮云之于太空，这是何等沉毅的大智大勇。

在艰难险阻中净化自己、扩大自己、征服自己，王阳明展现了天地万物一体之仁的气魄，激励了无数对自己有期许、对人生有要求的后世英才。

第五章
万里乾坤共寂寥

春光荏苒如梦蝶

王阳明别过道士，经武夷山辗转到南京去看望父亲。

此时，京城里正流传着王阳明在钱塘江投水，又在福建起死回生的神话。谣言越传越离谱，直至传到湛若水耳里。

湛若水哑然失笑，道："此佯狂避世也！"

只有他能懂阳明这套虚虚实实的艺术。因此古人曰：知音世所稀。

数月不见，王华老了许多，一直指望王阳明光宗耀祖却指望不上的他终于放下了那些执念，唯愿儿子健健康康地活着。望着父亲斑白的鬓角，阳明心下愧疚不已。父子俩抱头痛哭，王华第一次认可了王阳明的选择：你那道上疏是对的，正义总需要有人站出来维护。

见王阳明咳嗽不止，王华关切道："你的肺病越发厉害了，以目前的情况，去贵州边陲做个小吏肯定是送命。既然处分已经下达，风头早已过去，倒不如从容些，养好了病再去。"

阳明听从了父亲的建议，折回杭州，在胜果寺凉爽宜人的松树林里度过了炎热的六月。

于是，余姚的三个年轻人有幸成为王阳明的第一批弟子。

蔡宗衮、朱节和徐爱刚在杭州举办的乡试中中举，摩拳擦掌，血气方刚，准备兼济天下。而王阳明的事迹早就在江浙大地上流传开来，此次上疏遭贬，一番奇遇，更增加了他的传奇色彩。三人遂决定拜阳明为师。

徐爱，字曰仁，王阳明的妹夫，王阳明的"颜回"。

刚行过拜师礼，三个优秀的年轻人就被地方府学荐为贡生，送到北京国子监读书。

临行前，阳明以《尚书》中的"深潜刚克，高明柔克"赠予三个徒弟。

这八个字宋朝的曾巩曾给过解释：

人之为德，高亢明爽者，本于刚，而柔有不足也，故济之以柔克，所以救其偏；沉深潜晦者，本于柔，而刚有不足也，故济之以刚克，所以救其偏。

阳明着重强调："三子识之！"并写了封信命他们带去京城找湛若水，让他帮忙罩着这三个新收的徒弟。

诸事已毕，阳明再无挂念，领着仆人上路，直奔龙场——虽说古代交通不发达，长途旅行走上个把月很正常，但依然"事不过年"，年终总结时各种鸡毛蒜皮的事都得上报，所以阳明得赶在年底之前到达龙场，不然死太监又该叽叽歪歪了。

一路跋山涉水，翻山越岭，当然不比在家舒服，阳明自我调侃道：

山行风雪瘦能当，会喜江花照野航。

虽说风尘仆仆的滋味并不好受，但沿途还是有许多正直的地方官员邀请阳明喝酒。最令他感动的是，当船行至广信（今江西上饶）时，阳明得到了知府（相当于市委书记）蒋瑶的热情款待。蒋知府绕开办公厅，捧着好酒，踏着月色，专程跑到船上来探望阳明。

因他，阳明不再"江枫渔火对愁眠"；因他，深感"我道不孤"的阳明重拾信心。两人青梅煮酒，临风夜话，好不快哉。

二十年前，阳明十八岁，从南昌娶亲返回余姚，途经上饶，探访了比自己大整整五十岁的娄一斋，两人遂成忘年之交。娄的一句"圣人必可学而至"坚定了阳明的成圣之志，对其影响深远。

片言之赐皆我师。阳明向蒋瑶打听娄一斋的近况，却得知他在见过阳明后的第二年就去世了。山河依旧，故人已逝，阳明不禁一番唏嘘。

京师的繁华、江南的富庶，往者不可谏，来者犹可追。收拾心情，继续赶路吧。然而，真的有路吗？龙场，这个陌生的地名，是死地还是涅槃，阳明一无所知。

穿过湖广，来到贵州，眼底云山皆愁绪。

万山丛中，一间茅屋映入眼帘。走近一看，一个中年女子倚门而坐，目光呆滞。

上前询问，原来女子的丈夫另寻新欢，将结发妻子赶出家门。她无处可去，只好在这荒无人烟之地结茅而居，既念前夫，又思幼子，终日以泪洗面，度此残生。

人生若只如初见，何事秋风悲画扇。

那个夏日的午后，和风熏柳，花香醉人，我遇见了你。

两个小孩，虽不懂得大人们的情情爱爱，却也一见如故，言笑晏晏。

“郎骑竹马来，绕床弄青梅；同居长干里，两小无嫌猜。”你跟我念李白的《长干行》，我虽不懂得意思，却望着你那双清澈的大眼睛抿嘴而笑。

后来，我们长大了。在一起时，那若有似无的身体接触总是令人紧张而又兴奋，我问你看见我第一眼时是什么感觉，你偏着大脑袋想了好一会儿，调皮地望着我，开始念曹子建的《洛神赋》：“其形也，翩若惊鸿，婉若游龙，荣曜秋菊，华茂春松。仿佛兮若轻云之蔽月，飘摇兮若流风之回雪。远而望之，皎若太阳升朝霞；迫而察之，灼若芙蕖出渌波。”

其实，我哪能和曹植笔下的甄宓相比，你这么说不过是哄我开心罢了。可即使是这样，我心底还是无比开心的。

我知道你抱负远大，男人都想拯救世界。凤凰高飞九千里，超越云霞，背负青天，翱翔于茫茫苍穹，那篱笆内长大的燕雀，怎么能和凤凰一样去体验天地的高远呢？鲲鱼早晨从昆仑山麓出发，在渤海湾畔露出鳍来，夜晚歇宿在大泽湖泊之中，那小水塘里嬉戏的鲵鱼，又怎么能和鲲鱼一样去估量江海的辽阔呢？

可现实就是如此残酷，天下并不需要你去拯救，曾经的英雄最终沦为一个为三餐奔波的普通人，只换来旁人一句志大才疏的嘲讽。如花美眷，似水流年，昔日的美人而今也已迟暮，望着另寻新欢的丈夫冷漠的背影，寻寻觅觅冷冷清清凄凄惨惨戚戚。

阳明听完这如泣如诉的故事，又仔细打量了这妇人，但见她风韵犹存，想来年轻时亦是花容月貌，如今却流落至斯，登时感同身受，联想到自己空有一腔抱负，如天之才，却穷途末路，贬官至此！

阳明仰天长叹，悲伤逆流成河。

那一刻，他想到了谁？

是屈原还是贾谊？是李白还是苏轼？

应该是白居易，是《琵琶行》吧。

同是天涯沦落人，相逢何必曾相识！

阳明悲愤交加，连日来的压抑喷薄而出，一口气为这名女子写了五首《去妇叹》，名为叹人，实为悲己。

人生最大的痛苦就是梦醒了无路可走。北京的牢狱之灾，是爱支撑着他挺了过去。可现在的事实是，结发妻子也可扫地出门，谁来告诉我，爱在何处？！

黄钟毁弃，瓦釜雷鸣

我们配叫人吗？

当你俯下身体观看蚂蚁时，觉得它们很傻很可怜，费尽心机才搬回那么一点东西。于是你去看猩猩，它们的确高级一些，至少会使用一些简单的工具。最后，你仰天长笑：人，宇宙的精灵，万物的灵长！

可事实怎样呢？一样的哺乳动物，一样的生老病死，一样的食色性也，一样的两大主题：生存、繁衍。

上帝站在云端，看着奔波劳碌、因为会多使用一些工具而沾沾自喜的人类，蔑视的表情就像我们去看蚂蚁一般。

阳明绝望了。他前途未卜，信仰崩溃，对现实、对人性不抱任何幻想，拖着疲惫不堪的身体，栉风沐雨，踽踽独行。

1508 年 3 月的一天，孤雁残喘，日落西山。龙场迎来一个前无古人、后无来者的远客。一匹羸弱的老马，三个衣衫褴褛的仆人，一位日后震古烁今的伟人，就这样安静地走来。

寒风肃然，入夜凄然，衣袂飘然，只影寂然。

一切平淡得如同天地降生之初至今上万年间的每一个傍晚。

等待他的是羸弱的驿马、翘首以待的前任驿丞和一个年老的驿卒。

前任已经收拾好行李，一脸如获大赦的表情，离开前嘱咐了王阳明五条生存指南：第一，不要和陌生人说话，性情暴戾的土著且不论，便是汉人，许多也是在中原犯了事逃避至此的亡命徒；第二，留神空气，尤其是早晨和夜晚，稍不小心便会中毒身亡；第三，动物凶猛，提防狼虫虎豹的袭击；第四，丢掉一切幻想，自力更生，政府供应的粮食一年才来一次，要自己动手种植谷物；最后，也是最重要的一条，保持乐观心态，不然用不了多久你自己就会把自己了结了。

王阳明站在那块刻着“龙场驿”三个字的石碑前，举目四望。

镜头摇上，阳明越来越小，四周的景色逐渐出现在画面中。这是怎样的一个地方？

千山鸟飞绝，万径人踪灭。

但见山叠着山，树挨着树，哪里有半点人烟？

荆棘丛生，毒瘴弥漫，偶尔从丛林里钻出几个人来，不是当地的苗人、彝人，就是在中原犯了事，流亡到此的逃犯。阳明望着目光呆滞的驿卒，心下凄凉无比。他已做好在此度过漫长时日的打算，至于何时才能重返“人间”，只有听天由命了。

从正六品到“未入流”，连降九级。再看看龙场驿，别说办公用的官舍，就连草房也没有一间。阳明别无他法，只能和仆人们胼手胝足盖了一个简陋的草屋，还颇有闲情地赋诗一首《初至龙场无所止结草庵居之》，以示纪念。

但很快，他就笑不出来了。

阳明没料到几个随从比自己还脆弱，纷纷病倒，害得他反过来要照顾他们。

他并不太在意那些世俗的尊卑贵贱，只一视同仁，真诚地对待这些下人，为他们熬药、煮粥，搞得大伙很不好意思。阳明让他们宽心，说：“你们跟我一路走来，吃了这么多苦。在这举目无亲的地方，你们不就是我的兄弟、我的亲人吗？”

尽管如此，阳明还是感受到了类似秋水般深刻的孤独。在这里，没有人可以和他产生任何精神上的交流，瓦尔登湖并非世人想象中那么美好。西山采蕨，寒夜枯坐，时间就在这日复一日的百无聊赖中恨水东逝。

元宵之夜，雨雪霏霏，遥想江南和北京的盛景，阳明又添一份愁情：

> 故园今夕是元宵，独向蛮村坐寂寥。

正兀自感慨，草丛中几个探头探脑的土著走了过来。

土著们已经暗中观察王阳明很长时间，就像《上帝也疯狂》里的非洲土人第一次看见从天而降的可乐瓶一样，疑惑而警觉。但随着了解的深入，他们一致认定这个新来的驿丞还是比较靠谱的，就是有些脑残，经常念一些他们听不懂的句子。

于是，一番叽里呱啦，手脚比画，语言不通的阳明竟和土著们成了朋友。闲暇时，就着土罐瓦盆，举起浊杯破碗，喝他个天昏地暗，日月无光。既已退无可退，狂笑高歌，放浪形骸，又有何妨？

阳明是闲不住的人，自从和土著成了朋友，便时常出没于丛林山洞之间，与他们谈天说地，并利用当年在工部上班时学到的知识，教他们伐木建屋，替他们排忧解难。很快，当地居民都将这位龙场驿丞视为友人、能人乃至神人。

土著们心地善良，知恩图报，用阳明教给他们的方法在一个向阳的山坡上破土奠基，砍竹伐木，不到一个月就建成了一所方圆几十里内最大的院落，有客厅，有凉亭，气势恢宏，赠予阳明。

望着拔地而起的新居、土著们纯朴的笑容，王阳明感动不已。

渐渐地，附近的学子们听说阳明贬谪至此，纷纷前来求学，阳明遂将此居命名为“龙冈书院”，卧室取名为“何陋轩”。

为记述此事，他写了一篇《何陋轩记》，其中有一句是他思想的转折点，也是悟道的先声：

> 夷之民方若未琢之璞，未绳之木，虽粗砺顽梗，而椎斧尚有施也，安可以陋之？

就这样，龙冈书院成了阳明的讲坛，成了他的精神寄托。强者自度，圣者度人，阳明用他的思想一点一滴地影响着大明朝最为偏远的山区的人们。

然而，所有的故事都有起承转合的桥段。同复杂的现实和无常的命运相比，再经典的文学作品也幼稚得像蹒跚学步的小孩。

一个在京师得罪了权贵被贬谪至此的驿丞，竟然不来拜访自己，表示表示，还在辖区内聚众讲学——贵州巡抚王质出离愤怒了：太不懂事，政治上太不成熟了！更可恨的是还得到了不明真相的群众的拥戴，太不和谐了！

王质派流氓来挑事，结果砸店不成，反被愤怒的群众打得抱头鼠窜。王质大怒，欲调动军队，但转念一想，杀鸡焉用牛刀。他下令给贵宁道按察司副使（相当于贵宁地区政法委副书记）毛应奎，要他通知王阳明，必须来贵阳给自己道歉。

毛应奎找到王阳明，一番寒暄，被其学问和人格征服。提到王质的无理要求，王阳明正色道："老百姓不会无缘无故打人，是那群流氓先动手的。如果王质一定要揪住这件事不放，那烦请大人替我转告他，就说我王守仁在龙场九死一生，什么没遭遇过，再大的风浪也不怕。我虽然是流放官员，但也该得到应有的尊重。"

毛应奎肃然起敬。在他的调解下，王质终于息怒，小事化了。

土著们越发视阳明为神人，男女老幼，事无巨细都跑过来请教他。于是，王阳明成了医生、讼师、情感专家、职业规划师……虽然这些人的问题千奇百怪，但阳明还是细心解答、耐心开导，直到有一天，他遇到一位热爱科学的青年。

该青年提出了两个严肃的问题：第一，人到底能不能长生不老？第二，这个世上究竟有没有神？

第一个问题王阳明无法回答，因为他自己也偶尔服用一些当时流行的"仙丹"来治疗肺病。那么，第二个问题，有没有神？

宗教 vs 科学

为什么会有宇宙？

基督徒曰：上帝创造了宇宙。

理论物理学家曰：大爆炸产生了宇宙。

起初，神创造天地。地是空虚混沌的，渊面黑暗；神的灵运行在水面上。神说“要有光”，就有了光。神看光是好的，就把光暗分开了。神称光为昼，称暗为夜。有晚上，有早晨，这是头一日。

《旧约·创世记》里这么说。

假设一个人去沙漠探险，在荒野中发现了一部手机，他立刻会意识到这里有人来过，手机绝对是人的创造而非自然演变而来，因为其复杂精巧的结构只有人的智慧和能力可以完成。

从概率的角度来看，沙子靠偶然或自然的作用形成硅片，再在上面完成复杂的电路，这种可能性为零。而猴子等其他无智慧的生物完成这种工作的概率也是零。只有人这种具备复杂意识和智慧的生物才能主导概率的走向，完成宇宙中独有的、非自然的创造。

创造的过程已经跨越了随机和偶然的范畴，同宇宙中任何其他力量有着截然不同的特点。例如，人可以轻而易举地将几块石头叠在一起，而依靠偶然概率，任何自然力量几乎都不可能做到这一点。

茫茫宇宙中，也存在着这样一个精妙的物体，那就是地球。地球位于太阳系中最合适的位置，拥有比手机更复杂、更精巧的自然循环体系。

水在地球表面形成江河湖海，空气遮蔽了宇宙射线，从而为生物创造出一个适宜的生存环境。

对比任何其他星球，我们都可以看出地球的这种不同寻常。月球像一个大石块，土星、火星一片死寂，那些未知的领域可能也是同样的画面。

而且，地球上众多生物的复杂程度也远远超过了任何一部手机。它们由无数个没有生命的分子构成，却形成了可以生长、繁衍、奔跑、飞翔的宇宙奇迹。

人类在没有认识到上帝的情况下把这一切都当成是偶然和巧合，认为是在浩瀚无垠的宇宙中碰巧发生的，并且相信宇宙中的其他位置也会出现同样的巧合。

于是人类制造飞船和大型望远镜，试图寻找其他的宇宙生命。然而一切的努力都是徒劳，就像你在月球和火星上永远找不到手机一样——宇宙不可能依靠巧合产生另外一种生命。

这一切只有全能的上帝可以做到，他依照自己的形象创造了人类。而人类清楚自己创造不了星球，所以，地球这样的奇迹也是上帝创造的，因为宇宙中只有上帝和人类拥有上述智慧。

这是基督徒的观点。

1910 年，美国的天文学家观测到星系的“红移”现象。

十年后，哈勃研究了观测结果，注意到远星系的颜色比近星系的要稍红一些。

他仔细测量了这种红化后发现，红化是系统性的，星系离我们越远，就显得越红。

光的颜色与波长有关。在白光光谱中蓝色光位于短波端，红色光位于长波端。

遥远星系的红化意味着它们的光波波长已经变长，理论依据是多普勒效应（火车向观测者驶来时汽笛音调变高，反之则变低）。

在仔细测定后，哈勃证实了这个效应。他认为，光波变长是由于宇宙在膨胀。

1948 年，物理学家把核物理同宇宙膨胀论结合起来，认为宇宙最开始是个高温、高密度的“原始火球”，球内充满基本粒子，后来这些基本粒子发生核聚变引起爆炸膨胀。

至此，宇宙大爆炸理论已具雏形。

1965 年，美国新泽西州一间不起眼的实验室里，两个年轻人——彭齐亚斯和威尔逊正在忙碌。一切稀松平常，索然无味。

然而，他们即将听到历史深处传来的声音，这是真正的深处，深到太古之初……

两人想使用一根大型通信天线，可是不断受到本底噪声（一种连续不断的嗞嗞声）的干扰，使得实验无法进行。噪声一刻不停，很不集中，它来自天空的各个方位，日日夜夜。

在将近一年的时间里，两人想尽办法，几近抓狂，想要跟踪和除去这个噪声。他们重装了仪器，检查了线路，反复测试，却毫无效果。

有心栽花花不开，无心插柳柳成荫。

50 公里外的普林斯顿大学，一组科学家正在设法寻找的，就是这两个年轻人想要除去的东西——宇宙背景辐射。

地球不过是浩瀚宇宙中的一粒微尘。距太阳最近的一颗恒星远在 4 光年之外，为了感受这段距离有多远，想一想光只需 8 分半钟就可从太阳穿越 1.5 亿公里到达地球。而在 4 年的时间里，光将越过 37 万亿公里的距离。

太阳不过是银河系中一个典型区域里的一颗典型恒星。银河系中像这样的恒星有 1000 亿颗。

而银河系也毫无特殊之处。像它这样点缀在可观测宇宙中的星系有好几十亿个。

事实上，宇宙的直径至少有 780 亿光年。而宇宙背景辐射，让人类真真切切地感受到了宇宙的诞生，捕捉到了大爆炸时的第一束光（当电视机接收不到信号时画面上的雪花点，就是大爆炸时的热辐射穿透了遥远的时空来到地球）。

宇宙维度和人择原理

大爆炸理论似乎有了铁证，但基督徒依然冷笑：按照你们物理学的说法，宇宙是由物质和能量组成的，物质与能量之间可以相互转换，但根据能量守恒定律，无不能生有，请问这开天辟地的一炸是从哪儿来的？

按照目前的研究，大爆炸产生了宇宙，而“时间”本身也是在大爆炸中产生的，所以并不存在“大爆炸之前的时刻”，意即大爆炸之前不存在其他物质和能量来给你“炸”，是真真切切的“创世之初”（即使平行宇宙理论、循环爆炸理论成立，基督徒仍可质疑最初这一切是怎么凭空出现的）。

这就是为什么牛顿想了一辈子也想不明白，最后一气之下整出个“第一推动力”来。

佛曰：不可说。

佛教里的“不可说”是一个极大的数量单位，大到难以表示，无法理解。

人类很难接受无法理解和描述的事物，不把一切都定义到一个理论框架中就会莫名恐惧。

想想看也是，从刀耕火种、茹毛饮血一路走来，波澜壮阔的历史、精彩纷呈的艺术、深邃无比的哲思、举世惊叹的技术，上天入地，泱泱大观，只要我们穷尽思索，还有什么不懂的?

如果有，也许是宇宙的维度。

当你行走在狭长的隧道里，你能走出隧道的方向只有两个——前与后；当你身处空旷的田野里，你就会得到四个方向——前、后、左、右；而当宇航员表演太空漫步时，他的方向将有六个——前、后、左、右、上、下。以上分别对应的是一维宇宙、二维宇宙和三维宇宙。

然而，还有第四维，第五维……超出人类的想象。

只有站在更高的维度，才能看清低维度发生的事，它们是同时存在的事实，就像盲人感觉不到光，聋人感觉不到声音，但并不表示光和声音不存在。

另外，人择原理认为，宇宙之所以如此，是因为我们感觉到它如此。换句话说，我们之所以活在一个看似调控得如此准确以至能孕育出生命的宇宙之中，是因为如果宇宙不是调控得如此准确，人类便不会存在，遑论观察宇宙。如果任何一个基本物理常数跟现有的存在足够的差异，那么我们所知的生命便不会存在，更不会有智慧生物去思考宇宙。

如果这个世界曾经出现过无数次可能，那么，只有这一次，产生了你和我。

因此，是我们选择了“能量守恒”，而非“能量守恒”选择了我们，或许它在另一个维度，根本就是谬论。

既然能量守恒都不能做到普适，那程朱理学又如何？

王阳明在回答青年问题的同时，内心已经完成了推翻和重建。

于是，诡异的事情发生了。

有传闻说刘瑾余怒未消，准备派人到龙场加害王阳明，阳明听说后不置可否。

一天傍晚，雁背斜阳，仆人们屋前屋后都找不到阳明，正无可奈何，却听见噼里啪啦的捶打声。

众人循声走去，但见阳明抡着一个大锤，正在打造一具石棺，眼看就要成形。

一个胆大的上前询问，阳明泰然自若道："我已经超脱了得失荣辱，可还是无法超脱生死。"

历览前贤，超脱生死的代表当数提出"齐生死"的庄子。

庄子认为万事万物每时每刻都在变化，既如此，为什么要有统一的标准？顺其自然之性，则不治天下而天下自治。正所谓"物之不齐，宜听其不齐，所谓以不齐齐之也"。在庄子眼中，万物平等，无分贵贱，无分有无，物之所存，道之所存，存在即合理，是谓"齐万物"。

推而言之，一切存在形式，没有好的，也没有不好的，所谓的"死"，不过是人从一种存在形式转化为另一种存在形式而已。

于是大伙不高兴了：庄子庄子，果然喜欢装。说得轻巧，你死一个我看看！

的确，哪怕你说得天花乱坠，贪生怕死终归是人之本性。

话说庄子的妻子死的时候，庄子鼓盆而歌，那个平日喜欢跟他斗嘴的倔老头惠施看见了，就这个问题再次跟他争吵起来。

庄子急了，说："天地之间本来没有我，后来纷扰杂乱之中产生了气，气变有形，形变有生，最后又变而之死，这是和春夏秋冬四时的交替变化一样的自然规律。"

嗯，看上去自洽，但还是没有解释为什么会"贪生怕死"。

后来荷兰哲学家斯宾诺莎研究《庄子》，提出情感为"人之束缚"，补充了庄子的理论。

真正有知识的人，通晓了宇宙的真相，明白了事物之发生为必然，则遇事不动情感，不为所缚。正如飘风坠瓦，击一小儿与一成人之头，小儿必愤怒而恨此瓦，成人则不动情感，因此所受之痛苦亦轻。

庄子认为，死是生的天然结果，对此有悲痛愁苦，是“遁天倍情”。“遁天”者必受刑，即其悲哀时所受之痛苦。若知“得者时也，失者顺也，安时而处顺”，则“哀乐不能入”，由“忘天下”进而“忘所用之物”，最终“并己之生而忘之”。忘生则得不死，是谓“齐生死”。

王阳明静静地躺在石棺里，脑中萦绕着的是一直以来困扰他的三组关系：人生和宇宙，人性和天理，格物和致知。归纳起来就是，“吾心”与“物理”，究竟是怎样的关系？

无数的画面在他脑中闪回，一个问题蹦了出来：论心还是论迹？

徐元庆谋杀案

武则天时代。

一个叫赵师韫的中央大员在出差路上到一家毫不起眼的驿站歇脚，结果被这家驿站的服务生给结果了性命。

此事奇就奇在，一个部级高官和一个驿站的服务生能有什么过节？

更奇的是，该服务生杀人后并不逃跑，而是主动投案自首。

据凶手供述，此案并无幕后主使，完全是他一人所为，这让坊间流传的“政敌买凶”之类的谣言不攻自破。

原来，赵师韫当年在某县当县尉时，杀过一个叫徐爽的人。

徐爽有个儿子叫徐元庆，处心积虑要替父报仇，于是隐姓埋名，在驿站里当服务生。

徐元庆很聪明，也很能隐忍。因为驿站本来就是各级官员出差歇脚的地方，只要有耐心，有朝一日总能等到仇人，但这“一日”究竟是猴年还是马月就不得而知了。

苍天有眼，竟让徐元庆等到了机会，赵师韫就这么送了命。

《基督山伯爵》演完了，《连城诀》剧终了，问题来了。

唐朝是法治社会，杀人抵命，天经地义。

再说草民杀官，这还了得？必须从重从快处理，以儆效尤。

谁知争议来了：徐元庆虽是蓄意谋杀，但他的动机是替父报仇。在当时，血亲复仇在绝大多数中国人心里是天经地义的自然之理。

事实上，一直到民国还有类似的案例。施剑翘为父报仇，刺杀了已不做军阀很多年的孙传芳，并束手就擒。国民政府迫于强大的舆论压力，竟罔顾法律，由主席林森签署特赦令，将之无罪释放。

据《礼记》记载，子夏有一次问孔子："对杀害父母的仇人应该怎么办？"

孔子回答说：睡草垫，枕盾牌，不去做官，不共戴天，无论是在市集上还是朝堂上，只要一遇到仇人，应该马上动手，有家伙抄家伙，没带家伙就赤手空拳上，往死里打。

《礼记》在唐代地位极高，社会影响力极大，是标准的官方意识形态。

于是问题复杂了。

唐朝不缺严刑峻法，但治国思想却是儒家的"君臣父子"。依"法"还是依"礼"，这是一个问题。

烫手的山芋击鼓传花般传到了大明宫。

武则天寻思着这天天高喊"圣朝以孝治天下"，标语口号刷得大街小巷到处都是，总不能言行不一吧，就指示放了徐元庆。

岂料传来一个声音："放不得！"

却是那个"念天地之悠悠"的陈子昂。

陈子昂认为，徐元庆蓄意谋杀，案情清楚，按照国法应当判处死刑。但是，念他是为父报仇，情有可原，所以建议在杀了他之后大张旗鼓地表彰一番。

仔细一想，陈子昂这招把"法"和"礼"的矛盾化解了，上头好办，下面高兴，为此写的《复仇议状》也传为千古名篇，朗朗上口：

> 今傥义元庆之节，废国之刑，将为后图，政必多难；则元庆之罪，不可废也。何者？人必有子，子必有亲，亲亲相雠，其乱谁救？

徐元庆被处决了，皆大欢喜。

事情似乎告一段落了，然而几十年后，逻辑缜密的《复仇议状》被柳宗元抓住了致命的纰漏。

柳宗元在分析卷宗后抛出一个疑问：徐爽到底是因为什么被赵师韫给杀掉的？

他提出两种可能：第一，徐爽确实犯了法，论罪当死，赵师韫杀他不过是执行国法，那么徐元庆谋杀赵师韫分明就是挑战法律，犯上作乱，判他死刑理所当然，凭什么要表彰他？第二，如果徐爽没犯法，赵师韫杀他完全是出于个人恩怨，最后还搞一份假的尸检报告，欺上瞒下。徐元庆想替父鸣冤，无奈官官相护，不但上告无门，还给他安个“越级上访”的罪名。徐元庆深感绝望，悲愤交加之下手刃了仇人。

柳宗元认为陈子昂对同一个案件既依礼表彰又依法处罚是混淆是非。礼和法的意义都在于防乱，禁止杀害无辜的人，绝不是互不相关的两套系统。你陈子昂这么乱搞一气等于把礼和法对立起来，搞出两套核心价值观，使大家分不清孰对孰错。

柳宗元没有像陈子昂一样和稀泥，而是将问题条分缕析后拆开来看，否定前一种可能，肯定后一种可能。

陈子昂是诗人，柳宗元却是思想家。后者考虑问题更理性，也更符合儒家的“原教旨”。

儒学的核心在政治，立论在《春秋》。

据阐发《春秋》微言大义的“三传”之一的《公羊传》记载：“父不受诛，子复仇可也。父受诛，子复仇，此推刃之道。复仇不除害。”

“诛”者，上级杀下级，有道杀无道，正义杀邪恶。这句话的意思是：父亲被冤杀，儿子可以报仇；父亲有罪该死，儿子报仇就会引起接连不断的仇杀。这样报仇就不合道义了。

由此可见，柳宗元的观点相当儒家。

《公羊传》肯定血亲复仇，肯定先礼后法，礼比法大，这构成了中国传统社会的思维方式和行为习惯。

而自从董仲舒遍览儒家典籍，提出“春秋决狱”后，后世官员都以此为准，断案前先要用孔子的思想来对犯罪事实进行分析，而后定罪。一言以蔽之：原心论罪。

比如甲父乙与丙相斗，丙以刀刺乙，甲以杖击丙救父而误杀其父，或（有人）曰弑父当枭首，并不因误伤而别论。

但法官怎么判的呢？他琢磨半晌，道："甲杀了乙，从表面上看，甲已经构成了弑父罪，而弑父是应该枭首的。但让我们一起来'原甲弑父之心'就会发现，甲意在救父，误杀其父乃无心之过，行为与心理发生偏差而已。请大家翻到《公羊传·昭公十九年》，上面说，父子至亲，父病子进药，父吃药后死。吃药治病乃人之常情，子进药而父卒是子所不愿看到的，君子原其心而赦其子。由此论断，甲无罪释放。"

"原心推罪"的判案方式是比较人性化的，但这种文化心理延续至今，也引发了许多争论。

欲动天下者，当动天下之心

东野圭吾在《彷徨之刃》中表达了这样的困惑：正义到底存在于人的心底，还是空洞的法律条文中？

在小说的结尾，他借一名参与案件侦破的警察之口，说："警察到底是什么？是站在正义的那一边吗？不是，只是逮捕犯了法的人而已。警察保护的并非市民，而是法律。为了防止法律遭到破坏，拼了命地东奔西跑。但法律是绝对正确的吗？如果是，为什么要频频修改？如果不是，为了保护不完善的法律，警察就可以为所欲为吗？"

同理，"安史之乱"时睢阳被叛军围城，张巡带领将士坚守了半年，挡住了一轮接一轮的攻击，奈何城中绝粮人相食。张巡誓死不降，为鼓舞士气，杀了自己的小妾，把肉分给士兵吃。最后城破，张巡不屈而死。

站在人性的角度，张巡到底是忠臣良将还是食人魔王？

论心乎？论迹乎？

心与道（理）。

道，无形无相，无大无小，却是产生天地万物的根本。

心性与天道（天理）的关系最早由孔子提出，但他自己也没解释清楚，所以子贡才说：“夫子之文章，可得而闻也；夫子之言性与天道，不可得而闻也。”[1]

问题被留给了后世，一大堆人靠研究这个混饭吃，结果越研究越复杂，越解释越艰深，成为一门门槛很高的“学问”。

古往今来的思想家、科学家，无不希冀用文字和公式描绘出这个世界的准确图谱，于是有了分门别类的学科。人类中最聪明的那部分人，站在前人搭建好的舞台上，继往开来，传承着这项伟大的事业。

然而，世界已被证明是混沌的。物理学走到 20 世纪就开始“测不准”，越来越飘忽；文学领域更是玩起了意识流，偏不好好叙事——这正是对扭曲复杂的现实世界做出的无力呐喊。

企图用文字和公式来构建一个完美精确的世界模型已不可能。

五百年前的那些日日夜夜，王阳明的大脑飞速运转，不眠不休，殚精竭虑地思索着。

深远的隧道即将走到尽头，微弱的光线艰难地将黑幕撕开一道裂缝。

卑微者最先醒来。

那一夜，狂风肆虐，大雨倾盆，阳明一动不动地躺在石棺之中，任由冰冷的雨水无情地拍打着脸庞。

一切都已失去，苦苦追寻的“理”却依然不见踪影。

竹子里没有，花园里没有，名山大川里没有；南京没有，北京没有，贵州也没有。

王阳明陷入到极度的焦虑与狂躁之中，外表平静的他，内心正在地狱的烈火中煎熬。

答案就在眼前，只差一步，只差一步而已。

一步在哪儿？

在《搏击俱乐部》里泰勒同学的教诲之中：

---

1 出自《论语·公冶长》。

我在这儿看到了最强大最聪明的人，你们的潜力都被浪费了，只做些替人加油或是上菜或是打领带上班的工作。广告诱惑我们买名车、买锦衣，于是你拼命工作只为买一些无关紧要的东西。

我们是被历史遗忘的一代，没有目的，没有地位，没有大的战争。我们的战争只是心灵之战，我们的恐慌只是我们的生活。我们从小看电视，相信有一天会成为富翁、明星或摇滚巨星。但是我们不会，那是我们渐渐面对的现实。所以我们非常愤怒。

其实，世界是什么样并不重要，重要的是你想成为什么。

比如，爱是一个复杂的命题，难缠的东西。得不到的永远在骚动，被偏爱的都有恃无恐。在一起时腻得烦了争吵不断，天各一方又盯着手机猜疑纠结。有人心痛刚过，换个人又卿卿我我，有人很想看破拒绝再说爱你爱我，总之无人能够逃脱爱的旋涡。

看山是山，看山不是山，看山还是山，人生的三重境界反复轮回。你暗恋过，失恋过，得意过，暧昧过，终于有一天，你心力交瘁，无意再爱，权衡利弊之后找了个差不多的人结婚了事，美其名曰：爱的人不一定要结婚，结婚的那个不一定是最爱。

上帝不怪你忘了爱的颜色，但你不该为了粉饰就信口雌黄。爱是一种病态的享受，这注定了它只有一种颜色——魂不守舍，春心荡漾。

这是爱。

简单，质朴，剔除一切杂质。

同理，还有一样东西，简单，质朴，剔除一切杂质。

“理”。

心即是理。

那个雨夜，阳明睁开双眼。一道闪电划破长空，惊雷轰然作响。

三千世界，云烟幻灭；寰宇之内，尽为我心！

天地圣贤之道并非存于万物，也无须存于万物。天人本是一体，何时可分？又何必分？

这一切，只源于他悲愤、无奈的终极追问：“圣人处此，更有何道？”

圣人处此，更有何道？圣人处此，更有何道？圣人处此，更有何道！圣人处此，更有何道！

反复地想，反复地问，直至累了、倦了，他想到了周文王。

当年文王被幽禁，也是无书无友，却反复演练，终于演绎成了《周易》。

心念及此，阳明眼前一亮：《周易》所讲的一切，不正是天人合一吗？人性秉承天地之气而生，是人与生俱来的禀性和天赋，与天理连成一体。

真的是这样吗？

再想想孔子。子贡不是说孔子“言性与天道，不可得而闻”吗？为什么？因为孔子之性是他与生俱来的禀性，而天道是世间万物蕴含的道理、变化的规律，孔子之心与万物之理，孔子所禀之性与万物日夜变化之规律的沟通契合，是一种说不明、道不明的心灵和宇宙的碰撞，他人如何“得而闻”？

阳明顿悟了：圣人之道，吾性自足，不假外求。

所谓的天理、圣人之道，全在我心中，全在我与生俱来的禀性中。为圣之道，只需向自己内心深处去挖掘和寻找。

五百年前，一样地充满了躁动、怀疑、批判、爱来爱去和色情文学，不一样的是，它充满了变数与希望。

历经风雨如晦的朝廷、乱象纷呈的舆论、光怪陆离的一切，时代终于选择了王阳明，喊出了振聋发聩的声音：

众神已死，我是上帝！

第六章

我光造日月

灵魂深处爆发的革命

自春秋战国以来，当然还可以追溯到更为久远的上古，人们总是侈谈高远的理想，用善与仁义相互标榜。

而他们中的大部分人，却从来不准备去实践，只用理论来粉饰其为非作歹、助纣为虐的行径。

王阳明潜心圣道，却遭到无情的打击，而那些奸佞之徒肆无忌惮，心如虎狼却满口仁义。

怎样做人，怎么评判是非，尤其在那样一个是非颠倒，四处都充塞着难辨真假的信息，个人被庞杂的现实撵到一个逼仄角落的时代？

龙场悟道，使阳明彻悟：越是身处混沌的时代，越是不能以庸夫、俗子之是非为是非，而要不信邪，不怕孤立，以自己为中心，相信真理就掌握在自己手中！

心即理，需要理由吗？

不需要！天下之事虽千变万化，而无不出于此心之一理！

有个段子很出名：岩中花树。

话说唯心论代表、地主阶级文人王阳明在游览南镇时，一个朋友指着岩中花树问：

> 天下无心外之物，如此花树，在深山中自开自落，于我心亦何相关？

王阳明道：

> 你未看此花时，此花与汝心同归于寂。你来看此花时，则此花颜色一时明白起来。便知此花不在你的心外。

更加“猖狂”的是，有证据显示，封建文人王阳明还用白话诗的艺术形式公然鼓吹唯心主义：

天没有我的灵明，谁去仰他高？地没有我的灵明，谁去俯他深？鬼神没有我的灵明，谁去辩他吉凶灾祥？天地鬼神万物离却我的灵明，便没有天地鬼神万物了。我的灵明离却天地鬼神万物，亦没有我的灵明。如此，便是一起流通的，如何与他间隔得！

的确，花在你眼中（心中）明亮起来，并不是它自身明亮起来，而是光的反射。我们看见的花其实是映射到我们心中的花，而不是岩间的那朵花。它映射到我们心中时就已是我们心的一部分，故不在心外。

就像我们把装书的家具叫“柜子”，睡觉的家具叫“床”——离了人的解读和命名，它们明明就是一堆毫无意义的木头而已。

同理，你以为门前的山，你不见它时，便离开了你的心。

真在心外吗？

当你说它在你心外时，你已经在想它，它已在你的想念之中，已不是在你心外了。

在你的直接体验中，你与你所认识的对象不离不弃，不可能有绝对离心的对象。

你可以举反例，说月球的背面我没去过，没体验过，那为什么它存在于我内心？

那是因为你潜意识里知道有一种可能：有生之年赚够了钱，捐给 NASA，人家把你送到月球去参观。

虽说可能性很小。

也就是说，事物的存在，你必须先承认在某种条件、某种情形之下，有被你体验的可能，或体验它所产生的某种直接、间接作用的可能。如果它在任何假设之下，都不能被你体验或被你体验到它们的作用，那你凭什么说它们存在？

离开了可体验的意义，就无所谓存在。

事物存在的意义，与可体验的意义不能脱离；事物不能离开你的心而存在，心外无物。

体验由心物两端构成，心物两端在体验中连为一体，使它们产生联系的是感觉。

望着白云，你的眼睛感觉到了；听着松涛，你的耳朵感觉到了。

为什么能感觉？

因为你的心能超越你的身体之所在，能突破实际空间的限制，“飞”到天上去感觉云，“跑”到山上去感觉松涛，将物质在空间中纵横排列的位置消弭于无形。

而在纯粹的感觉中，你所见到的白云只是一团单纯的白色。你不知它是白云，亦不知它是白，因为纯粹的感觉只是突然的一感，最初无所谓是什么。

你之所以知道它叫“白云”而不是“黑土”，是因为你将当前所感之白云，与过去体验之白云联系到了一起，两相比较，得出结论。

为什么能以当前所感融于过去？因为你并不把现在所感固定于现在，不把过去所感固定于过去。同理，你能结合当前预感未来。

由此可见，心能自觉地突破时间与空间的限制，由此推彼，叶落知秋，归纳意义，贯通一切。

问君能有几多愁，恰似一江春水向东流。

李煜看见春水不断地流，永远无尽，便把它的“永远无尽”抽离出来，同自己绵绵无期的愁思结合起来。于是，一江春水从此成了愁思无尽的象征。

故王阳明曰：

心虽主乎一身，而实管乎天下之理；理虽散在万事，而实不外乎一人之心。

龙场悟道

很多年前，我来到北京求学，耳机里播放的是《开往春天的地铁》。面对纷纷扰扰的环境、错综复杂的关系，我时常感到无力，惶然无计。

有人信仰崩塌如癫似狂，有人随波逐流得过且过，有人守着虚幻的追求醉生梦死，有人左冲右突将池水弄得更加混浊……

大学生的脸上烙着一个时代的印记。

我远离人群，回到书斋，只想保持一份独立的思考。

然而，读书已不能使我心静。我终于明白：古往今来，无数英才穷其一生孜孜不倦地寻求的那个“道”，并不是个什么了不起的东西，只是一种精神寄托罢了。俗到极致，无非是《秋菊打官司》里的一句台词：我就是要个说法。

人生苦短，不能啥也没整明白就没了不是？

此心安处是吾家。

给漂泊的心灵找一处归宿，给活着寻找一个意义。

记得那时，我经常在京通高速的天桥上驻足，举目四望。

桥下是飞驰过往的汽车，以及呼啸而来又绝尘而去的城铁。

风很大，可以平添悲凉。

我想起电影《死亡诗社》，想起影片中提及的梭罗的诗句：

> 我步入丛林，因为我希望生活有意义，我希望活得深刻。
> 吸取生命中所有精华，把非生命的一切都击溃。
> 以免当我生命终结，发现自己从没有活过。[1]

的确，生命的价值在于它能够拒绝庸俗，能够灿烂奔放，但也可能在随波逐流中丧失意义，沦为行尸走肉。

1　出自《瓦尔登湖》。

在我思想最痛苦，无路可走的时候，五百年前早已有过同样心路历程的王阳明给我指明了方向：吾生有涯，企图遍览群籍，无所不知，是不可能的。

你不可能知道英特尔和 AMD（美国超威半导体公司）这么多年来每一次竞争的内幕；你不可能知道伟大的游戏公司黑岛和汉堂为什么说解散就解散；你穷尽一生也读不完国家图书馆十分之一的馆藏；你再爱淘旧书，大概也没看过 1946 年正中书局出版的《王阳明之生平及其学说》（王禹卿编著）。

于是，你尝试着去向内心探索。

当你的心回过头来认识它自己时，你发现心中有许多活动，精彩纷呈，波澜壮阔。这是个率真的世界，爱到神思恍惚，恨到咬牙切齿，笑到花枝乱颤，哭到草木含悲。

你爱写作，觉得这种爱非常可贵。夸张一些，是为往圣继绝学，为万世开太平，意义非凡，如何不爱？

你恨上天不公、贫富不均，却又觉得这种仇恨使你烦恼，想摆脱这种恨，恨此恨。

你笑，你可以笑自己为何笑得这么无聊，皮笑肉不笑。

你哭，你可以哭自己即使哭死也无人理会，哭破嗓门无人知。

你明白了：心可以以它自己的活动为对象，离开自己原来的活动，重新展开一个新的活动，加之于原来的活动之上。

多么奇妙！

举一反三，你可以思考你的思考，可以思考你的思考的思考。

于是，你发现内心的活动是由一点发轫，逐渐扩大充实，生长不息，终成参天之木！

然而奇怪的是，你似乎永远也找不到那个真正的主观在哪里。当你反省主观时，主观已成客观；当你反省你的反省时，反省已成客观。于是，你觉得那个客观的自我，是由一个看不见摸不着的主观流出的，它的源头永远无法追溯，却像永动机一样不知疲倦地延展，绘制着你内心的图谱。

心能肯定它自己，然后又否定它自己，接着再肯定另一个自己。

因此，它能将内在无穷的意念归纳整合为几种简单的概念。它能不局限于当前所感觉的事物，而是领悟并扩充其意义。它能联系过去，畅想未来，不囿一身，运筹千里。

心无极限。

意识到这一点，你就可以说：我不是有限的存在了。

而且，你绝对相信自己不仅仅是物质。物质只能是它自己，而不能自我觉察它自己。但你，却有着无穷无尽的自觉。

你不仅自觉自己，而且自觉万物。你的心就像海绵，就像黑洞，一加自觉，外在的一切都将无可避免地被吸收、被同化。

但你仍不敢确信，而是深感在无穷的空间中，无尽的时间里，自我的渺小。

何以陆九渊就敢妄称“我心即宇宙”？

因为事实就是：宇宙无穷无尽，心亦无穷无尽。

即使你弯腰驼背，歪瓜裂枣，你的身体也不仅仅是你在镜中所看到的那副模样。

你一呼吸，你的身体就成了天地之气循环往来的枢纽。充满你肺泡的那些气体搞不好就来自几十万光年以外，你呼出的二氧化碳分子几千年后又被你的后代吸入。

因此，你再卑鄙再无耻，你也是独一无二、空前绝后、亘古未有、不可复制的。

宇宙没有你，就不是如斯的宇宙。这种缺失，永远无法弥补。

基督徒和科学家各执一词，解释宇宙。

是上帝创造了宇宙，还是平地一声惊雷炸出来的？

是末日审判世界毁灭还是熵增定律注定了宇宙歇菜玩完的宿命？

从哪儿来，到哪儿去，你不能理解宇宙就像有时候不能理解自己。

因为追问“为什么”，所以产生痛苦。因为没有信仰，所以将“现在的自己”作为手段，将“未来的自己”作为目的，憧憬未来，盘算未来，尽失现在的意义。

你可知最终的未来只有一个——死亡。

更麻烦的是，你的手段行为在现在，人所共见。你的目的在将来，只有你知。

人人皆是如此，他人的手段行为我能看见，他人所怀的目的我一无所知。

街上行人如织，每个人都有一颗心。

然而，你只能看见他们的身，他们的心对你而言是那么深不可测。

猜疑、不安、隔膜、逃避、孤独。

往复循环。

于是我们辗转努力，寻求答案。

书刊、电视、网络、手机。

可惜你不知道那些隐藏在文字背后不可告人的目的，你不清楚那段影像拍摄时导演受到了哪些情绪的左右。你跟着外界的信息亦步亦趋，直到忘记自我、忘记存在、忘记需求，泯然众人。

闭上双眼，叩开心扉，任选一个命题，溯流而上，倾听内心，尊重需要。如此，你便找到了内圣之门。

王阳明悟出“心即理”后，为了验证，抛开一切书籍，只凭记忆和深思写成了《五经臆说》。

须知当时“吃五经饭”的比“红学家”还多，这个心情好了解一下《诗经》，那个郁闷了批一下《春秋》，书摊上的书端的是良莠不齐。

让它们都见鬼去吧！

摒弃一切旧说，摆脱所有窠臼，直抒“胸臆之见”，不必尽合于先贤而成的《五经臆说》，反而更合五经原旨，且新见迭出。

不是吗？所有的经典都不过是对“我心”的记载，是各人的心路历程。因此，对它不能当作教条来顶礼膜拜，而是取其益者用之。

五百年前的那个午夜，万籁俱静，阳明的仆人早已入睡，忽听得主人叫喊，都从梦中惊醒。

众人跑到石棺前，但见主人欢呼雀跃，不禁面面相觑。

贵州讲学

冬天过去了，春天还会远吗？

随着正德三年（1508 年）冬季的离去，阳明度过了龙场最艰难的岁月。

来年开春，贵州提学副使席书来到龙冈书院考察。

席书，弘治三年（1490年）进士，正嘉之际的风云人物。

风云人物咋给扔到这穷乡僻壤来办教育了呢？

原来，席书比较正直，当年在户部员外郎任上时，云南发生了一场大地震，灾情严重。

朝廷派南京刑部侍郎樊莹到云南巡视，调研的结果是：当地政府荒于政事，救灾不力，导致天灾酿成人祸。于是上疏朝廷，请求罢免玩忽职守的地方官员。

对此，席书有自己的看法。

他认为，云南发生天灾，责任不在云南，而在朝廷。整个国家犹如一个人体，朝廷是元气，地方是四肢，元气受到损害必将从四肢散发出来。此刻四肢出了问题，不从元气上找原因，只把四肢砍掉，是本末倒置。

小席啊小席，人家樊同志才找好替罪羊，你就把台给拆了，这不是给领导添乱吗？一看就是基础没打牢，建议回家温习温习《左传》，领会一下“多难兴邦”。

于是，席书带着一套精装版的《左传》向贵州进发。

到了贵州，席书深感当地的文化教育非常落后。俗话说，没文化真可怕，要改变严峻的现状，还是得从提高居民的文化素质抓起。

问题是贵州这地方一穷二白，哪个老师愿意到这儿来教书？

席书欲哭无泪——官场不好混，办学无经费，顿感念了十几年书，还是幼儿园比较好混。

正焦灼间，天上掉下个王阳明。

席书当年在京城时就知道王阳明，也知道他和湛若水等人天天切磋学问，撺掇着怎么成圣，感觉这帮人弄不好哪天就集体羽化登仙了，因此始终和他们保持着距离。

而且席书听说王阳明一直对官方立为取才标准的朱子之学颇有微词，怕请他讲学会带坏小朋友。

可不请王阳明后果更严重，与其让小朋友被当地的小混混带坏，不如让王阳明带坏，至少还能做一个“有文化的流氓”。

于是，席书带着疑虑和希望来到龙场，见到了王阳明。

二人当年在京城时也是同僚，虽说只是见面打招呼的那种，但在这里相遇，还是备感唏嘘。

稍事寒暄，席书直奔主题，请教“朱陆异同”。

席书知道王阳明推崇陆九渊，排斥朱熹，这么问说明他是抓住了本质的。

席书望着王阳明，等待他的黄钟大吕，侃侃而谈。

谁知王阳明只有一句话：

圣人之道，吾性自足，不假外求。

席书目瞪口呆：圣人可以不学自成？

王阳明道：“真理就在我心中，但必须去事上练。只有实践了，你才能更深刻地体会这一真理。”

似懂非懂的席书打道回府，消化反思。

第二天再来，王阳明举了禹和稷的事例，席书又带着感悟和迷惘回去琢磨。

如此往复四五次，席书终于豁然通达，成为阳明悟道之后第一个受教之人。

对王阳明五体投地的席书从此成了“祥林嫂”，逢人便激动地说：“圣人之道，重见于今！”

回到贵阳，席书和毛应奎一道建立了贵阳书院，广择学子，延请阳明设席讲学。

当年阳明在京城讲学，风头完全被李梦阳那帮文艺青年盖过，门可罗雀。而此刻，却在贵阳大放异彩。

人生真是福祸相依，如果不是上疏营救戴铣，阳明便不会贬谪贵州；不贬谪贵州，他便不会在这贵阳书院讲学，更不可能悟出“圣人之道，吾性自足”的千古妙得。

文章憎命达，想赢得多必须先学会怎么输。

谁毁了王阳明的孤单，谁就毁了王阳明。

当然，最应该感谢的还是席书，他对王阳明有知遇之恩，成就了王阳明。

不要被历史故事所欺骗，伯乐相马这样的美谈之所以能流传下来，正是因为它极其少见，事实的真相只有一个——千里马常有，而伯乐不常有。

读一读苏辙的《上枢密韩太尉书》[1]，体会一下他挖空心思、绞尽脑汁的措辞就能明白，一个有才华的人，想要得到大人物的赏识，甚至是接见，是一件多么难的事！

从这个意义上说，官阶比王阳明高十几级的席书功莫大焉。

在贵阳书院的日子里，阳明以其贯通儒释道三家的学识、深刻的思想、独特的人格魅力，征服了莘莘学子，也使自己的主张和见解在贵州渐行流传。

阳明天生就是教育家，他的教学方式是轻松活泼的，带着学生游山玩水，随处所得，随处指点，教学相长，乐在其中。

但同时，他对学生的要求也是非常严格的。在龙冈书院时就有“立志，勤学，改过，责善”的教条。如今，他又将教条带到了贵阳书院。

王阳明认为，不立志就不可能勤学，不勤学，志也无法成就。为人处世，不可能无过，但应有过必改。你不可能让所有人满意，但你可以尽量让更多的人满意。同时，不仅自己向善，还要帮助他人向善。但责人向善必须注意方法，使人乐于接受，否则便会适得其反。

在龙冈书院和贵阳书院拜阳明为师的弟子（包括席书），可统称为“王门一期”。

千古奇文《瘗旅文》

夏去秋来，阳明在自己的舞台上春风化雨，一点一滴地影响着贵州的学子，早已忘了自己身处化外之地。

这天，一个来自京师的吏目带着一子一仆途经龙场，去远方赴任。

吏目是官府中帮忙处理公文的从九品的小官，搁今天就是一副股级。

这些人工作压力大，工资也不高，上网诉苦，八方点赞。

1　《上枢密韩太尉书》是宋代苏辙于嘉祐二年（1057 年），写给太尉韩琦的一封信。

而这个吏目尤其可悲，头天晚上还在当地一个苗民家借宿，第二天中午继续赶路时就挂了，死在道旁。

吏目的儿子守在父亲尸体旁又悲又急，无可奈何，到了傍晚也挂了。

第三天，有人回报阳明说，发现吏目的仆人也死在了山坡下，队伍全灭。

可惜生活不是电脑游戏，没有“胜败乃兵家常事，大侠请重新来过”一说。

阳明得知后倍感忧伤，命两名童子去将三具尸体掩埋。

童子面露难色，不想去。

阳明感慨道：“你我三人，和吏目三人其实没有什么区别啊！”

两个童子想了想，转身出门，安葬尸体。

阳明触景生情，写下了感人肺腑的千古名篇《瘗旅文》。

瘗，音同“义”，意为“埋葬”。

《古文观止》里的文章，韩愈的《祭十二郎文》[1]不过使人感动，张溥的《五人墓碑记》[2]无非令人眼眶湿润。但当你体会过北漂的滋味时，《瘗旅文》能让你失声痛哭。

文言文会有隔膜，然而这篇却字字泣血，读来身临其境，直刺人心：

维正德四年（1509年）秋月三日，有吏目云自京来者，不知其名氏，携一子一仆，将之任，过龙场，投宿土苗家。予从篱落间望见之，阴雨昏黑，欲就问讯北来事，不果。明早，遣人觇（查探）之，已行矣（已经离开了）。薄午（将近中午），有人自蜈蚣坡来，云：“一老人死坡下，傍两人哭之哀。”予曰：“此必吏目死矣。伤哉！”薄暮，复有人来云：“坡下死者二人，傍一人坐哭。”询其状，则其子又死矣。明日，复有人来云：“见坡下积尸三焉。”则其仆又死矣。呜呼伤哉！

念其暴骨无主，将二童子持畚、锸（挖运泥土的器具）往瘗之。二童子有难色然。予曰：“噫！吾与尔犹彼也！”二童闵然涕下，请往。就其傍山麓为三坎，埋之。又以只鸡、饭三盂（盛食物的容器），嗟吁涕洟（鼻涕眼泪）

---

1 《祭十二郎文》是唐代韩愈写给其侄十二郎的祭文。

2 《五人墓碑记》是明代张溥于崇祯元年（1628年）创作的一篇碑文。文章记述了苏州市民敢于与恶势力斗争的英勇事迹，歌颂了五位烈士至死不屈的英勇行为。

而告之曰：

> 呜呼伤哉！繄（这是）何人？繄何人？吾龙场驿丞余姚王守仁也。吾与尔皆中土之产，吾不知尔郡邑（你的家乡）。尔乌乎（为什么）来为兹山之鬼乎？古者重去其乡（不轻易离开家乡），游宦不逾千里。吾以窜逐而来此，宜也。尔亦何辜乎（我是因为流放才来此地，理所应当。你又有什么罪过而非来不可呢）？闻尔官吏目耳，俸不能五斗，尔率妻子躬耕可有也，胡为乎以五斗而易尔七尺之躯？又不足，而益以尔子与仆乎？呜呼伤哉！尔诚恋兹五斗而来，则宜欣然就道，胡为乎吾昨望见尔容，蹙然（忧愁）盖不胜其忧者？夫冲冒霜露，扳援崖壁，行万峰之顶，饥渴劳顿，筋骨疲惫，而又瘴疠侵其外，忧郁攻其中，其能以无死乎（长途跋涉，劳心劳力，如何能够免于一死）？吾固知尔之必死，然不谓若是其速，又不谓尔子、尔仆亦遽然奄忽也。皆尔自取，谓之何哉？吾念尔三骨之无依而来瘗耳，乃使吾有无穷之怆（悲伤）也。呜呼伤哉！纵不尔瘗（即使我不埋你），幽崖之狐成群，阴壑之虺如车轮，亦必能葬尔于腹，不致久暴尔。尔既已无知，然吾何能为心乎（你虽已无知觉，我却怎能安心）？自吾去父母乡国而来此，三年矣，历瘴毒而苟能自全，以吾未尝一日之戚戚也。今悲伤若此，是吾为尔者重，而自为者轻也，吾不宜复为尔悲矣（今天忽然如此悲伤，是因为你）。……

试想一个情景：你是公司的小职员，为了勉强糊口的工资，四处奔波，独自一人出差在外。

夜晚，凄风苦雨，你又疲倦又孤独，躺在床上辗转反侧难以入眠。你爬了起来，读到如泣如诉的《瘗旅文》，那一刻，是什么感觉？

金圣叹评：

> 作之者固为多情，读之者能无泪下？

王阳明饱含热泪，问这个素不相识的小吏：“我因为得罪了小人、触怒了天子才被贬至此，你跋山涉水到这蛮荒之地，暴尸荒野，却是为何？你的官位不过是小小吏目，俸不过五斗，却要矮下你的七尺男儿之躯，丢开妻儿，累及家仆，你何所求？何所图？”

读到这儿，你心慌意乱，仿佛阳明是在问你。

你无法回答。你不知从哪里来，到哪里去，不知为何停留，在哪里终止。

叶的飘零看似凄凉，但它至少还有落下的方向和归宿。像你这样无根的浮萍，人生将要如何收场，如何谢幕？

故乡，大概也早已忘记了你这个游子的面容。

你现在的处所呢？不，这不是你的家，在这里，你只是个过客。

你熟知这个城市的道路和广场，但一切的一切都不属于你。

你心中向往的地方，有终年皑皑的白雪，有辽阔的原野。只有在那里，你才可以大口地呼吸，纵情地高喊，疯狂地奔跑，和羚羊一起分享落日的瑰丽与雪夜的宁静。

然而你知道，你远离了家乡，远离了梦想，回去的，大概只是那夜夜不肯入睡的魂魄罢了。

你就是那个旅人。

来龙场的路上，王阳明遇到了遭丈夫抛弃的妇人，为她作《去妇叹》，诗中只有同病相怜的悲悯。

此刻，阳明为死者作了一首挽歌，不仅有视人若己的仁人之心，更有悟道之后万物一体的博大胸襟：

> 连峰际天兮飞鸟不通，游子怀乡兮莫知西东。
> 莫知西东兮维天则同，异域殊方兮环海之中。
> 达观随寓兮莫必予宫，魂兮魂兮无悲以恫。[1]

绵绵的山峰连接着天边，远离家乡的游子真想家啊，不知家乡在西还是在东。不知西东啊，只有苍天相同。这异地和家乡不一样啊，但仍在四海的怀抱之中。达观而想得通的人到处是家啊，又何必只守在家乡的室宫？

1　出自《古文观止·瘗旅文》。

法住法位

1510年，吏部的一道公文下到贵州，擢王阳明为江西吉安府庐陵县知县。

当然不是死太监刘瑾良心发现，而是王阳明贬谪龙场期间没少寄诗给京城的故交，比如乔宇和储巏。

诗，可以用来抒情，也可以用来自救。

乔宇是在任的户部侍郎，储巏是退休的户部侍郎、理学大师。

虽然湛若水和王阳明的关系更近，但作为一名翰林院编修，权力有限。而两位户部侍郎虽品级不小（从二品），但离权力中枢仍有距离。不过，乔宇和一个重量级人物很熟——吏部尚书杨一清。

此人是除掉刘瑾的幕后推手，成化年间就步入政坛的老油条。

杨一清与刘健、谢迁一干老愤青不同，与李东阳倒是有某些共性。

同为刘瑾犯罪集团把持朝政期间的超级忍者，李东阳选择的是守势，同宦官集团周旋，保护了一批好干部，但也因此饱受误解，被时人称作"伴食宰相"（讥讽其不敢跟阉党一战）。

而杨一清选择的是攻势，他认准时机，果断出击，一击毙命，彻底扭转了朝局。

刘瑾再狠，注定只是朱厚照的打手。当文官集团被整得奄奄一息，财权、兵权都操于君手之日，便是刘瑾兔死狗烹之时。

某日，一封详细列举了刘瑾罪名的劾疏被人投放在御道上。一个御史拾到后呈送给朱厚照，结果被转给了刘瑾。刘瑾大发雷霆，命令除内阁外，所有官员都在太和殿广场下跪，不查明是谁干的，决不罢休。

烈日当空，接连有官员中暑倒下。已被"八虎"架空权力的司礼监掌印太监李荣路过，命手下的小宦官抬出几筐瓜果，投掷到罚跪队伍中，对众人说："各位先起来缓一下筋骨，吃点瓜果解渴。"官员们闻言道谢，先后站立起来。

岂料瓜果未到嘴边，已有人向刘瑾报告。刘瑾大怒，疾步赶回。李荣远远听到脚步声，忙向官员们招呼："他又要来了，快快跪下，快快跪下！"话音未落，刘瑾一伙已经来到，满脸怒容。次日，刘瑾查出此疏为一宦官所为，当即打死。

事实上，跟刘瑾冤仇最深的当数"八虎"中最懂军事的张永。

御马监掌印太监张永手握兵权，是内廷仅次于刘瑾的二当家。两人的矛盾起源于刘瑾抢了张永的伴食，还挖坑欲将其踢到南京去。并且，随着刘瑾权势熏天，他越发不把七位虎友视作兄弟，而是当成小弟一样呼来喝去，让素有情义的张永极为不满。

平心而论，刘瑾当政期间还是推行了许多带有进步色彩的改革，比如让寡妇改嫁、尸体火葬。但千不该万不该，为了给朱厚照找钱和打击军头，他作死地搞了个"整理军屯"。

所谓军屯，即当兵的自己养活自己。战时操刀，平时扛锄，余粮还能交给国家。

朱元璋定此制度初衷是好的，但过了一百年，土地越来越少，都让将领们兼并了。粮食随之减产，很多士兵连肚子都快填不饱了。

刘瑾公开表示，要丈量土地，重新划分，增加国家收入，改善士兵生活。

但上有政策下有对策，按照中央重新划定的标准，粮食必须多交，地方官得罪不起军头，最后重担还是压在大兵头上。甘肃安化王朱寘鐇趁机煽动，不满士兵哗变，自己也举起大旗反叛。消息传到北京，彼时赋闲在家的杨一清被起复为三边总制，领兵平叛，张永为监军太监。

杨一清一路上对张永热情有加，几乎到了无话不谈的地步。

朱寘鐇的反叛告示上列举了刘瑾的种种罪行，说自己是为了"清君侧"而起兵。杨一清刚到陕西，朱寘鐇就被手下活捉献上，于是班师回朝。途中，杨一清说："现在外患已除，内患仍在。"张永故意问："四海升平，宫中和谐，有何内患？"杨一清在手掌上写了一个"瑾"字，张永默不作声。

杨一清步步为营，煽风点火，张永终于忍不住交了底：不是不想扳倒刘瑾，只是他耳目众多，搞起来难如登天。杨一清就等他这句话，把计划和盘托出，再摸出事先写好的奏折，内容是关于刘瑾密谋造反的。张永要做的，就是把它交给朱厚照。

杨一清暗示张永，整倒刘瑾，他就是内廷老大，且能名留千古。

后面的事就很戏剧化了。接风宴上，刘瑾死死地盯着张永，决不让他有跟朱厚照单独相处的机会。然而，张永佯醉，刘瑾第二天还要出席他哥哥的葬礼，眼看夜色越来越深，终于放松了警惕。张永乜斜着眼目送刘瑾离去，立刻跪在朱厚照面前，呈上朱寘鐇的反叛告示和杨一清的奏折，痛哭流涕道："刘瑾要造反！"

朱厚照："他为何要造反？"

张永："要做皇帝。"

朱厚照晕晕乎乎："由他做去。接着喝酒。"

张永愣住了，如坠冰窟。他从未如此无助，也从未如此绝望。

突然，他想起杨一清告诫自己的话："万一情况紧急，皇上不信，请公公一定记住，决不可后退，必须以死相争！"

张永血气上涌，用力磕头，大声道："他做了皇帝，陛下准备去哪儿？！"

朱厚照醒了，咬牙切齿道："奴才负我！"

刘瑾被抄家，搜出天量赃款、管制刀具和一件龙袍。三法司会审[1]，刑部尚书问话，刘瑾狞笑说："你们都没资格审我，你们都是我一手提拔起来的。"众官无言以对。忽然，驸马蔡震冲进会场，说："我是国戚，并非出自你门下，有没有资格审？"刘瑾乃伏罪，被处以凌迟。

对王阳明来说，这一切来得太过突然。

辞别了让他痛苦、让他愤怒、让他潜思、让他顿悟、让他百感交集的龙场，王阳明乘坐轻舟，伴着两岸欢快的猿声，摆舸而东。

习武者打通任督二脉便可天下无敌，悟道后的阳明脱胎换骨，再没有任何艰难险阻能击败他，因为他的心如同一个具有灵魂的不倒翁，可以随外力的作用左摇右晃，却终究无法使之偏离最初的位置。

船行至湖南辰州，几个以前书院里湖广籍的学生，由冀元亨带队前来迎接老师。

冀元亨，王阳明一生的隐痛。

学生们跟着老师，继续前行，来到烟波浩渺的洞庭湖。

1 明清两代以刑部、都察院、大理寺为三法司，遇有重大案件，由三法司会审。

这是屈原投水的地方，贾谊流放的地方，总之是个让人伤心的地方。

然而此刻，阳明想到的却是范仲淹，是《岳阳楼记》，是“先天下之忧而忧，后天下之乐而乐”。

他的主题终归是入世的。他早已用出世之道，修成了无往不利的入世之术。

阳明伫立船头，望着流水，凝神细思。

冀元亨走出船舱，向老师请教“心即理”。

阳明笑而不答，唤书童取来一本《战国策》，翻开第一页。

这是一张战国时期的详细地图。

阳明将地图扯了下来，将它撕成一张一张的纸片，递给冀元亨，让他重新拼好。

冀元亨不明就里，接过纸片，开始玩拼图游戏。

这是一张战国初年的地图，囊括的国家如下：秦、魏、韩、燕、赵、齐、楚、宋、卫、中山、鲁、滕、邹，还有一些少数民族的小国。

冀元亨搜肠刮肚，动用一切知识，也只能将山东六国的位置关系理顺。他选择放弃，无奈地望着阳明。

阳明笑了笑，让他将纸片交给书童。

冀元亨依他所言，内心却不以为然：我都拼不出来，区区书童如何能够？

但见书童不去思索各国的位置，只将纸片翻了过来，笑着对冀元亨道：“冀先生，这地图的背面是刘向（《战国策》作者）的画像，你将画像拼成，地图自然就拼好了。”

冀元亨恍然大悟：一个人对了，他的世界肯定就对了，何须向外界去求？

一行人日夜赶路，终于抵达江西吉安。

这是个诡异的地方。

作为江西的名人制造基地，此赛区曾成功推出过欧阳修、文天祥、解缙、杨士奇等牛人。

由于文化过于发达，民风好讼，搞得历任地方官生不如死。

有多好讼呢？这么说吧，当年没有电视、没有网络，娱乐活动比较匮乏，稍穷点的晚上连灯都点不起，总不能太阳一落山就让人待在家里造人吧？于是，精力旺盛的老百姓就开始告状。

古代告状程序比较简单，加之吉安地区人文荟萃，屁大点事状子能写万把字，上追尧舜，下接孔孟，似乎知县不向着他判就成了人民公敌、千古罪人。

之前有个叫许聪的吉安知府，上书朝廷说，这个地方的老百姓不喜欢种地，就爱告状和互相争斗。目前，他每天要接到八九百起诉讼，告到省里的更是达三四千起。倒是逮捕了一些屡次生事的，但这些人待在狱中居然很享受，占着不走，赶都赶不动。

苦不堪言的许聪要求朝廷给他“便宜行事”的权力，效法一下汉朝的酷吏，整治民风。可惜这位许知府没“酷”多久，就让越级上访的当地乡绅跑到京城给告倒了，下狱论罪。

安民于庐陵，传道于京师

吉安府是一块烫手的山芋，阳明赴任的庐陵县更是山芋中的转基因。

可恨之县必有可怜之处。庐陵县天天上演山寨版《一号皇庭》，终于激起江西政坛的官愤：告状对我省而言实属正常，但不事生产，全民告状，这也欺官太甚了吧！

于是，大家团结一心，贯彻实施给庐陵县穿小鞋的方针政策。王阳明经过走访发现，庐陵的税赋中有一项是关于葛布的，问题是，庐陵根本就不产这东西。

王阳明清楚以暴制暴、以黑吃黑只会激化官民矛盾，不利于树立政府的正面形象，不利于解决实际问题，不利于构建和谐社会，整个一“三个不利于”，便向吉安知府和江西布政使（相当于省长）提交了一封《庐陵县为乞蠲免以苏民困事》，摆事实、讲道理，承诺他可以解决好庐陵县民乱告状的问题。否则继续胡乱摊派，他担心不仅税收不上来，还会激起民变。

长官知他说得在理，也明白这厮后台很硬，心想：卖个面子给他何妨？倘若治理得当，岂非两全之策？于是减免了庐陵县多余的摊派。

县民开始觉得这个新县官还是挺够意思的，但够意思并不代表你就可以剥夺我们最大的人生乐趣——告状。

讼声依旧。

这日，阳明劳累了一天，下班回家，没走两步就见一大群县民哭爹喊娘地簇拥着向县衙拥来。

他被眼前的景象惊呆了：车辚辚马萧萧，整个一明朝版《兵车行》。

阳明不敢怠慢，赶紧将县民请进了县衙。

众人七嘴八舌，争先恐后地呈递各自的状子。

阳明定睛一看，都是诸如张三偷了李四家两个鸡蛋这样的小事。

阳明还没表态，冀元亨已经怒了。

查查县志，庐陵人拿告状当饭吃也不是一天两天了，早在朱元璋时期，应对这一顽症就曾出台过措施：地方官挑选民间德高望重的老人，方圆一里设一人，呼为“里老”，由他们来仲裁纠纷，并有权鞭挞顽劣之徒。不服管教，擅自越级告状者，将受严惩。

看来，大家早已淡忘了这条祖训。

但阳明认为，事情应该回到它本来的状态。

于是，这天傍晚，收了摊的小商贩、下了学的小朋友、打完太极的老大爷，都在县城各处看到了由王阳明亲笔撰写的公告，大意是：

> 庐陵县自古就是出文人的礼仪之县，现在却变成了讼棍的乐园，我真为你们感到羞耻。本县身体不好，反应也没你们快，所以跟你们约定好，今后除了人命关天、非讼不可的大事，不要动不动就跑来告状，一般纠纷去找“里老”解决。讼书也要有个规范，字数不能超过六十，讲清事实即可，不要扯东扯西，表达欲望确实强烈的，可以考虑去写网文。从今往后，再有瞎告一气的，本县从重处罚决不姑息。话说回来，我这也是为你们谋划，到底是因为一时之怒与人争讼，破败其家，遗祸子孙好呢，还是大家伙踏实务农，安居乐业，其乐融融好？你们好好考虑考虑吧。

县民们稍知收敛，王阳明趁热打铁，恢复了设立于洪武年间却早已名存实亡的“两亭”制度，要求各乡村都要建造旌善亭和申明亭。前者表彰热心公益、助人为乐的善人；后者公布鸡鸣狗盗、为害一方的恶棍。

由于举措得当，软硬兼施的策略收到了良好的效果。

所谓政治力，无非是处理各种关系的能力。很多官员知道怎么哄上级开心，却无视同百姓的关系。王阳明恰恰相反，在处理同百姓的关系时着力唤醒他们的向善之心，让他们专注于本职，不要把同自己内心无关的打官司当作人生目标。

在此之前，王阳明从来没有基层工作经验。按朱熹的说法，没有工作经验，就不可能知道这份工作的道理，因此无从下手。只有先通过别人的总结“格”出工作的道理，才能胜任这份工作。王阳明用事实反驳了朱熹：天理就在我心中，之前只是没有显露。只要我碰到了相应的机会，那些道理自然而然便显现出来，所以我不用向外去寻求任何所谓的基层工作经验。

庐陵不仅讼棍多，恶霸也多。王阳明曾活捉了一个绰号叫“王和尚”的强盗，经审讯，得知其是一个流氓团伙的三把手。经过心灵启蒙，王和尚良心发现，供出了老大多应亨和老二多邦宰。二者很快被缉拿归案，并且招供。王阳明将三人移交吉安府，谁知不久便收到上级的抗诉信，说多应亨与多邦宰俱为良民，案子都是王和尚一个人做的，且王和尚已经承认。

案子被打回重审，王阳明心下却已了然：多应亨和多邦宰的家人打点了王和尚，让他一人顶罪。

决心让三人亲口认罪的王阳明在开庭审问前，叮嘱了幕僚一番。

上堂后，王阳明又从头到尾问了一遍，王和尚咬定罪行都是他一人所犯。这时，幕僚走进来说外面来了贵客，王阳明起身离开。

趁三个罪犯不注意，王阳明从后门又绕了进来，偷偷钻到桌子下面藏好。王和尚见左右无人，低声对多老大和多老二道：“等会儿可能要上刑，只要大哥二哥能忍耐下来，我就能替你们脱罪。”话音刚落，王阳明就从桌子底下爬了出来，一边整理衣服，一边冲错愕不已的三人微笑。

跟这段被冯梦龙收进《智囊》的故事一样反转的，是王阳明的仕途。

明制地方官每三年要进京一次，朝见皇帝，同时接受吏部和都察院的考察。

由于是统一行动，所以只当了六个月知县的阳明还是参加了正德六年（1511 年）的朝觐。

很快，在朝中大佬的安排下，吏部的委任书下达了：南京刑部四川司主事。

这不是养老吗？还没有刚考上进士时的职务大。莫急，中国人的智慧是事缓则圆。果然，尚未赴任，新的任命就下达了：吏部验封司主事。

吏部为六部之首，下设四个司：文选、验封、稽勋和考功（排名要分先后）。

验封司管封爵和褒赏，有实权，大肥差，所以排名第二。

不过还没到头。

当年十月，阳明又升任吏部文选司员外郎，这就相当于中组部负责官员升迁和调动的副司长了。

时来天地皆同力。没过几个月，他又升吏部考功司郎中，相当于实权正厅。

步步高升，故友重逢，阳明心情舒畅，却总感觉缺点什么。

讲学传道。

还是湛若水了解阳明，安排了大兴隆寺做场馆。阳明开始了他在京师的布道生涯。

于是，一个重量级的王门弟子出现了。

黄绾，阳明的“子路[1]”。

此人在正德、嘉靖年间绝对是个惹不起的狠角色。他精力旺盛，上蹿下跳，且天赋极高，一贯认为自己在牛A与牛C之间徘徊，很有主见。

具体表现是：绝对不服权威。

黄绾的履历表上最抢眼的事件恐怕不是作为王门弟子到处与人辩论，而是在嘉靖初年“大议礼”中的精彩表现。

由于好与人争论，黄绾在南京礼部侍郎任上被人参劾。他极力辩白，说自己从小就景仰岳飞，办事一心为公，背上还刺着“精忠报国”四个字。嘉靖皇帝一听乐了，让司法部门进行验证，结果什么字都没有，从此传为天下笑谈。

黄绾有自己的一套思想体系，让他服膺谁比杀了他还难。但就在大兴隆寺听阳明讲学的日子里，他成为坚定的“明矾”（明“饭”）。

“明矾”黄绾以结识王阳明为荣，经常写一些《阳明先生与我的二三事》《初识阳明》《大兴隆寺的岁月》之类的回忆录，在《阳明先生行状》里更是扬扬自夸，把湛若水也扯了进来，说与他二人“饮食起居，日必共之，各相砥励”。

1　子路：孔子大弟子，正直勇敢。

第七章

中原『王旋风』

引爆重磅炸弹

曾找杨一清搭救过王阳明的户部侍郎乔宇要迁往南京任礼部尚书了。

临行前，乔宇向阳明请教。

王阳明：学贵专。

乔宇：对，我小时候学下棋，废寝忘食，目不窥园，于是三年之内无敌手。嗯，学贵专。

王阳明：学贵精。

乔宇：对，我长大以后学文辞，字雕句琢，博采众长，现在不喜欢韩柳的文章了，改攻汉魏的大赋。嗯，学贵精。

王阳明：学贵正。

乔宇：太对了，我中年以后想学学人生哲学，为圣之道，开始后悔以前学的那些雕虫小技占满了心灵，没有多余的空间了，你说该怎么办吧？

王阳明：学下棋，学写文章，学修道，都被称作学问。然而，由这三件事所导向的终点，差异却很大。“道”就是指大路。离开大路，就充满着荆棘，很难到达目的地。因此专精于道，才能被称作真正的“专精”。如果只是专精于下棋，却没有同时专精于道，那这个专精就是沉溺。如果只是专精于写文章，却没有同时专精于道，那这个专精就会流于怪癖。道宽广博大，能由里面发展出文辞与技能。不去求道，而以文辞技能为主，那就离道很远，背道而驰了。

你我都被限制在各自的工作岗位上，大脑因为工作的需要不断重复着相应的区域，直至僵化。你可知学问除了专业的知识，更有为人处世之道，涵养心性之道，知进知退之道？工作不能与“道”结合起来，终究会流于平庸，人生也将毫无意义。

乔宇走后，更多的人来了，因为京城兴起了一股“阳明热”。大兴隆寺从未如此兴隆，各行各业的“明矾”凑到一块，济济一堂。

"明矾"郑一初，职业：御史。身体状况：卧病在床。

郑一初平时骂人太勤，操劳过度，被下了病危通知书。家人请了几个名医都束手无策，李时珍要等几年后才出生。正准备放弃时，郑一初接触到了阳明之学。

据仆人反映，郑一初当时的行为可以用一句诗来形容：垂死病中惊坐起。他掀开被子就往大兴隆寺赶，在人头攒动的寺门外找黄牛党买高价票进去听讲，如痴如醉，病也不治自愈。

小学究方献夫。此人遍读儒家经典，二十出头就中了进士，进了翰林院。方献夫虽然比阳明小，却是其在吏部的领导。而领导居然不耻下问，拜下属为师，可谓世所罕见。

更罕见的是，王阳明居然没被封杀，他的两个弟子还高调地跳了出来。

王舆庵和徐成之。

此二人是谁并不重要，因为他们在本剧中的任务就是吵一架，推动剧情往下发展，然后消失。

王舆庵认为陆九渊是对的，徐成之认为朱熹是对的，两人相持不下，吵到了王阳明跟前。

尊朱乎？尊陆乎？这在当时实在是个异常尖锐、异常敏感、异常具有炒作价值的话题。这么好的选题，不打一架太可惜了！

从炒作的角度看，王舆庵和徐成之唱的这出到底是自发行为还是王阳明的授意，还真不好说。

但王阳明深知京城各大媒体正聚焦于大兴隆寺，自己出言稍有不慎，就可能带来意想不到的后果。于是，裁决结果如下：以朱学为是、陆学为非，是天下由来已久的定论，就是徐成之不去辩驳，王舆庵也不可能改变。

打了个太极。

有人开始不满。他们早就感觉王学是"非朱是陆"的，与官方意识形态有别，怎么一向被视为精神领袖的王阳明转眼就"乡愿"了呢？

王阳明见火候已到，铁齿论断道：朱熹和陆九渊各有所得、各有所失，二人的学说也有互相渗透的地方。陆九渊侧重修养，但未尝不让人读书穷理；朱熹侧重学问，但也并非摒弃修养。没有必要片面地打倒一个，树立一个。

但是，朱学早已风行天下，再去讨论没有意义，而陆学被诬为枯禅，蒙受不白之冤已有四百年，是该为它平反了。

此旗一祭，朝野哗然。

阳明这个结论看似不偏不倚，但明眼人都知道，归根结底四个字——非朱是陆。

这不是在争袁崇焕是不是汉奸的问题，而是在争最根本的意识形态的问题，即使当权者可以容忍，一堆吃朱熹饭的人也饶不了他。

百足之虫死而不僵。作为官方意识形态的代表，朱熹被人当板砖扔来扔去。而作为学术思想权威的朱熹倒也有人笃信不疑，穷其一生去研究，比如汪抑之、崔子钟和储瓘这三个王阳明昔日的至交好友。

三个理学家再也无法理解王阳明，或痛心疾首，或致书断交。

娄子捅这么大，早在阳明预料之中。其实，他只是想站出来表明一个观点：不管朱熹、陆九渊，还是他王阳明，目的都是一样的，那便是成圣。只是朱、陆在选择的方法上各有偏颇，一个讲"道问"，一个尊"德行"。而我王阳明主张，修养和学问本就是一回事，不可分割。

倒王派不这么看，他们认为王阳明整个一反动学术权威，天天放毒，于是着手拆散王阳明、湛若水和黄绾的"邪恶轴心"。先是湛若水被调去出使安南（越南）。次年，黄绾因为被人参劾，告病归浙。

王阳明在京城的布道以失败告终。当他送别湛若水时，以诗言志：

迟回歧路侧，孰知我心忧。

正德七年（1512年）十二月，王阳明被授予南京太仆寺少卿，正四品。

太仆寺是管马的，少卿是副职。品级虽说升了，却是闲职，还远离北京，一看就是被黑了。

年底，王阳明由徐爱陪同，前往南京赴任。

徐爱于正德三年（1508）中进士后，先在河北祁州干了几年知州，任满后回吏部述职，授了个从五品南京工部员外郎的官，正好同阳明一道南下。

望着亦步亦趋、敦厚好学的徐爱，阳明心下感慨万千。

在王阳明被刘瑾追杀，亡命天涯，朝不保夕的时候，徐爱义无反顾地拜他为师。这么多年来，阳明除了给他写过一封推荐信外，从未尽到当老师的责任。如今既同船而归，正好将这几年悟道的心得传授于他。

阳明站在船头，回顾徐爱，笑道："一别五年，不知你学问可有长进，倒要考你一考。"

徐爱嘿嘿一笑，道："弟子自知愚钝，故在读书上未敢偷懒。"

阳明道："那你且将《大学》背诵一遍。"

"《大学》？"徐爱愣了，心道：咋不让我背《三字经》？

《大学》位列四书之首，标准的启蒙读物，背不过连秀才都考不上，这下人、扈从的都在跟前，以自己的身份背这本少儿读物很没面子。

但一看阳明脸色，不似在开玩笑，徐爱只得硬着头皮开始背："大学之道，在明明德，在新民，在止于至善……"

王阳明喊停，让他解释这段话。徐爱按照朱熹的理论，说："成为拥有治理国家之能力的'大人'的途径，是彰显自己的德行，并推而广之，教导民众弃旧图新，达到极致。"王阳明先指出"不是'新民'，而是'亲民'"，然后给出了自己的解读：成为以天地万物为一体的"大人"的途径，是光明你的良知。这件事必须到实践中去磨（亲民），终极法则（至善）就是你一事当前能立刻分辨是非善恶的良知。

人有建功立业的心没错，但千万不要把这种心当成常态。无事时念念去私欲，有事时念念去私欲，把自己锻造成一个良知光明的人，机会会主动来找你。人人皆可成圣，没有不能成只有不想成。圣不是圣斗士的圣，而是一种充满志趣、通权达变、挥洒自如、化己度人的生活态度。

王阳明和徐爱乐此不疲地进行着这水上的讨论。一天傍晚，阳明立在船头，看着暮色渐深，耳边则是徐爱手舞足蹈时说的话——要是这条船永远开不到尽头该多好啊！

后来，徐爱将这一路所得忠实地记录下来，成为《传习录》的开篇。

正德八年（1513年）二月，正是江南莺飞草长、桃花盛开之际，阳明和徐爱回到了阔别已久的家乡余姚。

姚江之水仍然清澈见底，屋后的翠竹依然郁郁葱葱。

王华却已年近七旬。

王状元对儿子在京城的所作所为很是不爽，他清楚自己这个儿子出类拔萃、聪明过人，却总担心他会因此惹出些事来。本以为龙场这几年能让他转转性，如今倒好，聚众讲学，批评朱子。朱子是能随便批评的吗？这不，本来在北京好好的，现在却被外放南京。

王阳明也不跟父亲争执，见老人家红光满面，身体瓷实，便放心了。

阳明在家待了数月，又收了几个弟子，带着他们在余姚一带游山玩水，过后才往滁州赴任。

滁州距南京一百多里，山清水秀，风光旖旎，因此被明廷辟为马场。

此地生态环境极好，几百年前欧阳修用《醉翁亭记》把自然景观变成了人文景观，而此刻，王阳明又要将人文景观变成讲学圣地。

一堆王门弟子跟着阳明在琅琊酿泉之间畅游，在精神花园之中漫步。夜间，环坐龙潭，饮酒赋诗，振衣起舞，放歌山谷。

这晚，众人均已入睡，徐爱敲开了阳明的房门。

他开门见山："弟子辗转反侧，不能入睡，前来讨教。先生讲只求之于本心便可达到至善境界，恐怕，还是不能穷尽天下之理吧？"

王阳明："早知你旧说缠绕，必会反复。心即理也，天下哪里有心外之事、心外之理？"

徐爱："还是有许多理的，比如说对长辈的孝、对朋友的信义、对百姓的仁慈等，这一切您怎么可以假装看不到呢？"

王阳明："这种错误说法已经流行很久了，一两句话也点不醒你。且按你说的往下说。如事父不成，去父上求个孝的理，那么父亲去世后你当如何？心即理也。此心无私欲之遮蔽即是天理，以此纯乎天理之心，运用在对待老人上便是孝，用于朋友和百姓便是仁。"

徐爱："然则孝敬老人，其中尚有许多细节需要讲究啊。"

王阳明："这是自然。比如冬冷夏热之际要为老人去求个冬暖夏凉的道理，这都是那颗诚孝之心发出来的。譬如树木，诚孝之心才是爱的力量之根，至于王祥卧冰、羊羔跪乳等行孝的方法则都是枝叶。有了根自然会有枝叶，不是先寻了枝叶再去种根。"

徐爱豁然开朗，却担心回头又反复，索性刨根问底，辩个明白，于是师徒俩开始秉烛论道。

王阳明进一步指出，只有在心上用功，才能发现所谓的“孝”，归根结底无非是五个字：让父母心安。良知告诉每一个人，孝顺父母的终极目的是不让他们担心，物质条件倒在其次。

宇宙无时无刻不在变化，但那些良知未被遮蔽的心对于孝顺的要求却是亘古不变的。身心平安，既是子女对父母的祝愿，也是父母对子女的希冀。人同此心，心同此理。

那个月明星稀的夜晚，透过昏黄的纸窗，我仿佛看见阳明和徐爱正在促膝长谈，没有名缰利索，尽弃一切俗欲，时而激烈辩论，时而拊掌大笑。往来古今，四极八荒似乎都已凝滞在此时此地。寰宇之间，只有他师徒二人的交谈之声，讨论着世间最朴素、最纯粹的道理，不知东方既白……

两颗哲学脑袋碰来撞去就碰撞到“死亡”这个命题上来了。死亡是永恒的哲学命题，当你在失眠的夜晚冥想死亡，体验死后那种思维消失，记忆磨灭，如同从未存在于世一般的感觉，而这种绝望的状态的期限是永恒时，你的心脏都会颤抖，却又止不住去想——这是一个深具魔力的命题。

徐爱对阳明说，自己这辈子肯定活不久。阳明问他何故，徐爱说他做过一个梦，梦里自己去衡山旅游，遇见一个老和尚。他拍着徐爱的背说：“小伙子，身子骨不行啊，才爬了这么一段就气喘吁吁。”徐爱不解其意，老和尚又说：“你与颜回同德，你与颜回同寿。”徐爱一听，前半句还算中听，本人的思想道德还是及格的，这后半句可就离谱了——颜回才活了近四十岁，你这不是咒我短命吗？

阳明听着徐爱的叙述，望着他单薄的身子和白俊的脸，有些心疼。

徐爱的身子真是太弱了，弱不禁风。但与他的瘦弱所不相称的，则是他睿智的大脑和一颗赤诚火烫的心。

将身与心的冲突作为思想的疆场，徐爱天生就是一个精神贵族。

阳明又想到初见黄绾时的情景。

那天，储瓘带着一个长相英武的年轻人来大兴隆寺拜访阳明。他自我介绍说叫黄绾。

黄绾向阳明倾诉了多年来遍读古籍却找不到方向的苦恼，就像你要穿过一片树林到客栈去投宿，可是太多的岔路搞得你心神不宁，不知该走哪一条。黄绾还告诉阳明，他的志向是让蒙上了种种曲解和误会的古代思想在当今发扬光大。

十一月的京城天寒地冻，大风中的雪粒子把屋瓦打得铮铮作响，黄绾的一番话却让阳明感觉整个屋子都暖和起来。他按捺着激动说："这个志向很好啊，可是这一脉的学问断绝得太久了，你准备怎么用功呢？"

黄绾老老实实告诉阳明，只是粗略有这个志向罢了，还不知道怎么去用功。

阳明说："人唯患不立志。有了志向，做起来，就会成就自己。"他告诉黄绾，有一条简捷的道路可以通向那个目标，那就是做减法。人活在缠蔽之中，所谓的减法就是去蔽，把树林中的一条条岔路砍掉，把屋子里多余的东西搬掉，这样，心就成了一个空荡荡的房间，可以让阳光进来。所以，人心在这里是一个关键，一个让天地万物得以呈现意义的关键。

分手时，阳明再次强调："坚持做，就能成，你要相信人可以凭借意志和内在的修炼成为你想成为的人。"

人的一生，如同一个瓜熟蒂落的过程，不能着急，也不可懈怠。人的努力与天的栽培，会让一棵树静静地长高，也会让一个人慢慢地成熟。用曾国藩的话说就是"不怨不允，但反身争个一壁静。勿忘勿助，看平地长得万丈高"。

黄绾机敏高亢，徐爱谦恭若拙，正好是性格的两个极端。阳明心念及此，打定了主意——因材施教。

"明矾"总动员

"明矾"们打听到偶像的最新动向，立刻奔走相告，呼朋引伴。一堆人风风火火，向滁州杀将过去。

这段时间和在京城讲学期间拜入阳明门下的弟子，可统称为"王门二期"。

先生曰："教人为学不可执一偏（偏执一端）。初学时心猿意马，拴缚不定。其所思虑多是人欲一边。故且教之静坐息思虑（平息思绪）。久之，俟其心意稍定（等他心绪平定）。只悬空静守，如槁木死灰，亦无用。须教他省察克治（反省以往的错误，克服不良的倾向）。省察克治之功，则无时而可间（没有间断的时候）。如去盗贼。须有个扫除廓清之意。无事时，将好色好货好名等私，逐一追究搜寻出来。定要拔去病根，永不复起，方始为快。常如猫之捕鼠。一眼看着，一耳听着。才有一念萌动，即与克去。斩钉截铁，不可姑容与他方便。不可窝藏。不可放他出路。方是真实用功。方能扫除廓清。到得无私可克，自有端拱时在（自然能有端身拱手的风度）。虽曰'何思何虑'（语出《易经》，意为所思所虑都不出天理的范围），非初学时事。初学必须思省察克治。即是思诚。只思一个天理。到得天理纯全（完全纯正），便是何思何虑矣。"

静坐息心是重要的王学入门功夫。但静坐并非一种形式，强调的是静，在静中排除思虑中的杂念。

事实上，每个人都有静下来的能力，只因被外在的种种现象迷惑，丧失了这一安身立命的绝学。

于是，不知为什么而活，不知身在何处。赚很多钱，仍觉恐慌；再赚更多的钱，还是无法排遣工作之余的空虚。

活在未来的人何其多，活在当下的人何其少。

当人对未来寄予了无比沉重的厚望时，他对眼下的东西就会享受得很少，并生出强烈的不满。他不停地追赶那个可以让自己安全的东西，却不知那东西本身就是虚拟的。

而虚拟，在某种意义上其实意味着无限。于是，我们不知道到底哪天才能落地。

人心如镜，物来能照。阳春三月，来到公园湖边不难发现：只有在风平浪静时，湖面才能映照出碧空蓝天、万千垂柳；而当我们将一颗石子投进湖中，激起涟漪时，影像就会被扭曲。

心湖亦然。

求静，就是求平如镜湖，求物来能照。

然而，静如泥鳅，你越用手抓，它滑得越快。当你追求“静”的时候，你反而会动。就像如果我说“不要去想大象”，你脑海中一定会出现大象。

因为追求静的过程，就是搜索“不静”之缘由的过程，这反倒激起了你的不静。

因此，“久之”之后，便需“省察克治”，将“不静”的病灶一一拔除。只有意识到焦虑的产生源于妄执，方能平息这种挥之难去的痛苦。

综上所述，“静坐息心”和“省察克治”就是体认良知的两大功夫，一正一奇，一静一动，可以交替使用。

当你感到过于忙乱时，就要让自己静一下；但若发现又太执着于“空”时，便要走出去，动起来，因病而药。

而作为初学者，开始时的思虑不可能处处吻合天理，正需时时思诚，亦即时时思天理（诚者，天之道也；诚之者，人之道也[1]）。等火到猪头烂，天理纯全，便能“何思何虑”，事事切中天理了。

为了巩固战果，尚需使出第二式——事上磨。

问：“静时亦觉意思好，才遇事便不同，如何？”

先生曰：“是徒知养静，而不用克己工夫也。如此临事便要倾倒。人须在事上磨，方立得住，方能‘静亦定，动亦定’。”

此生难得今已得，心学难闻今已闻。此心不于事上磨，更于何处磨此心？

静坐息心使人达到了“意思好”的境界。

然而，无事时掩盖了多少小人，有事时识破了多少君子。百分之九十的人都倒在了“遇事便不同”五个字上。

花繁柳密之地，风急浪高之处，多数人不是乱了性，就是失了足。常言道：只有当潮水退去，才能发现谁在裸泳。

因此，我心需要在事上打磨，磨去不经意间流露的骄傲与恶习。

多少人一辈子都活在白做工的日子里，靠着微薄的薪资抚慰自身的苦难，

1　出自《礼记·中庸》。

犹如在迷宫里东奔西跑的困兽，永远无法摆脱苦难的牢笼。

商业社会每天都在播放催眠曲：努力工作，努力消费。似乎不工作就是废人，只能选择工作到退休，拿着仅够糊口的养老金，等待死神的降临。

许多上班族都患有慢性病，像电影《在云端》里的乔治·克鲁尼，必须靠激情来缓解高压的状态、麻木的生活。

这种与天斗、与人斗的奋斗，不仅加速了人类的衰老，也给地球带来难以估量的灾难。

其实，人的宿敌只有一个，便是自己。

日间工夫，觉纷扰，则静坐。觉懒看书，则且看书。是亦因病而药。（如果白天做功觉得纷扰不安，那么就静坐。如果懒得看书，就强行去看书，这也是对症下药的方法。）

真水无香。

越是老生常谈、浅显易懂的话，越是至理名言。就跟人人都哭着喊着要学曾国藩，却连其主张的人生第一要务“早起”都做不到，不知到底在学什么？

人类一面在烟盒上印着“吸烟有害健康”，而另一面全世界每年死于吸烟的人又数以百万计。

长期以来，人们都坚信情绪可以主导人的行动，但现代研究表明，行动同样能引导人的情绪。

再愚钝的人，培养一个良好的习惯也只需要二十一天的时间。

惰性并非想象中那么强大。

第二式练好了，便可修习第三招——未发之中。

问：“宁静存心时，可为未发之中否？”（此心处于宁静的状态时，可以算“未发之中”吗？）

先生曰：“今人存心，只定得气。当其宁静时，亦只是气宁静，不可以为未发之中。”（现在的人存养心，只是让自己的气定住。当他们宁静的时候，也只是气的宁静，不能算是“未发之中”。）

“未发之中”是针对“事上磨”来讲的。“未发”指事理没有显现时心体的状态，“中”则指不偏不倚。

事上磨很难，未发之中同样不易。前者侧重于外用，后者侧重于内明。

未发之中讲求未雨绸缪，在事情没有发生时就下力气弭祸乱于未萌。具体功夫便是在宁静无事时反观自心，将内心萌发的邪念扼杀于襁褓之中。用中医的理论讲叫“治未病”[1]，用兵法说就是“不战而屈人之兵”[2]。

三招一言以蔽之，无非是一个“诚意”。有事时念念不忘诚意，无事时念念不忘诚意，以自性观照自我，以内心深处最真实的是非判断澄澈意识的流转，久之自然知行合一。

爱因未会先生“知行合一”之训，与宗贤（黄绾）、惟贤（顾应祥，王门弟子，官至兵部侍郎）往复辩论，未能决，以问于先生。

先生曰：“试举看。”

爱曰：“如今人尽有知得父当孝、兄当弟（通‘悌’）者，却不能孝、不能弟，便是知与行分明是两件。”

先生曰：“此已被私欲隔断，不是知行的本体（本来面目）了。未有知而不行者。知而不行，只是未知。圣贤教人知行，正是安复那本体，不是着你只恁的便罢。故《大学》指个真知行与人看，说‘如好好色，如恶恶臭’。见好色属知，好好色属行（看到美色属知，喜好美色属行）。只见那好色时已自好了，不是见了后又立个心去好（看到美色时，心中就已经爱好了，并不是看到后又另外立一个心去爱好）。闻恶臭属知，恶恶臭属行。只闻那恶臭时已自恶了，不是闻了后别立个心去恶。如鼻塞人虽见恶臭在前，鼻中不曾闻得，便亦不甚恶，亦只是不曾知（闻到）臭。就如称某人知孝、某人知弟，必是其人已曾行孝行弟，方可称他知孝知弟。不成只是晓得说些孝弟的话，便可称为知孝弟。又如知痛，必已自痛了，

1 “治未病”即采取相应的措施，防止疾病的发生发展。出自《黄帝内经》：“上工治未病，不治已病，此之谓也。”

2 出自《孙子兵法·谋攻》。

方知痛；知寒，必已自寒了；知饥，必已自饥了。知行如何分得开？此便是知行的本体，不曾有私意隔断的。……”

爱曰：“古人说知行做两个，亦是要人见个分晓，一行做知的功夫，一行做行的功夫，即功夫始有下落（古人把知行说成两个，也是教人有个分别。一边对知下功夫，一边对行下功夫。这样，功夫才有个着手处）。”

先生曰：“此却失了古人宗旨也。某尝（曾经）说知是行的主意，行是知的功夫；知是行之始，行是知之成。若会得时（若真把握了知行的实质），只说一个知，已自有行在，只说一个行，已自有知在。古人所以既说一个知，又说一个行者，只为世间有一种人，懵懵懂懂的任意去做，全不解思惟省察，也只是个冥行妄作，所以必说个知，方才行得是。又有一种人，茫茫荡荡悬空去思索，全不肯着实躬行，也只是个揣摸影响（意淫幻想），所以必说一个行，方才知得真。此是古人不得已补偏救弊的说话。若见得这个意时，即一言而足（如果领会了古人的良苦用心，只要说一个“知”或一个“行”就足够了）。今人却就将知行分作两件去做，以为必先知了然后能行，我如今且去讲习讨论做知的工夫，待知得真了，方去做行的工夫，故遂终身不行，亦遂终身不知。……”

其实，只要把“知行合一”改为“知行本一”，便能省却不少口水。

内心的价值判断原本就应当同外在的行为实践高度统一，言不由衷盖因你说的是一件事，而想的却是另一件事，在欺瞒本心。

但对国人而言，知行不一才是家常便饭，因为这里就是一场喧闹的假面舞会，不戴面具你连入场券都领不到。

自欺得久了，也就异化了。但见一群丢失了灵魂的动物在舞台上狼奔豕突秀下限，表演着一幕幕惊爆眼球的奇观。

知行合一就是告诉你：不要因为走了太远，而忘记为什么出发。

若能依此修行，不依赖任何奢望，远离各种虚幻的梦想，甚至什么都不再想，只是因为活着而喜乐，感知存在，切实地存在，便能停止躁动，真实无妄地过好每一天，乃至洞穿他人的伪装，破除他人的自我，度己度人。

精神无法皈依，才会寄托于物质。但种种迹象表明，历史，已经开出了新的道路。

在此期间，东林书院在滁州破土动工，阳明为此专门写了一篇《东林书院记》，算是关于东林书院最早的历史文献。可惜日后东林党的愤青们在此抨击朝政，掀起党争，完全忘却了阳明心学的精髓：道德是完善自我的良药，而非加诸他人的绳索。

桨声灯影，布道金陵

在这个世界上，没有人能真正取消自我的存在。但大部分人的自我是虚假的，他把社会、他人的东西看成了他的自我，因此他人的看法极大地操纵了他。

世间之事纷繁复杂，每个人都有自己的观点和主张。然而，扪心自问，那真的就是你自己的答案吗？

长期以来，我们都生活在一个叫“自我意识”的世界里，这是一个由你的内心和外部环境共同构筑的世界，堆砌着各种概念推理、分析综合、快乐痛苦。其实，由内心产生的情绪波动、价值判断往往只是一时一地的就事论事，并非完全正确，如果不经审视与过滤就让其在意识领域占山为王，沉淀为潜意识，久而久之便会使人流于固执，是非不明。

同理，报纸、手机、网络、电视灌输到你大脑中的信息也可能是不怀好意，各怀鬼胎的。由于文字集团早已丧失其独立性，一条微博、一篇文章都有可能是精心炮制、洗脑于无形的枪稿软文。即使商人政客们暂时偃旗息鼓，知识分子摘下了“御用”的头衔，不再为利益集团摇唇鼓舌，书本上那些堂而皇之的价值观，言之凿凿的“成功秘诀”，也不一定符合每个人的真实需求。

因此，生活在虚假的“自我意识”里不能自拔的人，当其内心真实的声音与虚假的意识发生冲突乃至将其揭穿时，空虚、寂寞、焦虑、愤怒等消极情绪便会产生。长此以往，人就会陷入到循环的自我否定之中。

可惜，那些缺乏信仰的国人对这种自我意识又有极强的心理依赖，抽离了它便找不到别的东西来确证自己的存在，从而虚无、恐惧，茫然不知所措。

一千七百年前，竹林七贤用“五石散”来排遣这种虚无的恐惧。现代人则要靠朋友圈和自媒体上的鸡汤语录与田园女权来寻求安慰。

所以，自我意识是一种心理功能，你必须依赖它生存。

但问题就在这里。你的自我并不一定能帮你，你所认同的东西，恰恰可能是用来控制你、奴役你心灵的枷锁。甚至，你根本已经没有了自我，你的那个自我压根儿就是假的。换言之，是社会和他人强加给你的，你已经把真正的自我杀死了。

这个假的自我就像外界派到你心里的驻军一样，你屈服于它，任其摆布。

对此，电影《肖申克的救赎》做了形象的诠释。

当你完全屈从于外界的价值排序时，你的瞳孔将映射出你内心的扭曲，因为每个人的身份等级都确切地包含在他的眼神里。

眼神能反映出一个人在现实生活中所属的阶层。当你面对比自己差的人时不屑一顾，面对比自己强的人时战战兢兢，试问还能有什么作为？

可悲的是，社会化是无人能免的宿命，除非你不在社会中生存。

社会化可以让你掌握一定的生存技能，但如果一个社会不那么美妙，邦无道，它也会把很多有害的东西灌输给你。

无论怎样，外界的事物只要变成你的自我，利用认同的力量控制你就非常容易。即使是一些有利于你生存且不威胁你心理结构的东西，也往往会成为你的弱点。如果他人想要利用你、操纵你，只需制造出你的认同即可。

对此，看令狐冲是怎么忽悠“梅庄四友”[1]的就明白了。

自卑懦弱的人不懂对信息甄别取舍，又屈服于单一的世俗价值排序，使意识寄居于自己崇拜的事物当中，失去自我，发生异化。因此，当他遭遇自己赖以生存的这个价值排序中的强者时（恋权者面对高官，好色者遇见美女），大脑便会缴械投降，使对方的语言和行为长驱直入，在心灵深处攻城略地。与此同时，肾上腺素大量分泌，四肢僵硬、畏首畏尾的外在形象一览无余——心理的弱势使其沦为对方的木偶。

一个残酷的事实是，没有人可以引领你，每个人的路都是自己选的，真

1　详见金庸《笑傲江湖》。

正能改变你的只有你自己。书本的作用也仅仅是告诉你：可以做到这样。

如此而已。

因此，苏格拉底曰：未经审思的生活没有价值。

王阳明曰：心外无物。

一个真实的自我可以让人有效地应对真实的世界，从而完整地把握世界。

一切皆因思想而异。如欲改变命运，首先改变自己。如欲改变自己，首先磨炼内心。

谚有云：黄河尚有澄清日，岂可人无得运时。没过多久，王阳明就被擢升为南京鸿胪寺卿，虽然还是个闲职，但至少是一把手，而且搬回市区办公，不那么闭塞了。

阳明“日则处理公务，夕则聚友论学”，一时高朋满座，讲学不休。

“烟笼寒水月笼纱，夜泊秦淮近酒家。”在那些镌刻着华丽的岁月里，阳明偕同友人，在夕阳已去、皎月方来之时，雇一只灯船，在桨声汩汩、灯月交辉之中，在华灯璀璨、笙歌彻夜之中，在雕梁画栋、凌波纵横的船舫之中，拨开凝滞着六朝金粉的碧水，驶向那云遮雾绕的彼岸……

空气氤氲着甜蜜，夜风吹漾着烟霭，婀娜到阳明搭乘的那只灯船，熏醉了船客……

就在夫子庙旁，阳明的学说开始走俏，以至于秦淮河上的妓女在完成了本职工作后也能和顾客探讨一下“朱陆异同”。然而，酒逢千杯知己少，在这个平庸的时代，人皆以奇谈怪论吸引眼球，外在的信息不辨真假，但以猎奇为乐，谁又能真懂阳明之心？

朝廷哭笑不得：阳明走到哪儿心学就热到哪儿。可毕竟属于学术问题，也不好强力打压，便由他去吧。

一个叫杨典的御史，充分发挥恶搞精神，上书吏部，建议将王阳明调到国子监当祭酒，以满足他好为人师的愿望。

吏部官员早就集体补过钙了，一笑置之。

正德十年（1515 年），两京官员考察，四品以上官员采取自陈的方式，自我评定。

听上去比高薪养廉还不靠谱。实际上，为了杜绝自吹自擂的恶劣行为，这些人的自我鉴定都要送交都察院和吏部审核，由御史和吏科给事中揭发其隐瞒的“遗行”，简称“拾遗”，又称“大家来找碴”。一旦隐情被揭露出来，当事人由于欺君在先，必须主动辞职。

这个方法的先进性在于，科道官员都是一帮级别很低的愤青，平时互相瞅着都不顺眼，更不要说瞅上面那些威风八面的大佬了。高级官员稍有不慎，露出把柄，这帮人就会闻风而动，奔走相告，生拉硬拽也要给你赶下来。

平日尚且如此，更不要说逮到“京察”这种可以名正言顺黑人的机会了。

阳明非常清楚，在北京的言官队伍里，要想找一个喜欢自己的人，纯属做梦。所以他干脆以退为进，在述职报告中不咸不淡地自我表扬了一番，不咸不淡地自我批评了一番，着重强调自己曾经被大恶人刘瑾搞得很惨（投窜荒夷，往来道路，前后五载），最后得出一个结论：请求致仕。

杀人不过头点地，愤青们见人都惨成这样了也就不好再说什么，朝廷也没有批准他的退休请求。

如果没有特别的契机，阳明也许就在南京鸿胪寺卿的任上终老了。

而心学由于无法得到实践的证明，很可能销声匿迹，渐渐被历史的尘埃所覆盖。

然而历史的走向却使人欣喜，阳明再次用亲身经历验证了一句话：不是你所处的环境决定你的命运，而是你所做的决定改写了你的命运。

大风起于青蘋之末。

第八章 文攻武卫

农民又起义了

正德十一年（1516年）九月，由兵部尚书王琼推荐，明廷将王阳明从南京鸿胪寺卿升为都察院左佥都御史，巡抚南赣汀漳等处。

南：江西南安府。

赣：江西赣州府。

汀：福建汀州府。

漳：福建漳州府。

然后还包括湖广的郴州府和广东的韶州府等地。

查一查谭其骧主编的《简明中国历史地图集》不难发现，将这些地方连接起来，所辖范围着实不小，比单独一个福建或江西都要大不少。

周围的省份都不想要这片区域，于是将其直接踢出了各省的版图，重新成立了一个特别行政区，行政长官叫南赣巡抚。

正德年间的文官，如果跟谁有仇，就会诅咒他被调去当南赣巡抚。

这块地方基本是山区，油水是没有的，乱民是很多的，治安是极差的。

山民聚众抢劫在当地属于常态，偶尔集合起来攻占个把县衙你也不要大惊小怪——至少巡抚衙门还是比较安全的。

按理说此地经济落后，男盗女娼，整个一现实版恶人谷，民众应当避之唯恐不及才是，怎么动静反倒越闹越大了？

事实的真相很残酷：正因为避之不及，所以留下来的都是“精华”。

经过无数次的大浪淘沙，七位经受住了历史考验的同志终于闪亮登场，出现在人们的视野之中。

谢志珊、蓝天凤、陈曰能，地盘江西。

池仲容、高仲仁，地盘广东。

龚福全，地盘湖广。

詹师富，地盘福建。

这些人里，个别已经称王，即使没称王的也高喊着“不纳粮”“不当差”的反动口号，得到了当地不明真相的群众的广泛支持。

这帮人凭借崇山峻岭、洞穴丛林的掩护，堵死个别山道，官军压根儿攻不进去，再加上各省互相推诿，赶走了事，局面一发不可收拾，渐成燎原之势。

放眼望去，赣南闽西大大小小一脉相连的山麓，千里皆乱。

官有清浊，民有顺刁，老戏新唱，农民造反。

于是一个疑问产生了：从古至今，政权像割韭菜一样换了一茬又一茬，统治阶级当真麻木不仁到非要把占社会绝大多数的贫下中农往死里剥削？

问题远非想象中那么简单。

黄仁宇在《十六世纪明代中国之财政与税收》一书中，通过遍览明朝各地方志、奏折以及《大明会典》，得出两条结论：

第一，明代的税收过低，农业税低，商业税更低；

第二，明代的税收在二百五十多年的时间里几乎没有增加，反而在不断减少。

农业税低到什么程度呢？全国平均税率不超过百分之十。

更恶劣的是，即便这么低的税负，还是有人一门心思地逃税漏税，而且通过长期的实践和摸索，将逃税这一“伟大事业”从技术层面上升到了艺术层面，并总结出多套专业术语，比如飞洒[1]、诡寄[2]、虚冒。具体操作方案，敬请参考顾炎武在《天下郡国利病书》[3]中的记载。

即使抛开这些人为因素，单就税制的设计便足以使明廷抓狂。

经济学里有个“拉弗曲线”，反映了一条规律：降低税率实际上会增加税收收入。这是因为民众会对税收政策的刺激做出反应，高税率会使其丧失劳动的积极性而情愿享受闲暇，反之亦然。

再比如，纳税理论中有一条“纵向平等”的指导思想，它主张支付能力高的纳税人应该缴纳更多的税，这听起来似乎天经地义，不过落实到实际操作中，你会发现根本不是那么回事。

---

1 飞洒是指地主勾结官府，将田地赋税化整为零，分洒到其他农户的田地上，以逃避赋税的一种手段。

2 诡寄是指粮户将田地诡称属于他人，借以逃避赋役的一种办法。

3 《天下郡国利病书》是记载中国明代各地区社会政治经济状况的历史地理著作。

比如，你认为对昂贵的皮衣应该征收很高的税，因为买皮衣的都是富人啊。但你忽略了一点，富人又不是脑残，越富越抠的人也不少见，一旦他们开始觉得买皮衣变得不那么划算，就会很轻易地用其他奢侈品来替代皮衣。最终，高昂的皮衣税减少了皮衣的销售，负担落在皮衣制造商头上，制造商又将其转嫁到制造工人头上，或克扣工资，或直接裁员，原本劫富济贫的税收政策反而导致穷人更穷。

这么看来，明朝的低税政策不是挺好嘛，藏富于民，和谐稳定。

这个问题可以用当年司马光反对王安石变法的一句话来解释：天下财富止有此数，不在官，则在民。

资源是有限的，分配方式是多样的，有人开心自然就有人难过。

最不爽的当然是文官集团。这些人十年寒窗，悬梁刺股，多少个不眠之夜，多少次对月长叹，不就图个一朝为官，享受人生吗？结果朱重八太不地道了，定了个奇低无比的工资标准恶心人。

《明史·食货志》中说“自古官俸之薄，未有若此者”只是一个定性的结论，如果要做定量分析，可以八卦一下海瑞的私生活。

海瑞在淳安县令任上时，实际领到手的工资是十二石大米、二十七两银子和三百六十贯钞。按照当时的物价水平，这点俸禄刚够养活六个人。而海瑞一大家子加上仆从以及衙门里需要赏赐的小吏，又何止区区六人？海瑞喜欢自己种菜吃，极少应酬，生活方式比较自虐，非常人可比，都过得捉襟见肘，其他官员，如之奈何？

如果中国式的大家族观念弱化一些，每个官员只需赡养二老及其妻子，而没有那么多攀附其上的混吃阶层，情况可能会好些。

可惜没有“如果”，文官集团的“突围”变成了老百姓的灾难，一套潜伏于国家财政制度之下的“亚财政”大行其道，各种巧立名目的苛捐和陋规遍地开花，盘根错节到根本取缔不了，不收不行。知县不收无以进知府，知府不收无以进藩司，藩司不收无以进巡抚，巡抚不收无以进京官。由俭入奢易，由奢入俭难，此风一开，便不可止，只能愈演愈烈，成为大明朝无法根除的痼疾，只等爆发之日的到来。

二王 PK

由于明朝实行军屯制，武官世袭，承平日久毫无战斗力，能打的没几个，因此不得不倚仗文官来领兵。

文官带兵就怕纸上谈兵，懂兵法而不懂实战。事实上，兵部上下那么多官员，长期以来最不缺的就是高谈阔论之徒，这帮人天天盼着打仗，聚在一起个个都是战略家，但凡听到任何风吹草动，立刻戴好军事专家的面具，跳出来评头论足一番。

王琼作为兵部尚书，是个优秀的战略家，却也没有实战经验。不过没关系，王琼当过吏部侍郎，看人是很准的，他注意到了王阳明。

虽说都姓王，但这两人之前的生活轨迹几乎没有交集。王琼低调务实，靠治理漕河有功升任河南布政使、都察院右副都御史。在担任户部尚书时，有个边防总兵试图冒领粮草供给。王琼把他请来，连算盘都不用，十个手指就替其算出了士兵编制、余粮数量、地方政府每年供给的粮草数以及国家发放的奖金补贴，直听得对方汗流浃背，诺诺而退。

王琼有一种在情况朦胧不明时便能预测到事情发展趋势的天赋，这靠的是心细如发和踏实肯干。青睐王阳明是因为他曾给王琼留下老成持重、气定神闲的印象。王琼坚信，一个私欲很少的人必然内心强大，触之不动。而兵道即诡道，讲究不按常理出牌，王阳明的气场感染了王琼，使其力排众议，说服了朱厚照。

谁知半个月后吏部便收到一封《辞新任乞以旧职致仕疏》。

王阳明要辞官。

理由在上疏中写得明明白白：

臣自幼失慈，鞠于祖母岑，今年九十有七，旦暮思臣一见为诀。去岁乞休，虽迫疾病，实亦因此。

看似致敬《陈情表》，但王阳明没有生搬硬套，而是振振有词，让吏部的官员们领略了汉语的魅力：

臣才本庸劣，性复迂疏，兼以疾病多端，气体羸弱，待罪鸿胪闲散之地，犹惧不称；况兹巡抚重任，其将何才以堪！夫因才器使，朝廷之大政也；量力受任，人臣之大分也。……

伏愿陛下念朝廷之大政不可轻，地方之重寄不可苟；体物情之有短长，悯凡愚之所不逮；别选贤能，委以兹任。悯臣之愚，不加谪逐，容令仍以鸿胪寺卿退归田里，以免负乖之诛。

臣虽颠殒，敢忘衔结！

站在王阳明的立场，等了几十年，终于等到一个可以建功立业的平台，不可能不心动。然而，他早就看透了朝廷的腐败，绝不会替朱厚照当维稳的工具。且今日之贼寇即昨日之同胞，磨刀霍霍向生灵，有悖我心之理。

不过，王琼看准了目标是不会轻易撒手的，一场心战就此爆发。

一个月后，圣谕下达，催促王阳明赴任，阳明继续上疏请辞。

半个月后，兵部又下批文，语气颇重：地方有事，王守仁不许辞避迟误。

王阳明犹豫了。

为了节省军饷，以往朝廷用于镇压南赣之乱的军队都是由广西、贵州等地少数民族的土司选拔的狼兵。狼兵凶狠顽劣没人性，吃苦耐劳性价比高，用起来很顺手，唯一的缺憾是喜欢打家劫舍，滥杀无辜。

于是当地民众出离愤怒了，越来越多的人被逼上梁山。狼兵虽猛，不跟你正面交锋便是。因此，狼兵一到，山贼就潜伏不出；狼兵一走，山贼又出来活动，气得狼兵七窍生烟，一腔怒火都发泄到当地良民身上，搞得百姓怨声载道。

由此可见，中央帝国的死穴就在于其治下民众的情绪没有一个宣泄口。统治者承担了民众所有的不满，发展到最后，民众走路摔了一跤也能怪罪到政府头上（修了豆腐渣马路），如何避免社会的动荡？

明廷面临的就是这样的困境。老百姓的观念很朴素：作为官府，“打劫”（百姓）是正常的，但趁火打劫就不对了。狼兵的所作所为就是趁火打劫，导致的直接后果就是民众纷纷投入山贼的怀抱，成为山贼的密探。

这些人化装成巡抚衙门门口的算命先生、卖水果的阿婆，更猖獗的直接打入政府内部，或为书吏，或为衙役，全面监视官府的一举一动，及时汇报给山贼。

南赣的形势早已失控，阳明的内心纠结矛盾。

有犹豫就是有问题。问题在哪儿？

心与理终判为二，知与行不能合一。

心即是理没有错，但也需要“行”来检验。

要苍生还是要大义？这是一个问题。

你可以选择苍生，坚决不与人民为敌，不去南赣。但狼兵没有那么多道理可讲，一路烧杀抢掠便是。你一个撂挑子的行为不仅没有解决问题，反而使更多无辜百姓陷入水深火热。

怎么办？

那些彷徨踟蹰的岁月里，陪伴阳明的是徐爱和黄绾。

徐爱说，孔子也曾诛杀少正卯。

黄绾说，孟子云国人皆曰可杀则杀之。

这不是他第一天喊打喊杀了。从认识王阳明那一刻起，他就对老师进行着持续不断的质疑，极端时甚至毫不客气地将之比作佛老，指责其教人避世。

黄绾不明白的是，王阳明欲矫程朱之枉，不得不过正，不得不用坚定不移的语气告诉世人：判断人生价值的标准不在外部世界，不在官职高低、权势大小，而在你的内心。心安自足、充实强大才是安身之本、成功之基。

然而，正是由于黄绾长年累月地找碴挑刺，才成就了一个完满的心学理论。

这个理论，直接颠覆了流行了数百年的程朱理学。

必也有师

五百年前的湖南，喜爱莲花的周敦颐鼓捣出一本书：《太极图说》。

这本书根据《周易》的世界观，抛出一个词——太极。此太极不是张三丰发明的，而是由无极衍生出来的。

无极者，宇宙生成前那种混沌无边的状态。

周敦颐说，太极就是2.0版的无极。作为一款以开天辟地（太极动而生阳，动极而静，静而生阴，静极复动。一动一静，产生阴阳万物）为己任的迭代产品，太极直接让应用商店里的其他软件失去了存在的意义。

这是周敦颐对宇宙生成的基本认识。

在他之后还有个人叫张载，提出过一个观点：民胞物与。

这个概念很墨子，就是让你不分贵贱美丑，管他们是美若天仙还是奇丑无比，都要一视同仁，就像爱自己的手足一样去爱他们。

且慢嘲笑张载迂腐，人家是有一套自洽的理论的，先抛出一个词——“气”唬住你，然后解释说，“气”这玩意儿是世界的本原，万物都源于“气”。人为万物中的一员，人的本性和万物的本性是相同的，所以要“视天下无一物非我”[1]。

让周敦颐和张载这么一忽悠，宋儒中有些追求的人开始狂飙突进，出现了理学家这个以教你做人为生的职业，代表人物是程颢、程颐。

兄弟俩是周敦颐的弟子，名声向来不好，在政治上反对王安石变法，在历史上留下了“饿死事小，失节事大”[2]的脑残语录供人批判，还喜欢大雪天把粉丝关在门口罚站（程门立雪）。但此二人对理学的弘扬起到了至关重要的作用。

要成为一名优秀的大忽悠，甩词是必备的基本功。二程也不例外，直接

1 出自张载《正蒙·大心》。

2 典故出自《二程全书·遗书二十二》。

甩出了“理”这张王牌。

据二程忽悠，“理”这个东西又称天理，为什么要加个天呢？因为要强调它是先于万物而存在的，天生就有，雷都打不动。

二程认为张载那套“气”的理论已经过时，应该与时俱进改造一下。“理”是爸爸，“气”是儿子。由于龙生九种个个不同，儿子里面有人才也有人渣，有自我奋斗的也有待业啃老的。终于有一天，爸爸一怒之下把这帮儿子都赶出家门，让他们自己去闯荡江湖，于是各种“气”就开始在天地之间游走，其中的败类浊气浸染于人心，就变成人的私欲和邪念。为了改造大家的世界观，我们要存天理、灭人欲。但怎么存、怎么灭，二程给出的方法不同。

一次，兄弟俩赴宴，哥哥程颢对主人送到怀里的歌女温存备至，而弟弟程颐则对投怀送抱的美女不屑一顾，避之唯恐不及。回家后，程颐指责哥哥有失体统，程颢反唇相讥道：“饭局上，我怀里有美女，心中就有美女；现在回家了，怀里没有，心中也没有。而你直到现在，心中还有美女。”

程颐的迂阔无人能出其右。即使是司马光这样的保守派，程颐也因其不懂“性命之学”而讥他“不知学”。另一个广为流传的故事是，在给宋仁宗当帝师期间，看见小皇帝折柳枝为戏，程颐立马板着脸训斥说：“春天是万物发育的季节，皇上怎么能摧折柳树，以干天和！”

而美女的段子也恰好体现了二程的分歧：程颢认为一切问题都是心的问题，要回到自身下功夫；程颐则主张让外界的规则来约束和规范自己，向外格物穷理。

沿着不同的路径走下去，便有了陆九渊和朱熹这两条截然相反的思想脉络。

朱熹吸纳整合了周敦颐、张载和程颐的观点，又旁收佛老，构建了一套完整而庞大的哲学体系。

在他看来，太极是一切的源头。它很淘气，有多动症，动来动去就衍生出阴阳二气，阴阳二气分化为金木水火土五行，并进一步形成了春夏秋冬，天地万物。

然后太极又像孙悟空一样“拔毛分身”，分出无数个小太极附着在万物身上。

其实朱熹版的太极实质上就是“总理”，小太极就是“分理”。“总理”和“分理”其本质都是一样的。

“分理”散布于万物之中，“总理”囊括散布于万物之中的“分理”。

万物可以分别通过自己的“分理”呈现出一个“总理”，即呈现出一个太极。用一个比喻来形容就是“月印万川”。

月亮只有一个，万川各不相同，却都能倒映出一个完整的月亮。

接着，朱熹开始给理下定义了：

一、理是先于自然现象和社会现象出现的无色无味没有形状的东西。

二、理是万事万物治乱兴衰的总规律。

三、理是伦理道德的基本准则。

而气呢，与理相对，有形有状，化为万物，比如美女、佳肴、豪宅、名车，撩拨你的情欲。

理就是道，气就是器。用两组对应关系说明便是：

理——性——道心。

气——情——人心。

理跑到你的心上面就叫作性，性本善的性，又称“道心”。

气跑到你的心上面就叫作情，情欲的情，又称“人心”。

道心秉承天理，有仁义礼智信的特点；人心秉承形气之私的特点，饥食渴饮爱美女。

朱熹并不否定人心，也承认虽圣人亦不能无人心，用他的话说就是“道心需要人心来安顿，人心需要听命于道心”。

道心与人心相互交织融为一体。比如一些商人喜欢谈论情怀，感觉全宇宙都等着他去改变，但利益当前，一样不顾吃相；再比如拜金女年轻时以玩弄感情为乐，四处骗吃骗喝，等有朝一日成了大龄剩女，还是想方设法找个忠厚踏实、事业稳定的经济适用男嫁了过日子。

归根结底，万物的构造都离不开理和气。理是指导事物运行的规律，气是构成事物形态的材料。两者彼此相依，不可分离。

但朱熹认为，人心有私欲，因此危险；道心是天理，所以精微（人心惟危，道心惟微）。前者应当克制，而后者应当主动向外界求取。

当程朱理学成为官方意识形态后，这种趋势就更加明显。最终的结果便是否定人心，肯定道心。

性统治了情，理主宰了心，人悲哀地沦落为理的载体，存在于世的意义与山川草木无异。说难听点，就是植物人。

于是，以陆九渊为首，不愿被忽悠成植物人的反对者纷纷跳了出来。

一直反对到陈白沙，陈白沙收了个徒弟叫湛若水，湛若水有个铁哥们儿叫王阳明。

王阳明廓清陆九渊以降所有朱熹反对者纷纷扰扰的观点，六个字解决问题：少废话，心即理。

乾坤由我在，安用他求为

心是宇宙的本体，万物的主宰，安身立命的根据，衡量是非的标准。天地间诸事诸物，举凡纲常伦理，言行举止，成败荣辱，皆不出于我心。

王阳明说：

> 求之于心而非也，虽其言之出于孔子，不敢以为是也，而况其未及孔子者乎！求之于心而是也，虽其言之出于庸常，不敢以为非也，而况其出于孔子者乎！

意即是非不用从学者的讲学中去区分，只需从自己的内心去辨别。不能等别人为你铺好路，而是要自己去走、去犯错，最后创造一条属于自己的路。

但在朱熹看来，只能说“性即理”，至于心，因为它包含了“性”和“情”两部分，“情”就是情感和欲望，未必与天理和本性尽合，所以断不能说“心即是理”。

王阳明不听他叽叽歪歪，用一个公式解决问题：心 = 性 = 理 = 良知。

这条恒等式里的性融合了情，王阳明没有将情一竿子打死，只说将情之过与偏（即欲）调整到合理的范围内即可。

接着，他又说了一句很关键的话：

心之所发便是意，意之本体便是知，意之所在便是物。

意思就是人的意识活动，具体怎么活动的，可以参考小说《追忆似水年华》[1]、《喧哗与骚动》[2]和《墙上的斑点》[3]等。

意识一旦发动，必有所指，比如你感觉到渴了，接下来的行为必然是去找水，这种“意”之所在，便叫作“物”。“物”指“事”，即与意识相关的人事行为，而非其字面意思“物体”。

至此，由“心外无理”“心外无物”“此心在物则为理”三大命题构成的“心即理”说圆满自洽。

心外无理：普遍规律只有与你的心灵融合才有意义，才能渗透到你的信念与情感中，从而有效地影响你的行为，否则只是一种空疏的概念。

心外无物（事）：心之发动处谓之意，即我们所说的“动心”。意不可能悬空，必有落实的对象，一切活动（事）都是意识参与的活动，因此，离开主体的事物是不存在的。

如果只有这两个命题，自己玩自己的，那心学确实就和禅宗没有什么区别了。

最后一句才是重点。

此心在物（事）则为理：具体的理体现在心与外部世界所存在的关系中，脱离与外部世界联系的理没有意义。

的确，王阳明虽然肯定“物即是事”，但他始终没有明确把实在的客观物体（山川草木）排除在“心外无物”这个命题的适用范围之外，这就不得不面临一个存在论的问题。

---

1 《追忆似水年华》是马塞尔·普鲁斯特的作品，以叙述者“我”为主体，将其所见所闻所思所感融合一体，既有对社会生活、人情世态的真实描写，又是一份作者自我追求、自我认识的内心经历的记录。

2 《喧哗与骚动》是威廉·福克纳的作品，小说大量运用多视角叙述方法及意识流手法，是意识流小说乃至整个现代派小说的经典名著。

3 《墙上的斑点》是弗吉尼亚·伍尔夫的作品，主要讲述了主人公在一个普通日子的平常瞬间，抬头看见墙上的斑点，由此引发意识的飘逸流动，产生一系列幻觉和遐想。

事实上，王阳明压根儿就没有兴趣去讨论这个问题。但问题很好回答：离开了主体，客观存在对人来说没有任何意义。比如你凭什么把你扔东西的那个箱子叫作垃圾箱？那明明就是一铁皮做的长方体。你凭什么认为粉笔只能用来写字？有的小学老师就从不写板书，而喜欢用粉笔砸人，在他看来粉笔就是提醒学生认真听课的工具。

看过《移魂都市》《异次元骇客》等科幻电影就会明白，人类集体感知到的这个世界，有可能只是一套制作精密的程序，你身在其中而不自知罢了。

唯一靠谱的是回归内心。

否则，人人都有这个奶酪、那个思维的，最后你该是什么人还是什么人。

外在之理包装得再炫目多彩，不经过与作者同样的心路历程，你永远不可能成为和他们一样的人。

孔子之前已经有人尊敬父母、爱戴兄弟了，这便是“心即理”的明证，而孔子的出现不过是对这些行为命名罢了（孝、悌）。

孔子可以告诉你怎么说怎么做，却无法告诉你这么说这么做的心理依据。

同“应该怎样”比起来，“为何这样，如何这样”更重要，这需要你自己到心上去求。

所以，日本籍“明矾”、倒幕领袖西乡隆盛[1]说：“读经宜以我之心读经之心，以经之心释我之心。”

任何经典不过是对人心的记载，对它不应当作教条顶礼膜拜，而是取其有用者用之。

如果你非要在存在论上驳倒王阳明，非要将“存在即被感知”这一命题彻底粉碎，那就只好再把薛定谔家的猫牵出来。

“虐猫狂”薛定谔构思了一套惨无猫道的装置。此装置安放在一个密封箱里，由原子激发。

箱子里有一只可怜的猫和一个毒气瓶。

实验开始。每当原子衰变放出一个中子，它就会激发一串连锁反应，最终结果是打破那个毒气瓶。

事实很明显：如果原子衰变了，毒气瓶被打破，猫就会挂掉。如果原子

1　西乡隆盛（1828—1877），日本江户时代末期的萨摩藩武士、军人、政治家，“维新三杰”之一。

没有衰变，那么猫就会好好活着。

实验的结果是：当我们没有观察时，那只猫是又死又活的。

如果把量子力学中这条“测不准原理”放大到宏观世界，那么不仅仅是猫，一切的一切，当我们不去观察时，都处在不确定的叠加状态。这是因为万物皆由原子组成，原子服从不确定性原理，万物亦无法逃脱此理。

甚至可以极端地说：当我不观察时，月亮是不存在的。

这是因为月亮也由微观粒子组成，当你扭过脸不去看月亮时，一大堆粒子就开始按波函数弥散开去。于是，月亮的边缘开始显得模糊而不确定，它逐渐“融化”，变成概率波扩散到周围的空间里去。

正如物理学家约翰·惠勒[1]所说：“实在的确切性质，要等到一个有意识的观察者参与之后才能确定。”

知道做不到，等于不知道

心（良知）——意——物（事）。

对比心学和理学，心学的方向由心指向物，心驭万物，自尊无畏，使人始终对外部世界保持浓厚的兴趣和积极性；理学则由物指向心，填鸭灌输，使人丧失独立思考的能力，黑白不分，丧失对社会、家庭乃至自身的责任感，胆小怕事，碌碌无为。

心（良知）主宰“意”，通过意识活动作用于“物”（事）。

由此引出了知与行的关系。

知就是良知，行就是实践。

王阳明说，良知有如下特点：不虑而知，不学而能，知是知非，戒慎恐惧，无间圣愚，古今相同。

于是刘瑾、焦芳、严嵩、魏忠贤等极品恶人开始抗议了：既然良知浑然

1　约翰·阿奇博尔德·惠勒（John Archibald Wheeler，1911—2008），美国物理学家、物理学思想家和物理学教育家。

天成，你有我有大家有，我们一样也有，凭什么说我们是坏人，影响多不好！强烈要求修改《明史》。

对此，阳明想说：尔等是有良知，但尔等的良知已被私欲阻断，知与行割裂为二（良知自知，原是容易的，只是不能致那良知）。

知与行的关系，朱熹也谈过，朱熹认为知先行后，必先知道了方才能够去行。

于是问题来了，朱熹认为获取知的方法是格尽天下之物，这个难度有点大，恐怕有生之年实现不了这个美好的愿望了。没有知也就不用去行，就这么将就着得过且过吧（终身不行，亦遂终身不知）。

而王阳明认为，良知人人都有，但分为两种状态：本然和明觉。

打个比方，你和朋友的电脑都装了杀毒软件，但人家的是激活了可以更新的，而你的呢，从来就没被激活过，根本无法更新。虽然都可以杀毒，但效果大相径庭。

你朋友的杀毒软件就是明觉，你的就是本然。

知（本然状态的良知）——行（实际践履）——知（明觉状态的良知）。

唯有通过实践，你才能够对良知逐渐获得认同感与亲切感，并使之转化为自觉的理性意识，从而达到知行合一的境界（路岐之险夷，必待身亲履历而后知，岂有不待身亲履历而已先知路岐之险夷者邪？[1]）。

回忆一下小时候，父母带你出去和亲友聚会，席间总是让你去敬酒。起初，你不明白这是为什么，但知道父母总不会害自己，便走个过场。

慢慢地你长大了，知道这是大人世界的游戏规则。这种规则让你觉得不舒服，你却说不出哪儿不舒服，每次还是扭扭捏捏地去敬酒，整个过程伴随着紧张和焦虑。

直到有一天，几乎是一觉醒来，你突然发现以前不愉快的体验完全烟消云散。你挥洒自如，长袖善舞，由被动变主动，只觉这敬酒的礼仪实在是世间最正常不过之事，不敬反而觉得不舒服。

你知行合一了。

真知即所以行，不行不足以谓之知。知而不行，只是未知（称某人知孝、

1　出自《传习录·答顾东桥书》。

某人知弟，必是其人已曾行孝行弟，方可称他知孝知弟。不成只是晓得说些孝弟的话，便可称为知孝弟[1]）。真切笃实的知就是行，明觉精察的行就是知。明觉状态的良知包含了行，一念发动处（意）即是行（事），不容任何间断，丝毫犹豫。

王阳明之所以苦口婆心、不厌其烦地强调知行合一，就因为他太清楚在这个混乱的世界中要想做到知行合一，难如登天。

早在贵阳书院讲学时，阳明就悟出了知行合一。

龙场的磨难使他意识到，环境的存在是不以自己的意志为转移的，要想建功立业，首先必须尊重环境、顺应环境，任何事业都是从处理好与眼前环境的关系开始的。并且，这种顺应不是违心的、伪装的，而是调整与纠偏之后此心与环境的逐步契合。

曾有一个知县，久听阳明讲学，对王阳明说：你的学说非常好，只是我“簿书讼狱繁难，不得为学”。

就跟现在很多上班族一样，工作压力大，你给他推荐《明朝一哥王阳明》，他一看是讲哲学的，就说：“工作还忙不过来呢，没时间看！”

而王阳明却说，我何尝让你离了簿书讼狱悬空去求学，你既然有官司上的事，就从官司上的事为学，如“问一词讼，不可因其应对无状，起个怒心；不可因他言语圆转，生个喜心”。

看书要看《传习录》，打仗须学王阳明

然而，“知行合一”还来不及完善，“心即理”就已使王阳明身处舆论的风口浪尖，人言可畏。

他彷徨过，绝望过，深感在中国这间古旧的房屋里，搬动一张桌子都要流血。

窒息时，也曾赋诗道：

---

1 出自《传习录·徐爱录》。

举世困酣睡，而谁偶独醒？

疾呼未能起，瞪目相怪惊。

又有何用？该贪赃枉法的还是贪赃枉法，该怀才不遇的还是怀才不遇，腐败已经渗透到社会的各个角落，几成不治之症。无耻之徒漠视他人疾苦，利用一些知识技能，凭借一条如簧巧舌，妖言惑众，荼毒人心，损害国家利益，中饱个人之囊。

更可怕者，由于这些人长期霸占话语权、教育权，百姓饱受稼穑之苦，无力深造，遭其愚弄而不自知，任其祸国殃民，还以之为榜样，羡慕效仿。

这些用程朱理学包装起来的“禽兽”，四面竞出，前瞻后顾，追名逐利，应接不遑。记诵之广不过用来长其傲，知识之多不过用来行其恶，见闻之博不过用来肆其辩，辞章之富不过用来饰其伪。

王阳明愤怒了：学如焦芳，不如孩提之不学不虑；孩提之不学不虑不会危害社会，反而保持了社会的纯净。

知识和理论，最终目的是让更多的人活得更好。如果与这个初衷背道而驰，将之变为利益集团的工具、喉舌、遮羞布，致使贫富差距越拉越大，社会矛盾越积越多，这样的知识和理论要之何用？

在完成知行合一理论建构的同时，王阳明还出了两本书，目的很明确：为自己辩驳。

《朱子晚年定论》。此书深挖史料，收集了一堆朱熹与友人的书信，说朱熹晚年出于对南宋偏安朝廷的不满，也开始肯定向内心寻求的重要性。

《大学古本》。此书告诉大家，你们看到的《大学》都是后儒加工过的，这本才是原版的。

然而，两本书加起来，也不如一本《传习录》有分量。

对于此书，合理建议只有四个字：阅后即焚。

前提是看懂了。

其实，大部分研究王阳明的专家学者都是反王阳明的。理解了这句话，就理解了王阳明。

很简单，心学是践履之学，不是辞章之学。

没有人因为你会背牛顿三大定律而认为你有多了不起。同理，懂得心学也不是什么大不了的事，让它融入你待人接物的一言一行，用人格魅力感染影响周围的人才是它真正的作用。

作为王门大弟子，徐爱生前一直撺掇着出版《传习录》。对此，王阳明是极力反对的。

圣人之学为身心之学，要领在于体悟实行，切不可把它当作纯知识，讲论于口耳之间。

这就是心学和其他学问的区别。

立说未必需要著书，解决最实际的问题，成为有志于建功立业之人安身立命的工具，这是阳明创立心学的初衷。每个人都知行合一了，问题解决了，这本书也就没有存在的必要了。

五百年前的王阳明不再犹豫，他以成熟的知行合一之理论，首先说服了自己：祸乱天下，已非我民，合当诛之！

正德十二年（1517 年）正月，王阳明向赣州进发。

从南京到赣州，一路都是水道。阳明在船舱中反复盘算，又拿出吏部的公文仔细揣摩，对那句“一应地方贼情，军马钱粮事宜，小则径自区画，大则奏请定夺”注视良久。

领兵平叛，成功与否倒在其次，最微妙最重要的还是处理好同中央的关系。《孙子兵法》云：“将能而君不御者胜。”然而，将在外，不被怀疑不遭掣肘可谓难于上青天，从三人成虎的寓言开始，此类记载就史不绝书。

凝思之间，船过万安。前面就是惶恐滩，文天祥《过零丁洋》里的“惶恐滩头说惶恐，零丁洋里叹零丁”说的便是此处。

该滩为赣江水路中最为险要的一段，船经此处，无不惶恐。

而此番却是赣江的枯水期，阳明的座船在江水中缓缓前行，忽见前方江面许多商船停泊不前，不知何故。

阳明命舵手将座船靠将上去，遣人打听，方知惶恐滩附近来了几百个水盗，想要打劫。

阳明哑然失笑：十年磨一剑，霜刃未曾试。多年研读兵法，摩拳擦掌，没想到第一仗要拿这股流贼试刀。

几百个流贼是少，问题是你王阳明有多少人啊？

实在有点对不住大家，总共就这一艘船，加起来三十来号人。

不过没关系，兵法的特点就是以少胜多、扮猪吃虎。王阳明令人竖起南赣巡抚的牙旗，将众商船召集到一起，一番计议，让商人们将带有商铺标识的东西藏好，把商船伪装成军船，又遣自己手下三十多个军校上岸随行，遥相呼应。

布置妥当后，排出阵势，摇旗呐喊，鼓噪而前。

出事地点转瞬即到。但见一排条木截住江面，岸边一群衣衫褴褛、面黄肌瘦的流贼大呼小叫，向被阻拦的船只喊话威胁，相当不专业。

这帮业余的劫匪看见由阳明率领的旌旗招展、声势浩大的船队，登时大惊失色，正要作鸟兽散，却已被岸上的军校堵住了去路。流贼无路可逃，就在岸边跪下，头领向阳明的座船高声道："我等皆万安各处饥民，土地遭灾，官府不行赈济，迫不得已，才出此下策，还望大人垂怜！"

不用他说，阳明已猜到了八九分，向贼众宣告："江西灾情，本院已知，定有妥善办法赈济。念尔等饥寒所迫，又是初犯，不予追究，就此各回其家，正当谋生，等候官府安顿。"

流贼们本就有组织无纪律，也没见过世面，聚到一块喝酒时也就骂骂知县一级的官员，谁要是祖坟冒了青烟有机会见到知府，回来都能吹嘘好几天。而这次，他们集体邂逅了新上任的巡抚（相当于省委书记）王阳明。

早已六神无主的贼众不作他想，听说既往不咎，纷纷丢下手头的财物，一哄而散。

商人们见有惊无险，顿感"诸葛武侯草船借箭妙计赚曹军，王文成公商队造势奇谋退流贼"。也有后怕的，说："如果对方识破了咱们，后果不堪设想啊！"

王阳明笑道："只要他们一疑，这事就没有失败的道理。"

座船离了商队，一路向赣州驶去。

第九章 南赣戡乱

冰鉴和铁腕

正德十二年（1517年）正月，王阳明抵达南赣巡抚衙门所在地赣州。

“南赣特别行政区”以赣州为省会，下辖南安、汀州、漳州、潮州、郴州等八个府。此八府原本物阜民丰，海晏河清，如今却被各省抛弃，成了山贼的乐园。

阳明到达赣州当天，即在巡抚衙门开府办事。

赣州虽地处山区，却是南北交通的咽喉。因此，巡抚衙门的规模也非其他衙门可比，有文记之曰：穹堂峻宇，高闳崇墉，规制壮丽，它镇所未有也。

然而，初到赣州，百废待兴，阳明根本无心欣赏这屹立于群山之间的恢宏建筑，而是立刻着手清理案牍，思索平乱良方。

正凝神间，王阳明突然感觉有点不对劲，又过片刻，恍然大悟：是那个在自己面前晃来晃去的书吏。

赣州被山贼的奸细包围了，连巡抚衙门也被渗透。

阳明早年与和尚道士打交道时学的相面术此刻发挥了作用，根据“邪正看眼鼻，真假看嘴唇”的口诀，他当即判断这个书吏有问题。

这天傍晚，阳明将书吏召到自己卧室，问道：“本院莅任不久，对本地的风俗民情一概不知，你常年在衙门当差，是否有所教我？”

书吏是个老油条，阅官无数，认为当官的无非两种，一种是不辨菽麦的书呆子，一种是欲求不满的贪财奴。对付前者只需哄骗惊吓，对付后者只需迎合满足。

可惜这次他遇到的是王阳明，两种都不属于。

老油条的底子在那儿摆着，书吏应对得还算得体：“蒙大人错爱，本当竭尽努力。但小人听差虽久，却从不敢过问官家的事情，怎敢有劳大人动问？”

阳明心下暗自冷笑，更加证实了自己的判断。他点了点头，道：“巡抚衙门缺的就是你这样办事谨慎的老成之人。”

书吏正暗自庆幸，讵料阳明话锋一转，道：“不知这些年来，你向山贼送了几次情报，得了多少银子？”

五雷轰顶，晴天霹雳。

仗着残存的一点老成练达，书吏强作笑脸，假装糊涂：“银子？历任巡抚都是清官，对下属爱护有加，就是从来不赏银子。”

阳明收起笑容，厉声道：“想死还是想活？想活便老老实实说真话，不得有丝毫隐瞒！”

书吏没料到这新来的巡抚竟如此洞察秋毫，心理防线顷刻崩溃，双腿一软，跪在了地上。

根据书吏的供述，阳明将赣州城内外的山贼眼线一一抓获。面对如此之多的通匪者，他一边感叹，一边计上心头。

南赣的现实是民匪一家，你不承认就是不客观。土匪们在山下都有亲人，昼则下山耕作，夜则各遁山寨。由于政府横征暴敛，山下的人不怕黑社会，就怕社会黑，最大的乐趣便是给土匪通风报信。

面对匪民一家亲的严峻局面，王阳明祭出绝招——十家牌法。

具体做法是：编十家为一甲，每甲发一块木牌，从右到左写明各户籍贯、姓名、职业。甚至详细到谁家有残疾人，残疾的部位，因何致残。每天一家轮流执勤，沿门按牌审查，遇面生可疑之人，立即报官。互相监督，互为牵制，如有隐匿，十家连坐。

此招彻底切断了良民和山贼之间的联系，不可谓不狠。

王阳明也知此法太过严苛，因此挥动如椽大笔，将《十家牌法告谕各府父老子弟》写得温情脉脉，似不得已而为之。

十家牌法看上去冷酷无情，但按照王阳明的解释，它是激发良知的妙药。人人都有趋利避害之心，所以人人都担心被别人连累，故能发挥主观能动性去监督他人。而人人都有良知，良知会告诉他不能牵累那么多人，所以他们会拒绝窝藏土匪。即便土匪是其家人，亦会令他良心不安。

要么不做，要做就做绝。王阳明着手在全省推行十家牌法。

此令一出，果然引起巨大反弹。地方官因循已久，不愿折腾，都推说阻力重重，断难执行。

王阳明不听他们饶舌，强力贯彻十家牌法。一月之内，全境肃然。

第二步，选练民兵。

狼兵靠得住，母猪会上树。

王阳明发文周边四省，请求在各县的牢头和捕快中挑选“骁勇绝群”的力士，日夜操练。有了这些新鲜血液的注入，平乱有了基本的保障。

阳明对这支民兵队伍寄予了很高的期望，称之为“精兵”。

第三步，筹措军饷。

战争就是砸钱，但指望朝廷拨饷是不现实的。明朝税赋很低，户部向来缺钱，户部尚书向来铁公鸡，在一堆觊觎的目光中早就练就了一毛不拔的本领。

王阳明清楚必须生产自救。然而，情况不容乐观，地方府库空虚（早被抢光），又不能盘剥民众，如之奈何？

拿盐商开刀。

天下太平时任你上下钻营，一本万利，赚个盆满钵满；如今国家有难，匹商有责，轮到你履行嘴上的情怀了。

古代食盐就是黄金，盐商准入门槛很高，须持“盐引”方能向政府买盐，再运到偏远地区贩卖。“盐引”相当于房地产商的“建设用地规划许可证”，不是所有人都能搞到的。

战士军前半死生，美人帐下犹歌舞。是可忍，孰不可忍。王阳明郑重宣布，盐商的冬天到了。

先礼后兵。

以前由于各方利益博弈，广州的盐商在南赣境内只有南安、赣州两个经销点。现在王阳明将广盐的行销范围扩大到全境，但盐税提高一倍。

其次，将以往散落各处的税关统一设在南安的重要关口龟尾角，既让盐商无法偷税漏税，又防止地方官贪污受贿，一石二鸟。

平心而论，商人群体在中国历史上长期处于被忽略的尴尬位置，《大明王朝1566》通过沈一石这个角色道出了明朝商人的无奈和资本主义萌芽期艰难的生存环境。但在很多时候，历史只讲成败。菩萨心肠，必须佐以霹雳手段。若剿匪失败，你可以说王阳明压榨了盐商。但他成功了，因此，之前的一切都不足为道。

避实击虚，兵以诈立

五百年前的朝廷，一堆京官盯着南赣，质问王阳明为什么还不开打。

因为他们不懂战争。

战争不是传奇，不是织田信长带着两千人就能在桶狭间砍翻今川义元的两万大军，不是《三国演义》里每当某人快不行时就“斜刺里杀出一员大将”来解围。战争是残酷的，是《猎鹿人》《野战排》《全金属外壳》和《现代启示录》。这种残酷不仅仅是结果，想象一下，当你率领一支日耗数千两兵饷的军队，在一片关山阻隔的区域疲于奔命，却连敌人的影子都看不见，那是一种怎样的感觉？

因此，王阳明不得不如临深渊、如履薄冰，先解决好后顾之忧。其实，如履薄冰不可怕，因为你已经知道冰是薄的，因此处处小心，心理准备也非常充分。可怕的是走在这冰上，却不知其是薄是厚，或者哪儿薄哪儿厚，防不胜防。南赣无疑就是一处薄厚不均的冰块：突发的危险不只是对生命的挑衅，更是对心灵的折磨。

幸好王阳明早已练就一颗不随物转、不偏不倚的强大心灵。事实证明，坚强的意志和决心可以战胜一切困难。执着的信念和无畏的心灵才是最强大的武器。

一切战斗，都是心战。接下来的所有，都只是心的延续——集中优势兵力，先易后难，攻打盘踞在福建的詹师富。

古代行军打仗都要先行占卜，以测凶吉。王阳明每天上班下班，早就发现门口那几个算命先生不对劲，演技实在太差，一看就是山贼的眼线，但在“严打通匪”的专项行动中还是留下了这几个眼线以备后用，如今他们便派上了用场。

阳明找到算命先生，扬言要向江西的横水、桶冈用兵，请测凶吉。作为一名全职眼线，算命先生虽然没看过《演员的自我修养》，但显然看过《把信送给加西亚》，将这条消息按时按需地散布了出去。

横水的谢志珊、桶冈的蓝天凤很紧张，福建的詹师富很庆幸。

只庆幸了一天，福建都指挥佥事（相当于省军区参谋长）胡琏就遵从阳明的请求，带着五千余人打到了詹师富的地盘长富村。

贼兵猝不及防，大败。余众逃回詹师富的老巢漳州象湖山据守。

胡琏率军至山下安营扎寨，遣人送信给王阳明和周边省份，要求支援。

阳明早已领兵在开赴前线的路上，行军至大伞（福建与广东交界地）附近，忽闻前方一片喊杀之声，却是福建卫指挥使（相当于军分区司令）覃桓和县丞（相当于副县长）纪镛因响应号召，讨伐詹师富，却冒敌轻进，中了贼兵的埋伏。附近的广东兵作壁上观，视而不见。

阳明提兵去救，一番厮杀，击退贼兵，己方也元气大损，死伤无计。

各路兵马终于在象湖山下会师。诸将此行都指着“墙倒众人推，破鼓众人捶”，有王阳明牵头，一人踩上一脚，就把詹师富踩扁了。没想到詹师富长期被虐，虐出了觉悟，开始积极挖坑。于是，几路官军都中了埋伏。

站在象湖山下举目仰望，但见壁立千仞，易守难攻，四下林木繁茂，乌鸦聒噪。

同样聒噪的还有军营大帐中的各路军官。

军官们用实际行动给王阳明上了生动的一课：一旦涉及自身利益，翻脸比翻书还快。

众人像讨董联军的十八路诸侯[1]一般，议论纷纷。讨论来讨论去只有一个主题：象湖山极高极险，从来没有被攻破过。结论：停止攻击，请调狼兵。

王阳明不置可否，只用实际行动告诉他们：我不是袁绍。

阳明按照诸将议论，假意上奏朝廷，添调狼兵，同时密谕诸将：“将计就计，佯言犒众退师，实则只退老弱残兵，而率各路精锐部队，潜伏于不远处的上杭，周密部署，乘敌人松懈时出击，定能直捣黄龙。”一番陈说，众将皆以为然，因为詹师富的经验告诉他，官军每次前来围剿，失败后都会撤军，屡试不爽，这次也一定不会起疑。

果然，接到探子汇报的詹师富信以为真，传令大宴三天，席间发表讲话：

1 此说法出自《三国演义》，并非史实。

事实证明，官军不是不可战胜的，一切官军都是纸老虎！不要以为渺小的，就没有力量；不要以为卑微的，就没有尊严！

可惜只激动了三天。

探子来报，贼兵已放松警惕，可以乘懈击之。阳明得悉，立即挑选一千五百名精兵为先锋，四千名重兵继后，分作三路。

二月二十九日夜，暗云肆涌，雨骤风疾。三路兵马衔枚直趋，一举夺取贼兵的险要关隘。

贼兵虽已失险，却个个骁勇精悍，犹能“凌堑绝谷，跳跃如飞”，并据险死守，扔滚木，丢巨石，负隅顽抗。

战斗从晚上持续到第二天中午，双方都死伤惨重。正胶着间，受阳明派遣由山间小道偷袭贼后的数千名士兵突然发起攻击。贼众腹背受敌，溃散而逃，被斩杀者两千余人，俘虏一千五百余人，坠入山间深谷者不计其数，詹师富也在一个山洞里被擒获。

软硬兼施，上兵伐谋

对于这场在南赣地区取得的史无前例的胜利，朝廷给予了史无前例的奖赏——白银二十两。

钱不在多，有权就行。

王阳明给朝廷上了一道奏折，从空间和时间两个方面要求更大权限。

空间：能够督调南赣全境部队，包括周边四省部分军队（作为南赣巡抚，王阳明只是相当于省委书记，总督才兼任军区司令）。

时间：只求作战成功，朝廷不能规定时限。

这种不拿皇帝当干部的行为引起朝中诸多大佬的不满，最不满的是内阁首辅杨廷和。

正嘉之际，能跟王阳明勉强打个平手之人，唯有杨廷和。

很多年后，当以杨廷和为代表的理学派在“大议礼”之争中败给以王阳明为代表的心学派时，不知会不会喟然长叹：既生杨，何生王？

不过到目前为止，和杨廷和短兵相接的还轮不到王阳明，而是王琼。

分开来看，杨廷和与王琼都属于既有理想又有手段的能臣。凑到一起，内阁首辅和兵部尚书就貌合神离、心照不宣了。

当初王琼保荐王阳明，杨廷和之所以会同意，是因为他压根儿不相信单凭一个成天讲学论道的人就能把南赣之乱给平了，因此本着打死敌人除外乱、打死自己除内患的心态，批准了王琼的举荐。

千虑一失的杨阁老终于算错了一次，王阳明打胜了。

打了胜仗的王阳明也算错了一次，他在捷报中将功劳全归兵部，只字未提内阁。

幸亏王琼鼎力支持。

为了跟杨廷和斗法，帮王阳明搬掉绊脚石（监军太监），王琼甚至不惜名节，跟朱厚照的佞臣江彬打得火热。

有了朝廷的放权，王阳明开始大刀阔斧地改革。

士兵二十五人编为一伍，长官为小甲；

二伍为一队，长官为总甲；

四队为一哨，长官为哨长；

二哨为一营，长官为营官；

三营为一阵，长官为偏将；

二阵为一军，长官为副将。

并设立牌符，上面注明“某军某阵某营某哨某队某伍某人”，平时由各级军官检查，一遇战事，则凭牌符调遣。

此法治众如寡，上下相维，所有将官都由阳明本人任命，不需上报朝廷。军队实行层层管理，令行禁止，严格有效，成为一台精密而高效的战争机器。

后世曾国藩、袁世凯治军之法，殆出于此。

王阳明在赣州城大张旗鼓地办团练，识相的山贼都躲了起来，只有陈曰能能不够，反其道而行之，对南安府进行了多次试探性攻击。

之所以这么嚣张，源于陈曰能对其老巢大庾岭有坚不可摧的自信。

然而，形胜固难凭，在德不在险。王阳明用实际行动告诉他，人生在世，你唯一可以倚仗的就是自己。

王阳明宣布，团练分成四班，训练完毕就各归本部，纵有天大的事发生，也不许踏出营地半步。经过一段时间的观察，陈曰能发现，四班团练果然严格按照王阳明的规定在轮训，作息时间比事业单位都恒定，逐渐放松了警惕。

一日，三班团练下班，却没有各回本部，而是在微弱月光的掩护下衔枚疾走，偷袭大庾岭。猝不及防的陈曰能就这样被王阳明从南赣山贼的黑名单上给划掉了。

谢志珊惶恐不安，野性大发，自封“征南王”，号称要攻打赣州的邻县南康，还找到广东的高仲仁大谈“分则无为，合则两利”的道理，与之结成战略同盟。

不仅如此，谢志珊还积极致力于科研创新，制造攻城利器吕公车，批量生产，一副随时准备转战大江南北的架势。

众官经过讨论，一致认为横水易守难攻，且谢志珊屯粮积水，广修战备，准备和官军耗上个地老天荒。既如此，不如先去打桶冈的蓝天凤。桶冈作为横水的羽翼，一旦攻破，横水必然不保。

然而，无意识的行为，往往会暴露出内心的虚弱。谢志珊的表演越起劲，王阳明对其洞察得越透彻，最后得出一个结论：攻打横水。

王阳明说服众官的说辞是：若攻桶冈，横水必救，腹背受敌，势必不利。并且，现在官军准备攻打桶冈的风声已经放了出去，湖广巡抚也领衔上奏了朝廷，谢志珊必然笃信不疑，放松警惕。此时趁敌不备，出击横水，必能一战而定。作为精神领袖的谢志珊一倒，余乱自可平息。

王阳明的谋划看似滴水不漏，但还是有一个漏洞：谢志珊周围的山贼势小，且没有合作意识，不敢在官军攻打横水时抄官军后路，但广东的高仲仁和池仲容就不好说了。

高仲仁才跟谢志珊结盟，两人打得火热。池仲容更是个狠角色，作为一名土生土长的广东人，他将广东俗语“闷声挣大钱”引入到造反事业中，创立了以“闷声造大反”为核心的行动纲领，常年广积粮不称王，低调务实，苦心经营，终成广东一霸，人称“金龙霸王”。

不过不要紧，阳明一支笔，能抵十万军。一天之内，他就炮制出一篇情理交融的《告谕浰头巢贼》，派人带着牛羊布匹，火速发给高仲仁和池仲容。

这篇用心学理论构建的文章的一字一句都直刺人内心，杀伤力极强。文章写到这种程度，已属登峰造极：

本院以弭盗安民为职，一到任就有百姓天天来告你们的状，所以决心征讨你们。可是平完漳寇（詹师富），审理时得知，首恶不过四五十人，余者皆属一时被胁迫，于是惨然于心，因为想到你们当中应该也有被胁迫的。走访得知，你们多是大家子弟，其中肯定有明白事理的。我从来没有派一人去招抚，就兴师围剿，近乎不教而杀，日后我必然会后悔。所以，现在特派人向你们说明：不要以为有险可凭，人马不少，比你们强大的都被消灭了。

平心而论，若骂你们是强盗，你们必然也会发怒，这说明你们也以此为耻。那么，又何必心恶（讨厌）其名而身蹈（践履）其实？若有人抢夺你们的妻子财物，你们也必愤恨报复。既如此，为什么要这样对待别人呢？我也知道，你们或为官府所逼，或为大户所侵，一时错起念头，误入歧途。此等苦情，甚是可怜。但是你们悔悟不切，不能毅然改邪归正。试问当初生人寻死路，你们尚且要去便去，如今死人寻生路，反而不敢，这是为何？因为你们久习恶毒，心多猜忌，无法理解我的诚意。我无故杀一鸡犬尚且不忍，若轻易杀人，必有报应，殃及子孙，何苦必欲如此？我每为你们思念及此，都终夜不能安寝，无非想为你们寻一条生路。

但是，若你们顽固不化，逼我兴兵去剿，便不是我杀你们，而是天杀你们。现在若说我全无杀你们的心思，那是在骗你们；若说我必欲杀你们，那也绝非我之本心。你们还是朝廷的赤子，譬如同一父母所生十子，二人悖逆，要害那八个。父母须得除去那两个，让那八个安生。我与你们也正是如此，若这两个悔悟向善，为父母者必哀怜收之。为什么？不忍杀其子，乃父母本心也。

我听说你们辛苦为贼，所得亦不多，你们当中也有衣食不充者。何不将为盗为贼的辛勤苦力，用之于农耕商贾，过正常的舒坦日子？非得像现在这样担惊受怕，出则畏官避仇，入则防诛惧剿，像鬼一样潜行遁迹，忧苦终生，最后还是免不了家破人亡的结局，有什么好？

你们好自思量，若能听我之言改行从善，我便视你们为良民，抚之如赤子，也不追究既往之罪行。若习性已成，难更改动，也由你们任意为之，到时我就南调两广之狼兵，西调湖湘之土兵，亲率大军围剿你们。一年不尽剿两年，两年不尽三年，你们财力有限，官军兵粮无穷，纵使你们如同有翼之虎，也难逃于天地之外！

鸣呼，难道是我想杀你们？是你们使我良民寒无衣，饥无食，居无庐，耕无牛。想让他们躲避你们吧，他们的田地被你们侵占，已无可避之地；想让他们贿赂你们吧，他们已无行贿之财。你们站在我的立场上想一想，是不是应该杀尽你们而后可？我言已无不尽，心已无不尽，如果你们还是不听，那就是你们辜负了我，而非我对不起你们，我兴兵可以无憾矣！

鸣呼！民吾同胞，你们皆是我之赤子，我不能抚恤你们而至于要杀你们，痛哉痛哉！行文至此，不觉泪下。

百里妖氛一战清

攻心术相当有效，高仲仁开始动摇，在战与降之间做简谐运动[1]。池仲容态度却很坚决：投降？拿板砖拍死他！

可喜的是，赣州附近的黄金巢和广东龙川的卢珂被感动得稀里哗啦，率众来降，发誓重新做人。王阳明将其武装里的老弱病残清退为民，只留骁勇之徒编组成一支部队，交由卢珂指挥。左右提醒王阳明，说小心其反水。王阳明摆了摆手："我用真心待他们，他们不会用伪心来对我。"

卢珂眼中的王阳明，与其说是一个军事家，毋宁说是一位人民教师。他大部分时间都在同弟子谈论心学，偶有军情呈上，也是略看一眼，继续讲课。似乎他来南赣最重要的事情不是剿匪，而是布道。

但在弟子们看来，王阳明又显得神出鬼没。一天早上，他们像往常一样

1　简谐运动是最简单、最基本的机械振动，是物体在跟偏离平衡位置的位移大小成正比，并且总指向平衡位置的回复力作用下的振动。

来向老师请安，谁知仆人说，你们老师凌晨就带兵走了，不知去了哪里。

事实上，王阳明打仗，重点不在排兵布阵，而在前期谋划。他经常把对手的心理活动算到丝丝入扣，使其乖乖地跳进事先挖好的坑。故在外人看来，王阳明善用奇兵。

与之形成鲜明对比的是曾国藩。左宗棠一辈子看不上曾国藩，觉得他智商有限，用兵不敢犯险，错失许多战机。的确，曾国藩的用兵心法就六个字：结硬寨，打呆仗。

他到任何地方安营扎寨，不管刮风下雨，第一件事就是让士兵挖战壕，用两米深的壕沟护住营盘先。围城更是如此，动辄挖几十里长的战壕，一道不行就两道，活活把里面的人困死、熬死。所以，湘军很多时候都在扮演工兵的角色，决不"浪战"，以至于深得真传的曾国荃都得了一个"曾铁桶"的外号，形容他总是把城围得像铁桶一样牢靠。

王阳明这样精打细算、替朝廷节约成本的好干部自然耗不起。他部署兵力，攻打横水。

一丝不祥的预感笼罩在谢志珊的心头，致使他一夜未睡。

抬眼望去，一轮明月正将清辉无限蔓延，铜钱般大小的昏黄湿晕像信笺上落了一滴泪，陈旧而迷糊。

谢志珊的思绪随着这景象飘忽起来。

以往的朝代只有诛灭九族之说，唯独大明朝开了诛十族[1]的先例。若非走投无路，谁愿意冒着十族尽灭的风险去谋反？

玉盏琉璃杯，绫罗飞天绘。醉卧美人膝，醒掌天下权。

这是文官的梦想。

然而文官是人，芸芸众生就不是人吗？！

谁没有妻儿老小，谁没有聚散离合，谁不曾爱过恨过悲悯过愤怒过？刚出生时，哪一个不是父母的心头肉，奈何长大后便成了社会的弃儿？！

1　十族是指在九族即父四族（自己一族、出嫁的姑母一族、出嫁的姐妹一族、出嫁的女儿一族）、母三族（外祖父一族、外祖母一族、姨妈一族）、妻二族（岳父一族、岳母一族）之外，将门生划为第十族。

所有动物一律平等，而某些动物，更加平等。[1]

此刻，谢志珊已不羡朱户，只盼归途。然而，人生就是开弓箭，射出去了便再也无法回头。

昨日种种，霜冷华重，空余落叶满阶红。

当清辉筛碎、星辰黯淡之时，官军吹响了进攻的号角。

王阳明把部队分为十路，两路机动，在黑夜悄悄埋伏到横水周边。四路为诱敌部队，在约定时间向谢志珊叫阵。最后四路是精锐部队，当诱敌部队把谢志珊骗出横水的有效防御网时，即发动进攻。而两路机动部队则快速攻陷横水隘口，将山贼的旗帜换成官军的。

当日，谢志珊被噪声惊醒，到前哨阵地察看，发现官军虽喊杀声震天，但战斗力不值一哂，辎重倒是挺多，不抢白不抢。

谢志珊带领一支军队出寨迎战，官军落荒而逃，留下一堆辎重，打开发现全是金银布帛。山贼们两眼放光，连寨门守卫也冲了上来，唯恐一无所获。

突然，远近山谷炮声雷动。烟雾之中，但见山头山腰尽是官军旗号，四下有人大喊："我等已打下老巢！"贼众大惊，以为各处险隘均被攻破，登时斗志全无，纷纷溃逃。

其实，这不过是王阳明事先安排好的几百个山民和樵夫在虚张声势。

谢志珊见大势已去，慌忙逃往桶冈，投奔蓝天凤。横水贼众，或逃或降，官兵一路追到了桶冈。

所有人一致认为应该携胜利之余威，一举捣灭桶冈。

然而，人生如果选错了方向，停止就是进步。

打仗亦然。

桶冈之所以叫桶冈，是因为它长得实在太像一个木桶。

四面青壁万仞，连峰参天。中间冬暖夏凉，气候宜人。

王阳明遍访向导，得知两个悲哀的事实：一、桶冈自给自足，撑个十年八年不是问题；二、想攻进去，几乎是不可能的。作为远近闻名的风景旅游区，桶冈屈指可数的几个入口客容量极小，且必须架设绳梯，攀登悬崖绝壁而上。贼兵只需数人守住崖巅，坐扔巨石，便可抵御进攻。

1　详见乔治·奥威尔所著《动物农庄》。

王阳明环视了一遍桶冈，由衷地赞叹道：“真是个鬼斧神工的山贼老巢。”

然而，蓝天凤属于内政型人才，打即时战略游戏肯定是“种田派”。当初湖广巡抚上奏朝廷请求三省会攻桶冈，蓝天凤就异常紧张，积极备战。讵料王阳明虚虚实实，先打横水，还把谢志珊打得落荒而逃，蓝天凤始知官军此番是玩真的了。

王阳明摸准了蓝天凤的心理活动，派出使者送去了招降信。

招降是虚，进攻是实。要让对方绝望，必先给其希望，此所谓围师必阙。

使者一番游说，并按照阳明指示告谕贼众：三日后的清晨，愿降者出冈统一接受招降。

桶冈的山贼慑于压力，多愿出降。谢志珊志向比较坚定，拒不出降。双方议论未定，蓝天凤心乱如麻，手下一主和派说：“黄金巢和卢珂被招抚后，一个回家做了生意，另一个在官军里担任指挥官，屡立战功。”言下之意是，投降只有好处没有坏处。

谢志珊制止了这种论调的扩散。他不知道的是，蓝天凤除了惧怕官军，也担心谢志珊带着横水的兄弟黑吃黑，把桶冈给兼并了。

负责把守各个关口的山贼也在观望之中，王阳明派人买通其中一两处，暗中调遣军队，鱼贯而入。

寒冬的夜晚，风雪飘摇，冷月如钩。

火光跳跃，映照着每一个人的脸。蓝天凤和谢志珊等人正围绕着是战是降开通宵会议，猛听得四下里喊杀震天。众人大惊，拼命抵抗，却挡不住如潮似水的官军。大势去矣。

蓝天凤和亲信杀出一条血路，逃到后山，打算乘飞梯遁入范阳大山。可惜，探子回报，说王阳明早在此处布下伏兵，只等蓝天凤自投罗网。蓝天凤仰天长叹，跳崖自尽。

望着漫山遍野的尸体，王阳明惨然不乐，颇有悔意地对弟子说：“如果再等几天，蓝天凤可能会出来投降，也就不必死这么多人了。”

谢志珊就擒后，雄风犹存。他难以理解，自己纵横江湖几十年，竟然栽在眼前这个弱不禁风的书生手上。

王阳明并不讨厌谢志珊，甚至有些欣赏他，虽然他是这些山贼里最能折腾的一个。

因为在这个世界上，有人想脚踩两船、左右逢源，有人想不问是非、抽身事外，但只有立场坚定的人，才可能有所作为。

谢志珊信仰坚定，遇到志同道合的好汉必定想方设法结交。好酒者纵其酒，有难者助其急，肝胆相照，和衷共济。南赣山贼中，属他帐下谋士最多。

临刑前，王阳明来到囚牢。谢志珊平静道："我看得出来，你跟之前来打我的那些官员不同。你是真的为民着想，不是打一仗就拍拍屁股走人。但我不懂，你为什么就想不明白，叛乱的根源不在我们身上，而在官府身上？"

王阳明沉默良久，转移了话题。

桶冈既平，湖广的龚福全和广东的高仲仁也先后归顺，王阳明上奏朝廷，在原先山贼盘踞的地区设立平和、崇义二县，真正实现"平定"（地区安定）。班师途中，远近乡民，沿途迎拜，皆言："今日方得安枕而卧。"

连环计

望着昔日的同行不是下岗就是改行，池仲容越来越感觉到造反是一项夕阳产业。

池仲容也是苦孩子出身，从小仗义疏财，急公好义。但他在替别人排忧解难时，丝毫没有意识到命运之锤已向自己头上砸来。

池父租赁了地主家的土地，因遇灾荒，当地主来收租时，两手空空。

地主很生气，抓了池父，告诉池仲容：拿钱赎人。

池仲容跟弟弟合计了一个晚上，毫无结果，因为没钱。正一筹莫展，县衙的衙役来征税了。

这是一番奇异的景象，因为池仲容所在的广东浰头是一个自然村落，由移居至此的百姓自发形成，朝廷没有为他们做任何事，反而在听说了有这么一个世外桃源后立刻将魔爪伸将过来，组建政府，课以重税，可谓"任是深山更深处，也应无计避征徭"。

打砸抢也就罢了，问题是衙役们抢得太多，还得让村民出人帮他们拉车，这就欺人太甚了。当晚，在家家户户的哭声里，池仲容让弟弟池仲安把村里的青壮年组织起来，抢回属于自己的东西。

池仲安无奈道：“我们没武器，所有的铁器都让他们收走了。”

池仲容平静道：“用拳头。”

从那一刻起，他便将命运掌握在自己手中，用多年积攒下来的人脉迅速扩张。一时间，三浰（浰头、浰中、浰尾）大地上，到处飘扬着殷红的蜈蚣旗，成了彻头彻尾的“无主之城”。

然而，池仲容并不快乐。走上造反道路许多年后，他不无唏嘘地对旁人说：“我现在杀的贪官都不是我真正的仇人，真正的仇人，我也不知道在哪里。”

这听上去比银河映像的电影还荒诞。

最初，池仲容并没把王阳明放在眼里。多年来，南赣巡抚换了一个又一个，他不仅毫发无伤，还被视为洪水猛兽、终极副本，无人敢刷。

直到卢珂与黄金巢投降时，池仲容才认真审视起王阳明来，因为这两个人长期与他不和，互相砍来砍去。

当池仲容看到王阳明派人四处散发的《告谕浰头巢贼》时，他感到了问题的严峻，将骨干召集起来做政治工作：我等落草多年，官府招安也非一次两次，哪回是真的？王阳明就是想设个圈套，让咱们自投罗网。

池仲容说招安是假，结果很快就被打脸——卢珂被委以重任，得到官职。

人可以不识字，但不能不识相。连竞争对手都放下了菜刀，再不有所表示实在说不过去。

于是，池仲容开始做两手准备：一方面派池仲安假装投降，刺探虚实，做缓兵之计；一方面积极备战，拨兵守险，打算顽抗到底。

《孙子兵法》早就说过：无约（条件）而请和者，谋也。王阳明一见到率众来“降”的池仲安和二百多个连走路都气喘吁吁的老弱残兵，立刻识破了池仲容的伎俩，故意问道：“你哥哥为何不亲自前来？”池仲安掩饰道：“寨子里还有很多事，等处理完毕，立马赶来。”

正好当时要向桶冈用兵，王阳明将计就计：“本院即日加兵桶冈，你既真心纳降，便给你个将功赎罪的机会。你引本部兵往新地扎营，如桶冈之贼奔逃至彼处，用心截杀，献上首级，便算你功。”

池仲安痛快地答应了。一来，跟着大部队走，能近距离观察王阳明；二来，见机行事，还可给革命同志蓝天凤通风报信。

到了新地他傻眼了。这是离桶冈最远的一个隘口，不到走投无路之时，蓝天凤根本不可能从这里突围。守在这儿，基本什么消息也得不到、送不出。

而且，新地离三浰更是十万八千里，想要跑回老巢，还得经过王阳明的控制区……

桶冈既破，池仲容越发紧张，开始大肆封官，授以各贼首“总兵”“都督”的官名，企图笼络人心。地方乡绅无不向王阳明指出：池仲容这种人只能剿灭，不可能招抚。

池仲安忐忑不安，因为他发现王阳明早就看透了自己，自己却根本摸不准王阳明：有时候他觉得王阳明就是个书呆子，手不释卷；有时候又觉得王阳明像个嗜血魔王，放完大招，横水、桶冈的战场上尸体枕藉；而更多的时候，他觉得王阳明就是个脸色青黑的病人，似乎随时都可能倒下。

正焦灼间，王阳明告诉池仲安：你回去吧。

临行前，王阳明命人拉来几大车酒肉，推心置腹地对池仲安道：“你哥哥既已答应投降，为何又备战起来？如若不降，何必派你前来，这不是羊入虎口吗？”

池仲安吓得直冒冷汗，随王阳明的慰问团回到三浰。欢迎仪式上，池仲容用早就打好的腹稿应对质问：备战是为了防备卢珂，那厮打算对我下手。

这倒是个理由。打完桶冈后，卢珂便被王阳明派回龙川，监视池仲容的一举一动。

王阳明得知后，回信给池仲容：“如果情况属实，我一定严办卢珂。”池仲容收信，冷笑不语。

不久，三浰迎来了一支工兵队伍，说奉王阳明之命开凿道路去龙川（通往龙川最近的路经过三浰）。池仲容大惊，假道灭虢的故事他还是听说过的，于是急忙回信，说自己的武装虽然弱小，但抵御卢珂绰绰有余。他又将了王阳明一军：卢珂现在是官府的人，对我虎视眈眈，到底是个人行为，还是代表官府？

王阳明让池仲容不要多疑，说：你既已投降，我何必多此一举对你动兵？如若不信，我现在就回赣州，恭候大驾。

池仲容不置可否，王阳明言出必行。他回到赣州，下令张灯结彩，大飨将士，告谕远近："今贼巢皆已扫荡，三浰新民又将诚心归化，地方自此可以无虞。民久劳苦，宜暂休为乐。"

王阳明宣布休兵，刀枪入库。卢珂从龙川回来，说池仲容必反。王阳明笑道："他根本就没归顺，又何来'反'？"

贼巢上下秣马厉兵，池仲容又收到了王阳明的信："整个南赣地区的匪患都已消除，有人说还有势力最大的你，但我告诉他们，你已经投降，只是尚未举办招安仪式。我把部队解散了，备下好酒好肉在赣州城等你，你何时来？"

池仲容见搪塞不过去，索性让池仲安带口信给王阳明，说不是自己不想来，只是卢珂这块心病没除。

池仲安转达了哥哥的话，把卢珂黑了一遍。王阳明假装愤慨，"恰巧"卢珂前来汇报池仲容的反情，王阳明当场着人将之拿下，佯怒道："你公报私仇，罪已当死，现在又挑拨离间，乘机诬陷。池仲容既已派他弟弟领兵投诚，报效朝廷，岂会再有反叛之事？！"

卢珂被杖责三十，投入大牢。王阳明当着池仲安的面，再次给池仲容写信，告诫他：我虽关押了卢珂，但他的部队还在龙川。你先不要解除警戒，以防万一。

池仲容终于有所感动，但仍命池仲安仔细侦察，一定要弄清楚王阳明是否在制订进攻三浰的计划。

池仲安有些不耐烦："赣州城已经解除武装，王阳明每天跟一帮书生谈经论道。卢珂在狱中日夜哀号，坚称你必反无疑，并请官府发文，试探你敢不敢去赣州，如若不敢，就证实了你的反情。既如此，不如主动前往，控诉卢珂罪状，官府必定更加信你，而谓卢珂等人奸诈，杀之必矣。"

池仲容反复考虑后，决定去见王阳明。他挑选了四十个彪悍的壮士作为自己的卫队，并嘱咐留守的心腹高飞甲："我走之后，要严防死守。五天之内没有消息传回，说明我已遇害，你要带领弟兄们跟王阳明死磕到底。"

困兽是不好斗的，但只要把它放出来，就好斗了。从池仲容动身的那一刻起，一切都已注定。

离三浰最近的官军开始行动，推进到池仲容的老巢。高飞甲先是惊恐，准备抵抗，但当他发现这支部队拿着由王阳明签发的缉捕卢珂党羽的檄文时，便放松了警惕。官军如入无人之境，打入池仲容的腹腔。

抵达赣州，春节的气息扑面而来，池仲容却绷得很紧，在巡抚衙门外停了下来，命五个保镖先进去——一旦情况有变，打算转身就跑。

没过多久，池仲容听见衙门里乱作一团，魂不附体，准备开溜，却被池仲安叫住了："没事，没事。王大人说你来都来了，居然不亲自去见他，明显是不信任他，瞧不起他。所以在里面摔东西，把我们都赶了出来。"

池仲容愣了愣，对一个官员模样的人道："请向王大人解释一下，我没见过什么大官，怕仓促进去，失了体统。"

那官员笑道："王大人没有官架子，你就放心吧。有请。"

池仲容指了指自己的卫队："他们一直在我身边，寸步不离，可以一起进去吗？"

那官员点了点头。

才谈上三句话，池仲容便放下了思想包袱。王阳明对他道："今日你我相见，可谓喜事一桩。我终于可以回京交差，南赣百姓从此安居乐业，你功不可没。"

王阳明提都没提投降之事，只让人安排池仲容在祥福宫住下，好生招待。

池仲容一行受到了前所未有的礼遇，白天有专人陪同游览街市，晚上有珍馐佳肴，美女做伴，以致平日饱受池仲容骚扰欺凌的地方官和百姓都看不下去了："扶贫"也要看对象啊！

手下在妓院夜夜笙歌，池仲容却不敢犯浑。他留心观察，发现果如池仲安所言：除了少量的巡逻兵外，赣州城已没有任何军队。又遣人贿赂狱卒，探查卢珂，见其戴着枷锁，咒骂王阳明昏庸。

池仲容吃了定心丸，认为只要熬到王阳明回京，便万事大吉。他不知道的是，王阳明已暗中释放卢珂，命他昼夜兼程赶回龙川，集结部队待命——以贼攻贼能减少不必要的损失，拿下三浰已成定局，王阳明要核算的是这一仗的成本。

对池仲容，他还抱有一线希望，每逢宴请，都大谈忠孝之道，希冀能激发其天良。然而，池仲容来赣州可不是来投降的，他只是自以为是地执行自己的缓兵之计。被王阳明的苦口婆心逼得急了，池仲容告辞说三浰还有几千个弟兄，如无人节制，恐生乱子，该回去看看了。

王阳明说马上就是年关，赣州的花灯远近闻名，不如看完灯会再走。

池仲容客套起来："叨扰多日，心有不安，我们还是走吧。"

王阳明叹了口气，道："你这一走，我也要回京交差，下次再见，也不知是何年何月。我这里有酒有肉，这样的好日子恐怕不多，何不多享受几天？"

池仲容的手下两眼放光。酒肉倒不稀罕，关键是山上没女人啊！他们纷纷帮腔，终于促使池仲容把出发的日子推迟到大年初三。王阳明心下盘算，估计届时卢珂已到达龙川，便不再同他拉锯。

初二的夜晚，阳明在祥福宫安排酒宴，为池仲容饯行。众贼心怀感激，觥筹交错。一想到很快就能见到阔别已久的亲人，众贼无不欣喜若狂，喝得酩酊大醉，人仰马翻。

酒宴过后，杯盘狼藉。

烂醉如泥的池仲容透过窗户，最后一次目送那轮泣血残阳的西沉……

外面渐渐热闹起来。半梦半醒间，池仲容仿佛听见了佳人的欢笑、少年的嬉闹——灯会开始了。

外面渐渐热闹起来。灯影明灭间，王阳明伫立于巡抚衙门的大堂。东风夜放花千树，烟火将夜空织成一幅幅美丽的图案。

外面渐渐热闹起来。灯火阑珊处，一队黑影披星戴月，向祥福宫疾奔而去。

池仲容醒了，心神不定。他调整了一下睡姿，重新合上双眼，将思绪撒向远方。

王阳明回到座位上，拿出一串佛珠，一边拨弄，一边闭目养神。

蒙眬间，池仲容似乎听见一阵凌乱的琵琶声，间杂着人的谩骂、马的嘶叫。他努力睁开沉重的眼皮，但见月光掩映之下，一伙黑衣人手持白刃，正在屠杀自己的同伴。

池仲容如梦初醒，悔恨交加，然而情势逼人，容不得他多想。他摸到兵器，一跃而起。

王阳明手中的念珠越拨越快，池仲容脑海中挥之不去的琵琶声也越发急促，好似银瓶乍破水浆迸，铁骑突出刀枪鸣。

赣州今夜注定无眠。灯会上游人如织，一片欢腾。然而祥福宫却并未给池仲容带来任何祥福。他挥舞着兵器，骂声不绝，横冲直撞。忽然，他只觉胸口一凉，一把利刃穿心而过。

琵琶收拨，乐声骤歇，曲终人散。一口殷红的血喷溅到雪白的窗纸上，王阳明手中的珠子蓦地停了下来。

人生一场虚空大梦，韶华白首，不过转瞬。池仲容，不是我要杀你，而是你不愿善终，自取灭亡，以致天要杀你，你认命吧。

破山中贼易，破心中贼难

王阳明集结赣州兵马，安排敢死队换上池仲容等人的衣服，向三浰进发。

贼兵被敢死队骗开寨门，猝不及防，一溃千里。南赣之乱，自此平息。

一串铃音，在王阳明的脑海中漾起了悠扬的旋律。淙淙的流水声夹杂在呜咽的洞箫里，有些低沉，有些沉寂，带着些微的伤感。是怀念吗？这片炎黄的浩土之上，神话的遗迹已然湮没，女娲离弃了自己的孩子，唯有五帝还挂念着留下自己的魂灵。在这片没有神的土地上，祈祷已是惘然。每一个人、每一个生灵，只有依靠自己的力量，才能争得宿命之外的幸福。

谋反是条不归路，詹师富、谢志珊、蓝天凤、池仲容，当初既然选择踏上这条路，哪一个没有再充分不过的理由？

人生最大的赌注就是自己。你要敢赌明天的自己会比今天好，这是一种信念。但你要明白，一旦下了注就不能反悔。

历来的赌徒，下注的那一刻，无不容光焕发，紧张兴奋。曾几何时，这些山贼还未落草为寇，他们在田间辛勤劳作，所得仅能糊口，还要饱受大户的盘剥、官府的欺凌。一天，有人跑来告诉他们，放下那沉重的锄头吧，跟我上山，你就能摆脱这无尽的痛苦。当像狗一样活着都成为一种奢望时，反抗便是唯一的出路。或许他们当中大部分人的反抗意识并不那么强烈，但摆在眼前的事实是任何一种选择都要强于继续忍受剥削，更何况来人的说辞那么具有诱惑力和煽动性，不走何为？

不要笑他们愚昧，他们只是一群输掉性命的赌徒，地上的尸体就是他们赔掉的赌注。

即使终究无法挣脱命运的束缚，即使结局早已注定，可在这过程中的悲悲喜喜，每个人的一颦一笑，却都是触手可及的真切感受。

至少，他们曾经满怀希望。

这才是南赣之乱的真相，不是官方冷若冰霜的统计数字，而是一条条鲜活生命的永久消逝。

无定河边骨，春闺梦里人。

是夜，王阳明在纸上写下了十个字：

破山中贼易，破心中贼难。

民为本，社稷次之，君为轻。沧海桑田，物换星移，一句话说了两千年，制度改了无数次，终有今日之民主共识。当民主政治在全球攻城夺池、遍地开花时，有人认为人类历史已经终结。在他们看来，民主制是人类意识形态发展的终点和人类最后一种统治形式。然而，即便如此，谁也不能打包票说，人类可以坐享民主之成，一劳永逸。因为人性没有终结，因为任何制度都不如人性古老，但都比人性更早消亡。制度不是重点，无论是独裁还是民主，抑或其他形式，皆出自人性。

历史发展到今天，生产力高度发达，粮食产量早已能够使全球免于饥荒，可仍然有人在挨饿，学者将此称为“制度性贫困”——不是资源匮乏，而是分配不公。有人宁愿将粮食倒进海里也不愿拿去给灾民纾解饥荒，为什么？因为人的优越感只有在贫富对比之中才能体现……

可叹者，良知人人都有，但很多人已无法体认，无法激活那个本然状态的良知。

良知不能明觉，其人必将浑浑噩噩，愚昧无知，骗人并遭人骗，害人又被人害，其性格亦将走向偏执狭隘，自私独裁，最终沦为欲望和他人的奴隶，昏聩一生。

是为心中之贼。

王阳明仅用一年半的时间就平定了为患几十年的南赣之乱，被朝廷擢为正三品的都察院右副都御史。他着手治理南赣，纠正民风，破心中之贼。

第一，颁布《南赣乡约》，建立约长制度，以图民众自治。

第二，大兴书院，一口气在赣州建立了义泉书院、正蒙书院、富安书院、镇宁书院和龙池书院，并亲自撰写《教约》。

第三，改革教育，提出儿童教育应诗歌、习礼、读书三步并举，强调因势利导、寓教于乐的重要性。

就在此时，老天跟王阳明开了一个玩笑：徐爱死了。

阳明走后，徐爱辞了官，在南京城外买了几间房，带着王门弟子读书论道，撺掇着出版《传习录》。

师徒俩经常书信往来，阳明劝徐爱注意身体，徐爱说你赶紧打完仗，回来跟我们躬耕陇亩。阳明说：就你那点地，种的东西都不够我们吃。徐爱说：这你就不懂了，地少税收就少，泛舟玄武湖，顺便钓钓鱼，吃的很容易解决。

言犹在耳，故人已去。

其他弟子或敏而好学，或聪慧练达，但再也没有一个人能像徐爱这么贴心，知他最深，信他最笃，并能准确无误不厌其烦地弘扬师道。因此，阳明疾呼：“天丧我，天丧我！”

天不丧阳明。

王阳明在赣州的消息不胫而走，一时间风云际会，“明矾”们又行动起来，人才济济的“王门三期”逐渐形成，几个重量级的王门弟子登上历史的舞台。

第十章 目标，朱宸濠

春风化雨气象万千

欧阳德，江西人，正德十一年（1516年）中举，正准备赴京考进士，一听说王阳明巡抚南赣，会试也不参加了，一路狂奔跑到赣州拜阳明为师，一学六年，形影不离，待阳明归浙后才参加会试，中了进士。欧阳德后为国子监祭酒，不遗余力地传播阳明心学，门人遍布天下。

邹守益，江西人。正德六年（1511年）的探花，授翰林院编修，时年仅二十一岁。后因父亲去世，回家服丧，听说王阳明在赣州，专程前往，请他为父亲写墓表。邹探花少年天才，成名过早，一般人不放在眼里，最初并没想过要拜王阳明为师。怎奈一入赣州，一听心学，邹守益如醍醐灌顶，立马拜入阳明门下。

薛侃，广东人，著名孝子。正德十二年（1517年）考取进士，尚未授官就要求回家侍奉老母，得到允许后顺河而下，半道听说王阳明在赣州，立刻掉转船头，前往拜师。回家后，兴奋不已的薛侃逢人便说自己已投入王门，搞得他哥薛俊心痒难忍，逼着他带着自己和薛家子侄举族前往赣州拜师。

门人越来越多，问题也五花八门。

学生陆澄似乎是恐怖片发烧友，收藏有《闪灵》《驱魔人》《罗斯玛丽的婴儿》等各类恐怖片，平时还喜欢讲鬼故事吓人。为了掌握听众心理，提高创作水平，他问道："有人一到晚上就怕鬼，这是为什么？"

王阳明觉得这个问题太水，回答得不咸不淡："这是由于平日做过损人利己的事。如果为人处世上不愧天、下不负人，便不会怕鬼。"

另一个叫马子莘的学生插话道："正直的鬼自然不怕，但邪恶的鬼还是会迷人！"

王阳明忍不住笑道："邪鬼也迷不了正人君子！只此一怕，便是心有邪念。心有邪念，就以为鬼会迷人。其实并不是被鬼所迷，而是被自己的心所迷。好色就是色鬼迷，贪财就是财鬼迷，其实都是被自己的邪念所迷。"

恐惧很多时候只是人对不确定的未来的一种自我暗示。通过违背良知得到的声色货利，会时刻牵引你的心，一旦它们出现异常状况，做贼心虚的你便担心失去，恐惧也就由此而生。

同样，“七情”（喜、怒、哀、惧、爱、恶、欲）里的愤怒究其原因，也不过是别人挑战了你外在的一些东西，比如身份和面子，根本不值一提。不畏浮云遮望眼，只缘身在最高层。良知明觉之人，对待“七情”，宛若阳光穿透乌云。

陆澄又问“主一功夫”：“读书则一心在读书上，接客则一心在接客上，可以为主一乎？”

王阳明开玩笑道：“照此看来，好色则一心在好色上，贪财则一心在贪财上，这是逐物，不是主一。”

关于“逐物”，王阳明打了个比方，说良知如同国君，只需端坐拱手，六卿各司其职，天下便能大治。若君主要挑选官员，就亲自去吏部，要指挥打仗，就下到连队，则不仅君王的身份荡然无存，臣工也无法开展工作。

陆澄还是不明：“圣人能够应变不穷，难道是事先有所预见？”

王阳明：“世间万物，哪能事事预见？关键在于明觉良知，见机行事。圣人之心如明镜，随感而应，物来则照，这就是主一功夫。”

一日，王阳明带着弟子在花园里锄草。

锄着锄着，筋疲力尽的薛侃突然大发感慨：“天地间的事真是不可理解，为什么善的总是难以培育，恶的却又难以除去？”

王阳明知他所指，道：“这样看待善恶，一起念便错了。天地之间，花草都是生命，岂有善恶之分？人要赏花，便以花为善、以草为恶；一旦要用草，那么草又成了善者。所以，事物的善恶，皆因人的好恶所生。”

薛侃不服：“那世间就没有善恶之分了？”

王阳明正色道：“万事万物本来就没有善恶。它之所以有善恶，全是你强加给它的。我且问你，黄金是善是恶？”

薛侃不想表现得太拜金，支支吾吾道：“应该是善的吧。”

王阳明：“这要看黄金在什么地方了。在你手上，肯定是善的，可如果它在你胃里呢？同理，同样一个人，在朋友心中是善的，而在他的敌人看来，又是十恶不赦的。”

薛侃无法反驳，只好转移话题：“老师的观点听上去很有趣，但有什么实用性吗？”

王阳明道：“当然有用，它能让你活得幸福。人们之所以感到不幸，是因为其肉体和精神受到客观条件的种种限制。而这，又是由于他们和外物产生了对立，总以自己的标准来衡量外物。于是，就有了是非好恶之情；于是，就给外物贴上了是非善恶的标签。当外物被贴上标签时，便有了生命，反过来干扰人。所以，人被客观条件限制，全是他自己搞出来的。”

薛侃若有所思，王阳明继续道：“比如你刚才对野草发出感叹，就是给它贴上了‘恶’的标签。你动气，心情不好，还谈什么幸福？而同时，即使是被你贴上‘善’的标签的事物，也会对你产生干扰，比如黄金。表面看你喜欢它、拥有它，实际上当你醉心于它时，也就被它牢牢地控制住了。它在你手中时，你过度兴奋；它离你远去时，你又痛不欲生。你被这样一个‘善’的东西左右，成为其木偶和奴隶，失去自主权，也没有什么幸福可言。”

薛侃反问：“如果对任何事物都没有善恶之分，那同佛家有何区别？”

阳明就喜欢这种刨根究底的学生，解释说：“佛家讲无善无恶，便撂挑子不管，好比门前有粪，也不扫除。我的意思是，不以成见裁量事物，不要刻意为善，更不可刻意为恶。”

薛侃还想再辩，却已理屈词穷，他望着那堆除去的杂草，眼前一亮：“既然草不是恶的，就不应除掉！”

王阳明吸了口气：“这便是佛老的意思了。草有碍观瞻，除之又有何妨？”

薛侃不解：“这样不就是刻意为善、刻意为恶吗？”

王阳明摇头：“所谓‘不刻意’，是指‘好恶’全凭天理，再无他意，也就是不要刻意同事物对立。野草破坏了花园的整洁，妨碍了你，就应该拔除。如果今天没拔干净，也不用放在心上。要是晚上想着草，想到它是恶的，动了气，便让外物主导了你的情绪。很多人不明白这个道理，舍心逐物，终日驰求于外，空劳心力，终生糊涂。”

老子说：“知其雄，守其雌，为天下溪。为天下溪，常德不离，复归于婴儿。”[1]

马斯洛说：“儿童是用非批判、非祈使和纯真无邪的眼光来看待世界的，只注意和观察事实是什么，对它并无争论或者要求。而真正的自我实现者，也是以同样的方式来看待自己和他人的。”[2]

王阳明想告诉薛侃的，无非是不要由外物来指挥自己，对内心的种种杂念和情绪也不必抗拒迎合、分别执着，凭你的良知去觉照，努力前行，自己支配自己的人生，不为物议所动。

又一日，来了个聋哑人，名叫杨茂。杨茂身残志坚，不远万里到赣州求学。王阳明通过笔谈，上了节聋哑课。

王阳明：你口不能言是非，耳不能听是非，你的心还能知是非否？

杨茂：知是非。

王阳明：如此，你口虽不如人，耳虽不如人，心却还与常人一般。

杨茂点头。

王阳明：人依靠的恰恰是此心。此心若能存天理，便是个圣人的心。口虽不能言，耳虽不能听，也是个不能言不能听的圣贤。

杨茂指天叩胸，表示感谢。

王阳明：于父母，你但尽孝心；于兄长，你但尽敬心；你只管依那颗正直之心行事，外面的人如何说你，你既听不见，也无须听。你口不能言是非，耳不能听是非，便少了很多是非烦恼，比别人倒快活自在了许多。我今日教你，只是终日行你的心，不用口去说；终日听你的心，不用耳去听。

杨茂欣喜而归。

闲暇之余，王阳明领着一堆弟子，游览了赣州附近家喻户晓的通天岩。

此景甚奇，悬崖上有一天然石洞，石洞上方有一圆孔，直透山顶，可以见天，乃当地一大名胜。

这年八月，薛侃继承了徐爱未竟的事业，在赣州出版了《传习录》，但只是今日所见之《传习录》的前半部，完整版要等到阳明过世后由他的高足钱德洪来完成。

1　出自《道德经》。

2　出自《动机与人格》。

但尽臣节所当为，何论君恩之厚薄

靖难之役。

造反利在速战，不能在短时间内犁庭扫穴，打下京城，军心便会动摇，勤王之兵也会集结完毕。

燕王朱棣现在就面临着这样的局面。他溃不成军，一直败退到了宁王朱权的封地大宁（今内蒙古自治区赤峰市）。

朱权坐拥七万同北元长期死磕的精兵，对侄儿朱允炆不念亲情的削藩极为反感，但从未想过兵刃相向。当朱棣叩响大宁城的门环时，朱权跟当地的政府官员商量了一下，允许其带少量卫士进城。

方法派[1]表演艺术家朱棣远远看见朱权，快步上前，拉着他的手哭得梨花带雨，说自己起兵是为了让皇上摆脱奸贼之手，免受佞人挑拨（指齐泰、黄子澄建议朱允炆削藩），谁知皇上不分青红皂白把他往死里打，他不愿骨肉相残，想罢兵休战，希望朱权能当个中间人斡旋一下。若真能化干戈为玉帛，他情愿当个草民。

朱权让朱棣暂去休息，但老戏骨怎么可能给他思考计议的时间？

朱棣一面密令其士兵化装成百姓混进大宁城，在宁王府周边埋伏下来，一面向朱权辞行，说自己还是去南京负荆请罪吧。

朱权挽留，说正在给朱允炆写信，替他求情。朱棣挑拨道："我细思了一下，觉得不能把你卷进来，因为你也是他身边那些奸臣要对付的对象。最好的办法就是我亲自去见他，要杀要剐，我都无怨无悔。"

朱权被哥哥渲染的悲壮气氛感染，打算出城相送。

毫无防备的他只带了几百名卫士。

朱棣拉着朱权走出很远，确认安全后，大吼一声，潜伏已久的军队一涌

1　方法派是戏剧表演艺术学派之一，主要通过演员外在的肢体和表情深入地挖掘出人性、人心的复杂性，要求演员在镜前幕后都要保持同角色一样的精神状态。

而出，解除了朱权的卫队武装。

朱权愣了愣，平静道："你不怕我的七万人马？"

朱棣狞笑不语。不一会儿，大宁城头便插上了一面"燕"字大旗。朱权被告知：王府家眷悉数为朱棣俘虏。

朱权虽怒不可遏，但不得不答应朱棣共同对付朱允炆。至于其许诺的"事成之后，平分天下"，他则不做奢望。

果然，当朱棣奇袭南京成功，夺得帝位后，当初画的大饼早就忘到九霄云外了。朱权只望找个气候宜人的地方养老，于是请求去苏州当藩王。

朱棣不许，理由是苏州非边陲，没有设藩的必要。朱权强压怒火，又请求去杭州。朱棣还是不许，说那个片区已有吴王。

挑无可挑的朱权最后被安排到南昌，戴着那顶越看越讽刺的"宁王"的帽子，敢怒不敢言地过完了余生。

待藩位传至其孙朱觐钧时，仇恨已充分发酵。朱觐钧再传位给朱宸濠时，宁王一系终于要向朱棣的子孙讨要利息了。

朱宸濠本着为天下负责的态度，认为绝不能让一个像朱厚照这样的脑残来当皇帝。他经过调研发现，就藩王造反这一高风险高回报的行为而言，成功案例有一个，就是大忽悠朱棣。失败案例也有一个，就是那个造反不成、最后被人用铜缸盖住活活烤死的朱高煦[1]。

朱宸濠虽没有前者的雄才伟略，却也不至于像后者一样弱智。他见朱厚照年近三十还没有儿子，便开始蠢蠢欲动。

偏偏时局也给了他这样一个不要脸的机会。刘瑾乱政、武宗失道就不说了，连南昌城里的术士都跑来跟他说：你有天子骨相。

朱宸濠遇到的这个术士叫李日芳，虽没有袁天罡和李淳风的理论功底，却比直播带货的网红还敢吹，说南昌城的东南方有天子气。

指望一个做了几十年皇帝梦的人有自知之明是不现实的。朱宸濠一经煽动，顿感自己没有苦其心志，没有劳其筋骨，更没有饿其体肤，一下子就天降大任了，实在有负老天所托，因此立刻打造兵器，积蓄粮饷，行动起来。

1　朱高煦（1380—1426），明成祖朱棣次子，明仁宗朱高炽同母弟。宣德元年（1426 年），明宣宗继位，朱高煦起兵造反，投降后被杀。

行动的结果就是自己的王府卫队被朝廷裁撤（明代的藩王都配有一万多人的王府卫队，以便北京出事时可以勤王靖难）。

朱宸濠很痛苦，一直熬到弘治驾崩，正德即位，才派人向刘瑾行贿，恢复了卫队。

跟朱高煦同志相比，朱宸濠的业务素质是过关的，他的问题在于运气实在太差，刚把宝押在刘瑾身上，刘瑾就垮台了，在一帮御史的参劾下，卫队又被兵部没收了。

朱宸濠痛定思痛，觉得自己还是太高调。当初为了扩建王府，不惜命人在府邸边缘纵火，火势扑灭后便可借口重修，大肆扩张。久而久之，周边百姓纷纷搬家，因为每次王府失火，都会殃及无辜。朱宸濠正好趁势低价收购他们的房产，一口吃成个胖子。

吸取教训的朱宸濠将造反工作转入地下，并遇到了他心目中的张良、萧何：李士实和刘养正。

李士实是成化二年（1466 年）的进士，官至都察院右都御史，已经老眼昏花。刘养正则是个志大才疏的举人，不甘心碌碌一生，名不见经传。

俩谋士献上的第一条计策是和平演变，即把宁王世子过继给朱厚照。等朱厚照一死，朱宸濠就自动升任皇上的亲爹了。

朱宸濠不想当太上皇，李士实劝他，说两条腿走路，不耽误。这的确是条曲线救国的方案，风险较小。

问题是难度很大。

为此，李士实替朱宸濠打通了与钱宁的关系。

锦衣卫都指挥使钱宁是继刘瑾之后朱厚照身边最红的红人。他在名刺（名片）上公然自称“皇庶子”，朱厚照玩累了常枕着其肚皮酣睡，以至于百官摸不准皇帝何时上朝时，只要派人到豹房外面候着，看见钱宁起床，便可回报众臣，迎接圣驾。

果然，同样是犯忌的话，由钱宁说出来，朱厚照也无非是嘀咕了一句：“我才三十多岁，身体健康，你们怎么知道我就生不出儿子？”话锋一转，又道，“不过宁王这份为了江山社稷的苦心很让我感动。你叮嘱江西的官员，要好好照顾宁王。”

朱宸濠没想到这个侄孙这么二，立刻要求给予他管理和调动江西卫所军队的权力，借口是为国出力，防范南赣匪乱。

朱厚照竟然同意了，还恢复了宁王府的卫队。

朱宸濠的气焰越发嚣张。他坐在王府的山寨龙椅上自称“朕”，封李士实和刘养正为左右丞相，联络鄱阳湖上的盗贼团伙凌十一和闵廿四为其效命。

造反大业，人才为本。问题是明朝立国已逾百年，早就不是打打杀杀的时代，除了盗贼根本没人愿意跟朱宸濠去搞暴动，宁王府造反集团由于招不到合适的职业经理人，长期面临人才匮乏的尴尬局面。

不仅如此，江西的官员大都对朱宸濠采取非暴力不合作的态度，个把眼里揉不得沙子的还暗中向北京汇报他的异常举动，比如江西兵备副使（相当于武警江西总队副总队长）胡世宁。

胡世宁三番五次地向北京指控朱宸濠图谋不轨：“人人都认为江西最大的祸患是土匪，但几个蟊贼能成何大事？我确信，江西如果出事，必定出在宁王府。朝廷再不派人下来调查，后果将不堪设想。”

朱宸濠根本不怕。经年累月的金钱外交，他连吏部尚书陆完都买通了。

感觉良好的朱宸濠不愿再等——两任江西巡抚王哲和董杰都被他阴死，江西镇守太监毕真已成为同党。估值这么高，不给资本市场讲点新故事？

正准备跳反，朱宸濠被刘养正拉住了，听到了日后那个经常出现在他噩梦里的名字——王阳明。

刘养正交游广泛，早年听过王阳明讲课，深服其人，不料现在却成为他最忌惮的威胁。

当王阳明在赣州准备对付池仲容时，刘养正和李士实受托造访，刺探虚实。

其实，王阳明已经留意到朱宸濠的反迹，为此还专门找新任的江西巡抚孙燧了解情况。

孙燧是余姚人，与王阳明、胡世宁同榜中举，服膺心学。

王阳明说完自己的疑虑后，孙燧很平静，半晌方道：“你从火星来吗？”

孙燧是从河南布政使任上调来的，临行前他对妻子说：“此去凶多吉少，你不必跟随，我带两个仆人就行了。你不在，我没有后顾之忧，还可以用这条命跟宁王斗上一斗。”

于是朱宸濠崩溃了。

同样是拒不合作，学过心学的孙巡抚显然比前任更加坚挺。他见招拆招、虚与委蛇，蒸不烂、煮不熟、捶不扁、炒不爆、响当当一粒铜豌豆。头痛不已的朱宸濠只好派人给孙燧送去四样东西：枣、梨、姜、芥。

孙燧知道朱宸濠没辙了，暗示他早离疆界，便笑了笑，当着来人的面大大方方地将东西吃了下去，丝毫没有要走的意思。

不仅如此，当他探听到鄱阳湖水盗凌十一和闵廿四已被朱宸濠收编后，立刻在一个雨夜率领官军突袭了二人的老巢，使其狼狈逃窜至宁王的祖坟。

孙燧想进去搜索，未能如愿，却越发坚信朱宸濠必反，在给朝廷的密奏中讥讽道："（朱宸濠）不愿做王爷，甘去做盗贼，大概是当王爷的趣味不如盗贼佳。"

王阳明的到来让身陷险境的孙燧看到了希望。

但藩王说到底还是皇室，只要朱宸濠不揭竿而起，将造反变成事实，两人也拿他没有任何办法，只好相约见机行事。

舌战腐儒

废话永远是人际交往的第一句话。

酒宴上，刘养正先是对王阳明平乱的功绩赞不绝口，又对他讲学之事大加称颂。阳明一边听他扯淡，一边耐着性子等他转入正题。

几杯酒下肚，刘养正话锋一转："宁王尊师重道，有商汤、周武的气度。先生以恢复圣学真谛为己任，我王十分钦佩，是以命我前来，一则为表敬意，二则是想投入先生门下，以求正学。"

事实上刘养正这么说也没错，朱宸濠是一个腹有诗书的文艺青年，一度跟唐伯虎打得火热，要不是他非得造反吓跑了后者，搞不好能传为文学史上的一段佳话。

王阳明开玩笑道："宁王愿意舍弃王爵，来赣州做我的学生？"（藩王

的活动范围有严格的限制）

刘养正见他不为所动，只打太极，叹了口气道："宁王去不去爵倒在其次，只是皇上总爱出巡，国事也不打理，这样下去如何得了！"

王阳明一愣：这么快就摊牌了？

还没等他反应过来，一直没说话的李士实抛出了更劲爆的言论："世上难道就没有汤武（商汤、周武王）吗？"潜台词是应该有人起来革命才对。

王阳明平静道："汤武再世也需要有伊吕（伊尹、姜子牙）来辅佐。"（很显然不是你俩）。

李士实："有汤武就有伊吕！"（这事不用你操心）。

王阳明依然平静："有伊吕还怕没有伯夷、叔齐吗？"（忠臣多得是，谁怕谁）。

刘养正见王阳明态度坚决，拉拢没戏，准备告辞。就在这时，王阳明做了一个让他日后懊悔不已的决定——让弟子冀元亨随行，去南昌为宁王讲学。

但就当时的情形而言，不可能有比这更好的选择了。

原因很简单。虽然朱宸濠备战已久，但造反毕竟不是造谣，稍有差池就将万劫不复。所以，他随时有可能因各种顾虑而放弃谋反。一旦朱宸濠不反，他就是名正言顺的宁王，想收拾一个南赣巡抚，还是有办法的。因此，王阳明话不说死——作为封疆大吏我不便擅离职守，但我给你面子，让我的学生代我去还是可以的。如果真的能用心学的力量把朱宸濠拉回正途，则万事大吉。

另一种可能则比较棘手：朱宸濠孤注一掷，坚决要反，那么冀元亨此行便可摸清宁王府的情况，收集谋反的证据，知己知彼。

冀元亨对王阳明忠心不二，当年参加乡试时，策论题是"格物致知"，他完全无视朱熹那套，只按王阳明的观点来回答，搁今天又是一篇"高考零分作文"。谁知冀元亨人品爆发，考官不拘一格降人才，愣是把他给录取了。

冀元亨来到南昌，发现局势比他想象的还糟。来历不明的人在街头成群结队地出现，拿着刀剑招摇过市，地方官则睁一只眼、闭一只眼。

朱宸濠对冀元亨倒是礼遇有加，好吃好喝招待着，引为上宾。冀元亨大大咧咧，该吃吃该喝喝，四处玩乐，每天都拿着一堆抬头为"宁王府造反集团有限公司"的发票找朱宸濠报销，一点不把自己当外人。

朱宸濠被雷到了，立刻找到刘养正，问他干吗弄了个二皮脸来白吃白喝。

刘养正提醒朱宸濠，王阳明绝顶聪明，不可能收个脑残当徒弟，不如找个机会试探一下。

朱宸濠的专长是诗词曲赋，跟魏良辅[1]讨论昆曲没问题，但对宋明理学了解很少。他翻箱倒柜找出一本张载的《西铭》，假模假式地让冀元亨讲解。

冀元亨认为朱宸濠之所以对社会不满，是因为思想出了问题，于是借题发挥，把张载的原意扔到一边，反复陈说“君臣大义”。

朱宸濠想发表一下意见，刚一开口便被冀元亨打断。他话锋一转，又开始讲“时”与“势”的关系，暗示朱宸濠最好认清时势，别做傻事。

从冀元亨的表现来看，拉拢王阳明基本是不可能的了，但朱宸濠心里清楚，得罪王阳明后果会很严重，所以他也没有为难冀元亨，只是让他赶紧收拾东西走人，别留在这儿添乱。

冀元亨回到赣州，向王阳明详细汇报了南昌的情形。王阳明没有采取进一步的行动，因为一个更重要的人正在家乡等他。

祖母岑氏。

一百岁的岑氏沉疴日久，已近弥留，只望死前能再见自己的宝贝孙子一面。

亲情为大，再说王阳明也不是墨子，非得摩顶放踵以利天下。保身才能建功，齐家方可治国，这一回，谁也拦不住他。

乞休书一上，两个人很高兴，一个人不高兴。

杨廷和、陆完很高兴，王琼不高兴。

杨廷和不喜欢王阳明，也不喜欢王琼，尤其不喜欢王阳明加王琼的组合；至于陆完，拿人钱财替人消灾，凡是顾客讨厌的，就要尽力帮之除去。因此，在这一点上两人达成了共识——让王阳明滚蛋。

但王阳明身上有“提督军务”的职务，所以能否批准他退休还要看兵部的意思。

关键时刻，王琼把具体负责此事的兵部武选司郎中应典叫到跟前，说：“我把王阳明放到南赣，给他兵符令旗和便宜行事的权力，并不只是为了应付几个山贼。一旦江西有变，还得仰仗他靖乱。”

1　魏良辅（1489—1566），是嘉靖年间杰出的戏曲音乐家、戏曲革新家，昆曲（南曲）始祖。

应典立刻会意，提醒王琼："听说福州卫一个叫进贵的千户正在煽动士兵哗变。"

于是王琼以此为由，以兵部的名义上了一道奏本，让王阳明去福建处置兵变事宜。这样一来，其职权不仅没有缩小，反而还能调动福建的军队，一举两得。

问题是，这样的奏本，杨廷和与陆完怎么可能同意？

事实是不同意也得同意，因为朱厚照同意了。

一直以来，王琼都不是一个人在战斗。

边将江彬，原在大同服役，其发迹史充分体现了朱厚照不拘一格的用人风格。正德六年（1511 年），朝廷调边军入京协同镇压盗贼，大同军中有一个游击（正四品）与盗贼作战时身中三箭，其中一箭从面部直穿出耳。该游击毫不犹豫地将箭拔出，继续奋战。

朱厚照听说后，肃然起敬。在钱宁的引荐下，江彬被召至御前，同皇帝促膝长谈，加官晋爵，乃至扶摇直上为五军都督府的左都督（相当于中央军委副主席）。

王琼有此奥援，杨廷和败下阵来也是意料中事。

憧憬光明，就不会惧怕黑暗

朱宸濠得知王阳明要走，越发猖狂。他赶制皮甲，大造火器，还打死了江西都指挥使（相当于省军区司令）戴宣。

动静搞这么大，朱宸濠想造反基本成了公开的秘密。不过不要紧，按照常理，被老婆戴绿帽子的男人总是最后一个知道奸情。

朱厚照身边的人都被朱宸濠渗透了，连给他唱戏的戏子也未能幸免，天天在朱厚照耳边夸奖宁王贤孝。公关做到这个份儿上，似已滴水不漏。

但朱厚照再脑残，还是有脑子的。他一合计，发现不对了：怎么人人都说宁王好？这不合常理啊。明朝又没有"全国十佳优秀藩王""感动明朝十大王爷”的评选活动，炒作他贤孝有什么用？夸知县是为了帮他升知府，夸知府是为了帮他升巡抚，夸藩王是为了帮他……

与此同时，御史萧淮拿着一封控告朱宸濠的密信找到杨廷和，作者是退休在家（南昌）的御史熊兰。

站在杨廷和的立场，朱厚照被群小包围，另立中央（豹房），内阁成了可有可无的摆设，如果能以最小的代价把龙椅上的这个混世魔王换掉，他是乐见其成的。但萧淮的一句话提醒了他：当初朱宸濠的卫队被恢复，你这个内阁首辅可是签了字的。如果他真的造反——

以杨廷和的政治敏锐度，后面的话已无须再说。

另外，渴望专宠的江彬打算向带他进宫的贵人钱宁下手了。他要做的事很简单：不遗余力地揭发钱宁勾结朱宸濠的事实。

朱厚照终于慌了，召开内阁会议，商量对策。

杨廷和认为，朱宸濠毕竟未反，若处理不当，倒可能将其逼反。不如防患于未然，拟旨再削宁王府护卫，使其无兵可反。

众皆以为然，于是由内阁拟旨，派驸马崔元前往南昌，撤销朱宸濠的卫队，警告其不要乱来。

朱宸濠正在筹备自己四十三岁的生日宴，听到消息，做贼心虚，马上联想到荆王朱见潇的故事。

当年，朱见潇天良丧尽，饿死母亲、活埋堂弟、霸占弟媳，庙号“孝宗”的弘治帝不能忍了，派驸马蔡震到荆王封地，将其擒获处决。

朱宸濠找李士实、刘养正商议对策。

刘养正的判断是事情没有朱宸濠想象的那么严重，崔元过来多半以抚慰为主。李士实则认为事不过三，这次再被取缔卫队，基本不用指望恢复了。

朱宸濠原本计划两个月后，也就是八月十五日起事，因为这天举行秋试，大家的注意力比较分散，现在看来只有提前行动了。于是听从李士实的建议，趁翌日江西省的大小官员前来贺寿之机，将他们一网打尽，正式“起义”。

第二天一早，江西巡抚孙燧以及分管一省民政、司法、军队的布政使梁宸、按察使杨璋、都指挥使许清等地方官如约而至。刚刚献上寿礼，就被凌十一和闵廿四率众包围了。

众官惊疑不定，却见朱宸濠满脸杀气，出现在露台之上。

该来的终于来了，孙燧毫无惧色，冷冷地盯着朱宸濠。

朱宸濠将官员们逐一打量了一遍，开始摇头叹气，一脸苦相。

众人不知他葫芦里卖的什么药，都不说话，气氛极其吊诡。

过了半天，朱宸濠才用痛心疾首的语气道："孝宗皇帝抱错了儿子啊！"

众人呆若木鸡：天啊，这种猛料你是怎么知道的？

朱宸濠见大家都被震住了，继续道："好在太后发现了。她已下密诏，让我起兵讨伐朱厚照。情况就是这样，你们看着办。"

孙燧上前一步大声道："太后密旨何在？！"

朱宸濠早就料到这个死对头会发难，没好气地道："少废话！密旨是谁都能看的吗？我现在就要去南京，尔等可愿保驾？"

孙燧厉声道："天无二日，民无二主。你放着藩王不做，却要谋反，是自寻死路，休想让我为你殉葬！"言毕，向朱宸濠扑去。

一队士兵一拥而上，将孙燧按住。按察副使许逵见状，从人群中冲出来，要救孙燧，也被士兵死死按住。

朱宸濠看了看挣扎不止的孙燧和许逵，又看了看惊恐万状的众官，道："不要以为我不敢杀人。"

许逵大声疾呼："你能杀我，天子就能杀你！你这反贼，将来必定碎尸万段，祸灭满门！"

朱宸濠大怒，喝令士兵将孙许二人押出王府，斩首示众。

其他官员，除了布政司参议黄弘和马思聪奋起抗争，力竭而死，余者皆从宁王而反。

朱宸濠不差钱只差人，虽然眼前这个造反班子怎么看都很山寨，但至少搭起来了。他志得意满，大肆封官，对外宣称十八万大军，准备发兵。而刘养正却忧心忡忡地望着远方，惦记着一个让他寝食难安的人……

王阳明接到调令，去福建处置士兵哗变。官船一路北上，行至丰城县靠岸休息，往前一百里就是朱宸濠的大本营南昌。

丰城知县向阳明一行汇报了朱宸濠的反情，众人无不色变，只有王阳明神色镇定地望着暮色苍茫的江水，半晌方道："上船。"

前往福建戡乱属于公干，王阳明已经通告江西、福建两省，朱宸濠必然知晓。他完全可以根据行程，派人在路上截杀，或者直接率大军踏平丰城。

因此，王阳明让船夫掉转船头，回吉安府，另做他图。

问题是船夫听到了阳明等人的对话，惊惶不定，不想卷入政治风波，以逆流无风为由拒不开船。

老天很不给面子，话音刚落就起了北风，于是船夫开始耍赖——我就不开船，爱咋咋地。

阳明大怒，拔剑出鞘，削下船夫一只耳朵。

船夫这才老实许多，依言开船。

江水滚滚北去，官船笨重，逆流向南几乎不动，阳明心急如焚。

暮色洒满了山川峡谷，站在船头，望着东边山头上冉冉升起的明月，阳明计上心来。

他让船夫将官船靠近一艘路过的渔船，和扈从登了上去，只留下一人虚张声势。

渔船借着月色向南疾行，官船则大张灯火在江上缓缓而行。朱宸濠派出的刺客当晚就追上了官船，却连王阳明的影子都没见着，只得悻悻而归。

扬善必先惩恶

渔船行至临江府已是深夜，王阳明登岸去见临江知府戴德孺。

临江距南昌不远，叛军朝发夕至，已得知宁王反情的戴知府愁苦不堪，见了王阳明跟见了救星似的。

戴知府苦苦挽留，希望王救星坐镇临江。

王阳明摇了摇头说："你的愿望是美好的，但现实是残酷的，道路是曲折的。临江靠江（会挨水军打），离南昌近（没时间修工事），地处南北交通要道（四战之地），基本无险可守。所以，我得回吉安调集兵马。临江就拜托给你了，万望不辞辛苦，日夜防守，如有意外，可及早通报吉安。"

戴德孺希望的肥皂泡破灭了，只好请王阳明帮忙判断一下朱宸濠下一步的举动。

王阳明说："朱宸濠有三个选择：上策直捣京师，北京方面没有准备，很可能逆转乾坤；中策突袭南京，长江沿岸血流成河，南北对峙，或未可知；下策据守南昌，坐以待毙，等政府军一到，覆灭只是时间问题。"

戴德孺又问："朱宸濠选择下策的可能性有多大？"

王阳明分析说："朱宸濠从小到大就没出过江西，眼界有限。如果他知道勤王之师准备攻打南昌，一定会死守老巢。"

戴德孺心想："我读书少，你别骗我，勤王之师连影子都没有好不好。"

阳明也不解释，只让戴德孺找来一帮书吏。他以严肃的口吻口述，伪造朝廷和地方的往来公文，大意是：两广总督、湖广巡抚以及两京兵部已分别出师，总计十万人马，于本月底合围南昌。望各地官员听从号令，配合伏击叛军事宜。

而在另一批"公文"中，又"回复"说：切莫急躁！攻城会造成巨大伤亡，不如按兵缓行，待朱宸濠出城后打歼灭战。

王阳明让戴德孺安排一些长跑健将，怀揣假公文在江西境内练习马拉松。

假公文很快被查获，宁王府上下惶恐不安，都以为官军就快杀到了，朱宸濠也心怀疑惧。本来他的先锋团已打下了南康和九江，经此一吓，不敢倾巢而出，错过了用兵的最佳时机。

王阳明离开临江，前往吉安。

吉安就是那座盛产讼棍的城市。船行过半，知府伍文定率兵来迎。

伍文定虽自幼读书，但一点也不像文人。他舞刀弄剑，脾气火暴，曾随王阳明平定南赣之乱，深服其人。他接任吉安知府后，连最无赖的讼棍都老实了许多。

王阳明不顾舟车劳顿，又开始伪造私信。他"回信"给李士实："信已收到，老先生报国之心令人感动，本官也才知道所谓从贼之事，不过是迫不得已的权宜之计。信中所教机密，我与众人商议后都觉得可行，望先生严守机密，注意安全，事成之后定为先生向朝廷请功……"

类似的信还有几份，收件人涵盖了刘养正、凌十一和闵廿四等朱宸濠的干将。王阳明写好后命人以各种方式“泄露”出去，再派人把这几位的家人接到丰城，锦衣玉食，好生照料。

伍文定疑虑道：“这有用吗？”

王阳明反问道：“先不说是否有用，只说朱宸濠疑还是不疑？”

伍文定道：“肯定会疑。”

王阳明笑道：“他一疑，事就成了。”

造反不得人心，许多官员受朱宸濠胁迫，违背良知跟他走，各怀鬼胎，必不能久。

很快，伍文定便发现朱宸濠像是被王阳明牵着鼻子在走，非常配合地往他设的圈套里钻。

为什么？

把这个问题放大，无数人集体在同样的陷阱中前赴后继地摔倒。

这就是梁漱溟把中国文化比喻为一个圆的原因：总是绕着圈跑，想不圆都不行。

能改的叫缺点，不能改的叫弱点。

于是你能发现那一幕幕历史大戏似乎都是同一个人在编剧，里面的主角争先恐后地做着同样的事。他可以叫王莽叫王敦叫王钦若，都无所谓。作为权臣，连败落时的心态都一模一样，都可以追溯到李斯临刑前欲时光倒流与其子牵黄犬复追东门之兔的悔悟。

咸阳市中叹黄犬，何如月下倾金罍？

人性恒久远，历史永流传。

此心不动，随机而行

吓完朱宸濠，王阳明铺纸研墨，平静地写下七个大字：飞报宁王谋反疏。

与表面的平静相反的是隐藏在这一举动背后的凶险。

据后来的刑部尚书郑晓回忆说，当年宁王造反时他正在杭州参加科考。

那几日江西邻近各省都有文书发到杭州，或曰南昌有变，或曰江西巡抚被害，就是没人敢明言朱宸濠造反。

很好理解。事涉宗室，情况未明之前谁也不想自找麻烦。再者朱厚照行事荒唐，朱宸濠密谋已久，搞不好就成了朱棣第二，到时候人家就不是造反而是靖难了，原先说造反的人就只有自己打口棺材往里睡的份儿了。

所以郑晓才会说王阳明此举是“不顾九族之祸”。

懂得明哲保身不难，难的是懂得什么时候挺身而出。

所有的人都站在一边并不一定是好事，比如他们都站在船的一边，最后的结果就是船翻人亡。

大部分人看见一个目标，先制订作战计划，然后匍匐前进，左闪右躲，再找个掩体……一辈子就看他闪转腾挪活得那叫一个花哨，最后哪儿也没到达。而王阳明一事当前，只凭良知去做，反倒建立了不世之功。

此刻，他传檄四方，把朱宸濠骂了个狗血淋头，替天下人辨明了是非，又以南赣巡抚的身份要求各地军政长官起兵勤王，再命伍文定派一支部队开到丰城，敲锣打鼓，宣称要进攻南昌。

朝廷接到王阳明的奏疏，立刻做出反应，将钱宁、陆完等论罪下狱，革除朱宸濠王爵，向南方诸省通报宁王反情，着令地方官配合王阳明剿灭叛军。

吉安附近的有志青年都以吉安为圆心，从四面八方赶来，只待王阳明一声令下，便为国效命。

上万人把吉安围了个水泄不通，王阳明却不见了踪影。

这帮人光每天吃喝拉撒就得消耗大量的人力物力，伍文定拖不起，赶紧找到王阳明，问他怎么不发兵。

王阳明笑着说：“时机未到。”

伍文定着急道：“现在大家士气高涨，正是出兵的大好时机。”

王阳明只淡淡道：“此心不动，随机而行，此为兵法最高奥义。”

见伍文定不懂，阳明解释说：“起初敌强我弱，需要用计拖延敌军，争取时间。如今我军实力大增，可以与敌人抗衡，但宁王经营江西多年，根深蒂固，若贸然出击攻城，必然久攻不下，人心思乱，断不可行。不如龟缩不前，示弱于叛军，引蛇出洞。然后看准时机，一举围歼，必能取胜。”

伍文定彻底服了，不再有异议，只一丝不苟地去执行王阳明的方针。

朱宸濠被王阳明困在南昌，既不见京军南下，又不见王阳明北上，天天干瞪着几个下属，看谁都像叛徒。暗中遣人一查，发现李士实和刘养正的家属都被王阳明安置得好好的，夜夜欢宴，更是气不打一处来。看到真正的朝廷诏书，才知道被王阳明涮了，气急败坏地带着八九万人，乘千余条战船沿长江而下，直扑安庆，相当默契地配合着王阳明的战略。

阳明得报后召集众官商议。

众人一致认为安庆作为长江下游的门户，一旦被攻克，则南京不保，故应立即去救。

王阳明则认为南昌距离安庆很近，即使日夜兼程，也不可能比朱宸濠先到。并且，我军训练不足，长途奔袭，必遭朱宸濠围点打援，截杀于半道，彼时南昌守军再倾巢而出，首尾夹击，则我军危矣。因此不如先攻南昌，宸濠志在南京，精锐尽出，南昌守备空虚，容易拿下。朱宸濠知道后院失火，必然回兵来救，其时我军再以逸待劳，定能大获全胜。

计划是好，问题是安庆能不能扛到王阳明攻破南昌？

据王阳明对安庆知府张文锦的了解，答案是肯定的。

张文锦一贯认为所谓敌人，不过是那些迫使自己变得更强大的人。因此，面对安庆守军只有一千人的严峻现实，他发挥演讲能力，动员百姓有钱出钱、有力出力，抵抗叛军。

一开始，朱宸濠用云梯攻城，结果被守军的石头砸得抱头鼠窜。后来他又推出比城墙高一大截的云楼，想借此跳进城内。张文锦道高一丈，直接在城墙上制造云楼，士兵立在楼顶，往下泼开水……

时值酷暑，张文锦命人在城墙上架起大锅煮茶解渴，朱宸濠挥汗如雨，气得直跳。

更令他七窍生烟的是，张文锦居然还趁夜派敢死队缒城而出，偷袭其座船。

头痛不已的朱宸濠派张文锦的老乡、降官潘鹏前去劝降。

谁知张文锦见了潘鹏，没有任何客套，直接让人砍了，并不厌其烦地碎了尸，从城墙上一块一块扔了下去。这就有些骇人听闻了，毕竟那个年代的人还是很讲乡党之谊的。

李士实再次力劝朱宸濠放弃安庆，以最快速度打下南京，在太祖墓前登基，便有了半壁江山。若等南京方面准备就绪，前后夹击，则插翅难逃了。

朱宸濠已对李士实产生怀疑，固执地道："就是因为我们已经浪费了太多时间，南京城早有预备，所以更应稳扎稳打。即使破不了金陵，也有个退路。"

樟树镇。

勤王之师集结完毕，有赣州知府邢珣、袁州知府徐琏、临江知府戴德孺、赣州卫都指挥余恩、万安知县王冕以及宁都知县王天与等人。王阳明兵分十三路，对南昌发起总攻。

誓师大会上，王阳明当着一众官兵的面，命人斩杀了十个低级军官。他们都是在之前攻打南昌县（距南昌城二十公里）的战役中畏缩不前的违令者。王阳明告诫十三路指挥官：军法无情，士兵不听令者斩长官，长官不听令者斩尔等，尔等不听令者斩伍文定（相当于剿总副司令）。

由于王阳明的宣传战和外围战打得漂亮，南昌人心思变，伍文定领着一队先锋，兵不血刃地攻破了广润门。朱宸濠的宫眷在王府纵火自焚，其子成为阶下之囚。

王阳明一进南昌，就着人张贴安民告示，并抓了几个掳掠的兵痞斩首示众。对胁从宁王造反之人，只要自首，改邪归正，便既往不咎。阖城秩序井然，就像什么事都没发生过一样。

老巢陷落的消息传来时，朱宸濠满脸黑线。

他下令回师夺回南昌，却遭到李士实和刘养正的激烈反对。

李士实认为，一旦撤兵，军心必散。刘养正也帮腔说，男儿四海为家，何必顾惜南昌？广阔天地，大有作为。

朱宸濠发作了："两个站着说话不腰疼的东西！你们的家人被王阳明款待，我的家人在南昌生死未卜！"

此乃典型的小农思想，特点是家族至上，缺乏长远规划。

这就注定了朱宸濠不可能坐视老巢被端。

于是，凌十一和闵廿四被任命为前锋，朱宸濠挥师南昌。

兵无常势，水无常形

朱宸濠就要来了，王阳明召集指挥官开会，众人一致认为当固守南昌，坚壁清野，等待援军。

王阳明摆了摆手，指出援军是等不来的。城里粮食有限，还要分给百姓，不出城迎战，必成瓮中之鳖。

他从心学的角度分析了叛军看似来势汹汹，实则已是强弩之末，不能穿鲁缟，士气低落。何况朱宸濠的部队里，大部分士兵的眷属都在南昌，心态差点的早已方寸大乱。一支心不在焉的军队，注定失败。

王阳明下令：迎战朱宸濠。

一百五十年前，朱元璋在鄱阳湖大胜陈友谅，奠定了夺取天下的基础。

一百五十年后，王阳明要在这里书写一段新的历史，一段名动天下的历史。

时维正德十四年（1519年）七月二十四日。

阳明派余恩领精兵数百支援伍文定，让他二人从正面与闵廿四交锋。徐琏、戴德孺则从左右两翼夹攻。

闵廿四的船队已经驶入距南昌不过三十里的黄家渡，朱宸濠的座船则停泊在其后不远处。远远望去，旌旗招展，连天蔽空，心理素质不过关的，吓也吓死了。

然而整整一天，鄱阳湖都安静得只剩下单调的蝉鸣，闵廿四左等右等也不见一艘敌船。炎天酷暑，蚊虫又多，士兵们开始骂娘。

使人疲惫的往往不是远方的高山，而是鞋里的一粒沙。伍文定先恶心了一把闵廿四，到了晚上才悄悄行动。

他绕过闵廿四的船队，直扑朱宸濠的主营。

眼看灯火阑珊处就是朱宸濠的座船，两岸却突然亮起了火把，喊杀之声四起。

原来，闵廿四为防止敌军偷袭朱宸濠的座船，布下了埋伏。这不能怪他，王阳明实在太狡猾，把文盲的智商都逼高了。

伍文定寡不敌众，节节败退。这可是个知府，还是王阳明的主力，闵廿四自然不会放过到嘴的肥鸭，下令全军出击，数千人压了上去。

闵廿四奋力追击，沿途见到伍文定军抛弃的盔甲和竹筏，正自鸣得意，忽闻两岸鼓号之声连天，却是徐琏和戴德孺设下的埋伏。徐、戴二人指挥船队，将闵廿四围在圆心，并不断缩小包围圈，向其撞去。

闵廿四兵败如山倒，拼命突围，仅以身免，带着几百个残兵败将硬着头皮去见朱宸濠。

朱宸濠一开始听说闵廿四又打了胜仗，正在追击伍文定，非常高兴，感觉胜利女神在向自己招手。

可惜，脸上的笑容没持续太久就凝固了——战败而归的闵廿四灰头土脸地出现在自己面前。

这一仗损失了近万人，朱宸濠极为恼火，却不得不忍气吞声。他清楚，越是危急关头，越需要有人卖命。刘养正和李士实也就是帮帮腔，撑个门面；挟持的那帮江西官员更是各怀鬼胎，指望不上。所以，能靠得住的还是闵廿四和凌十一的真刀实枪。

心念及此，朱宸濠又想到了王阳明。这个让他又恨又怕的不世之才若能为己所用，区区一个朱厚照，还不是手到擒来？当初如果晚些起事，派几个猎头再深挖一下，实在不行直接把他杀了，也不至于落得今天这般惶惶如丧家之犬。

天下憾事往往都离不开“如果”二字。朱宸濠挥一挥衣袖，在心里告诉自己“这一页揭过去”。

调整好情绪的朱宸濠上前拍了拍闵廿四和凌十一的肩膀，开始普及历史知识：“胜败乃兵家常事。当年刘邦与项羽逐鹿中原，大小七十余仗，每战必败。后来垓下一战成功，始有汉家四百年江山。本王出师以来，有赖诸位浴血奋战，势如破竹，连克九江、南康二府。今偶有小挫，不必挂怀，可早回各船休息，明日与王守仁决一死战。”言毕，将自己随船携带的金银珠宝悉数取出，分赏众人。

金银散而人心聚。军士们手捧财物，感激涕零，山呼万岁。

豁出去的朱宸濠也算想通了：跟王阳明斗不想办法难道比命长？人固有一死，死也要拉个垫背的。

他下达了一道命令：九江、南康的守城部队撤防，立刻赶来增援。

九江和南康是朱宸濠丢掉南昌后仅剩的两个据点，这道命令可谓置之死地。

但没能后生——王阳明拨去打九江和南康的军队已经走到半路。

鄱阳湖大战

七月二十五日，东曦既驾，湖面雾气蒙蒙。

王阳明让人备好弓箭和火器，率大军沿江而下。

鄱阳湖大战一触即发。

待雾气散去，伍文定的先锋终于看见朱宸濠的大军。远远望去，江上密密麻麻，一片白帆竟和水天融为一体，无边无际。

作为一部电影，这叫蔚为壮观；置身于其中，就是一场灾难。

明朝承平日久，大家对战争最近的记忆都要追溯到半个世纪前的北京保卫战。因此，对战双方的士兵几乎都没有任何经验可谈，精神高度紧张。

纵览青史，但凡交代打仗的结局，往往都说“某方溃败”，一个“溃”字很能说明问题。

真实的战争不是电脑游戏。

《红色警戒》里一个美国大兵两百块钱可以用到死，现实世界却远非如此。

很多战争不是双方血拼到底、弹尽粮绝后才分出胜负，而是刚打到一半，或者四分之一，甚至还没短兵相接，士兵就一哄而散了。事实上，在逃跑路上被砍死踩死的远远多于作战身亡的。

战争总是异常血腥和残酷，不要说士兵，便是身居高位的将军也很容易惊慌失措。东晋成帝朝的左将军司马流参战前就非常惊恐，以至于吃烤肉时都找不到嘴在哪儿，后来果然战死。

因此，如何控制士兵的恐慌情绪，对一个军队的指挥官而言，是一项相当艰巨的任务。

然而，对朱宸濠来说，这似乎不是问题。因为当天，伍文定被一个他从未见过的景象惊呆了。

朱宸濠的士兵像打了兴奋剂，前赴后继地往前冲。

这帮人面目狰狞、眼冒金光，人挡杀人，佛挡杀佛。官军抵挡不住，节节败退。

朱宸濠确实给他们打了吗啡：冲锋赏千金，负伤也有百金——全世界都找不到这么划算的买卖。只要大胆向前冲，稳赚不赔。

再加上天公不作美，官军逆风，朱宸濠借势开炮放箭，伍文定的船队刹那间被火光笼罩。

沧海横流方显英雄本色。关键时刻，伍文定不负众望。他屹立于炮火之中，岿然不动。

前方几只小船畏战掉头，伍文定大吼一声，命座船靠过去，手起刀落，将船夫砍死。

在众人惊讶的目光中，伍文定又拔出宝剑，力劈水面，高声道："此地为界，越界者立斩不赦！"

前有叛军，后有伍知府。叛军虽然凶残，可伍知府说杀就杀，剑法极准，思前想后，士兵们还是觉得向前冲更安全一些。

众人抖擞精神，重新投入战场，局势终于稳定下来。

王阳明见反击的时刻已到，命人擂起战鼓，战船全部降帆，士兵一律操桨划船，顺着水势疾驰而下，待距离一近，两军战船搅在一起，风力优势自然消除。

然而就在此时，湖中突然传来巨响。大大小小的石块、铁弹从天而降，前军防备不及，损失惨重。

原来，朱宸濠也不是省油的灯。他在远处观战，眼见情势不妙，便亮出了王牌——炮舰，实施火力压制。

这种装备有各种火炮和火箭的战船代表了当时最先进的技术，朱宸濠为了造反把棺材本都押上了，才打造了屈指可数的几艘。

效果很明显。炮舰不仅杀伤力强，其震耳欲聋的爆炸声更是极具威慑力。

天上是遮云蔽日的弓箭和碎片，水上是到处乱窜的火绳枪的弹丸，没人能在这种恶劣的环境下撑过一分钟。

然而，就在士兵们又准备掉转船头时，看见了悲壮的一幕。

伍文定的座船被火炮炸开一角，燃着熊熊烈火。伍文定立于船头，奋力撑橹，头发胡须都被炮火点燃，却毫无惧色，声嘶力竭地鼓励大家共赴国难。

悬崖勒马的是将，悬崖不勒马的是王。

见老大如此彪悍，士兵们不再退却。双方在鄱阳湖上僵持不下，竭力厮杀，直至日薄西山，也难分胜负。放眼望去，残阳如血，浮尸积聚，横亘若洲……

炮舰的弹药用尽，朱宸濠退无可退，成败在此一举。

王阳明登上座船的箭楼观战。

他闭上眼睛，耳边的厮杀声渐渐变得遥远。

这就是战争，比硫磺岛战役更惨烈，比贝里琉岛争夺战更残酷。你可以不喜欢这个面目可憎的怪物，但你没有办法不去面对它。

人世间所有的战斗，剥除各种外衣之后，都是心战。

强者和弱者的唯一区别在于信念够不够坚定。如果交战双方都是强者，那就看谁的信念更坚定。

战场之上，求死者生。

心念及此，阳明再无犹豫，派身边一个士兵去伍文定的座船传令。

伍文定接到命令，带着几只战船，冲破船阵，一一试探，终于确定了朱宸濠的座船。

王阳明接到回报，亮出底牌：佛朗机铳。

这是王阳明的粉丝、官至工部尚书的林俊送给他的。林俊在沿海为官时同外国商人结下了深厚的友谊，从葡萄牙人手中购得佛朗机铳。

由于只有一门，炮弹又少，所以要求弹无虚发。

一声巨响，朱宸濠双耳轰鸣，眼前的景象开始模糊摇晃。紧接着，座船陷入到一片火海之中。

待清醒过来，望着眼前混乱的一切，朱宸濠长叹一声，准备撤离。

炮弹用光，财物花光，办法使光，不撤何为？

朱宸濠一撤，叛军或降或散，被俘者两千余人，落水溺死者不计其数。

火烧朱宸濠

朱宸濠损失惨重，趁天色已暗，退守黄石矶[1]。

他神情沮丧，心不在焉地问身边的卫兵："这是什么地方？"

卫兵普通话不标准："王失机。"

朱宸濠咆哮道："你敢咒我！拖出去斩了！"

接下来发生的一切，再次验证了太阳底下无新事。

朱宸濠派人连夜将战船用铁锁连接到一起。时维七月，湖面水草丛生，一点就燃，鉴于朱宸濠应当是看过《三国演义》的，只能猜测他被炮弹震坏了脑子。

王阳明也没闲着。朱宸濠忙活了一宿，王阳明派人监视了一宿，待一切明了之后，计划出炉。

第二天清晨，朱宸濠起了个大早，召集主要骨干开会。

会上，他先是总结了昨天的教训，然后情绪激动地痛斥那些不顾同伴、贪生怕死的败类，还抓了几个典型，意思是要拿这几个只领钱不办事的哥们儿祭下旗。

名利似汤浇瑞雪，荣华如秉烛当风。看来，钱也不是万能的。

王阳明兵分四路，戴德孺率左翼，徐琏率右翼，另一路从岸上绕至后方包抄，伍文定则负责准备柴火和撞船，扮演黄盖的角色。

火船如约而至，叛军舰队一点就燃，火势迅速蔓延，眼看就要烧到朱宸濠的座船。

官军四起，争相进击。朱宸濠木然地望着水天之间肆虐的大火，默默地

1　黄石矶也称黄石，即今安徽省池州市东至县胜利镇黄石村。濒长江靠山岗，距安庆水路仅二十余里，古为兵家必争之地。

走进娄妃的船舱。

娄妃是娄一斋的孙女，娄一斋就是那个告诉年轻时的王阳明“圣人必可学而至”的大儒。

作为哲学家的后代，娄妃对趋势的预测比较敏锐，因此在朱宸濠起兵前曾极力劝阻。

可惜朱宸濠的偏见害了他自己。

在万恶的封建社会,女人的建议和劝告十之八九会被认为是谗言和祸水，这要拜圣贤之说及妲己、郑袖这些反面教材所赐。

女人喜欢跟着感觉走，缺乏理性思维。但正因为情感的细腻与飘散，往往能触碰到男人无法用逻辑推测的真相。

败下阵来的朱宸濠对此深表赞同。他拉着娄妃的手，发自肺腑道：“商纣因听妇人之言而亡，我因不听妇人之言而亡。”

娄妃非常镇静，带头拿出自己的金银首饰，其他嫔妃也纷纷效仿，一并交给朱宸濠，让他分与众将。

朱宸濠鼓舞了一番士气，正要下令进军，却听见周围的船上一片喧哗，一个侍卫手持一块木牌跑了进来。

刘养正从他手中夺过木牌，但见其正面赫然写着三个大字：免死牌。

再看反面，一行小字映入眼帘：宸濠叛逆，罪不容诛。胁从人等，弃暗投明。手持此牌，既往不咎。

刘养正大惊失色，将之递给朱宸濠。

三句话没有一个生僻字，读起来朗朗上口，就是要让闵廿四这样的人都能看懂。

朱宸濠一边喃喃道“好你个王阳明”，一边踱至窗边。

只见整个船队都陷入到连天火海之中，湖面上漂着密密麻麻的免死牌，士兵们弃刀丢枪，争抢木牌。

朱宸濠仰天长叹：“大势去矣！”

话音刚落，但闻船外喊杀之声四起。朱宸濠万念俱灰，回到舱内，与嫔妃一一泣别。包括娄妃在内的佳人都清楚，作为家眷，造反被抓，最好的结局也是被拉到北京崇文门的“人市”卖作婢女，那还不如自杀了断，因此纷纷投水自尽。

余众或降或逃，作鸟兽散。

朱宸濠从起兵到失败，总共不过四十二天，但着手准备却用了十多年的时间。

十多年的心血，因为一个王阳明毁于一旦。因此，当士兵将他押到王阳明的帐前时，其愤恨之情可想而知。

但他无论如何也没想到，帐中的阳明居然正在给弟子讲学——他一贯认为这种户外教学远比书院讲授来得实际生动，可以应接万物，随处体认。

当侍卫呈上捷报时，在座之人均面露喜色，阳明神情自若，只淡然道："死伤过众耳。"便又接着刚才的话头讲下去。

朱宸濠尴尬地站在原地，好不容易等阳明讲完，早已是惧恨交加。

"此我家事，何劳费心如此！"

朱宸濠瞪着王阳明大吼道，半是不解，半是恼怒。

在一个普遍唯利是图的时代，去做一件本着社会责任感而无利可图的事，注定不被人理解。

王阳明盯着他，不吭声。

朱宸濠又道："王守仁，你仔细想想，难道我不如朱厚照吗？"

王阳明依旧沉默。

朱宸濠绝望了："我欲尽削护卫，降为庶民，可乎？"

王阳明淡淡道："有国法在。"

朱宸濠痛苦地低下头，半晌方才抬头道："悔不听娄妃之言，乃有今日。望派人打捞她的遗体，好生安葬。"

这回王阳明终于点头——不为朱宸濠，而为娄一斋。

伍文定带着几个士兵抬着一个大箱子进来，打开一看，全是朱宸濠结交、贿赂朝中大小臣僚的信件。

伍文定支开众人，请示王阳明怎么办。

这个举动充分显示了伍大人不仅会打仗，而且会做官。

王阳明看都没看，大手一挥道："烧掉。"

抓住同僚或上级的把柄固然对自己有利，却不利于朝局的稳定。

然而，王阳明这一光明磊落的大度之举并没有给他带来实质性的回报，反而让他失去了日后与奸党较量的优势。

一场真正致命的考验正在前方等着他。

第十一章 应无所住而生其心

皇城闹剧

早先，王阳明的《飞报宁王谋反疏》传到京城时，百官无不惊骇，聚在午门外议论纷纷。

王琼走了过来，道："诸位不必惊慌，有王守仁在，宸濠被擒只在旦夕之间。"

众人用诡异的眼神瞧了瞧他，没人接话。

王琼自讨没趣，闷声离开。

田和谋反时最紧张的是齐康公，梁王谋反时最紧张的是汉景帝，郭威谋反时最紧张的是刘承祐，朱棣谋反时最紧张的是朱允炆。

据此推测，朱宸濠谋反时最紧张的应该是朱厚照。

事实恰恰相反，朱厚照不但不紧张，还很兴奋。

长期以来，朱厚照就有一个埋藏在心底的梦想：巡游江南。

可惜每当他流露出这一意图时，那帮毫无情趣的文官就开始顾左右而言他，将其美好的愿望扼杀在襁褓之中。

幸好朱厚照不是孤军奋战。

在江彬的撺掇下，朱厚照让司礼监传旨给内阁：宸濠谋反，上逆天道，下悖祖宗，遣总督军务威武大将军镇国公朱寿领各镇军马前往征剿。

朱寿就是朱厚照，取这样的名字并不代表就能长寿，朱厚照便是例子。

内阁对这样的脑残圣旨早已见怪不怪，一切按既定章程办——抗旨。

不抗不行，六科、都察院、翰林院有的是愤青，不抗这帮人就会骂你没骨气、谄媚、专权、惑主，一直喷到你羞愤难当，引咎辞职为止。

不过抗也有抗的技巧，虽然朱厚照一贯不靠谱，但人家这次是有名正言顺的理由的——平乱。而且，皇帝御驾亲征并非没有先例——"这江山是我朱家的又不是你内阁的，不让我去，那你去平平看！"

于是，内阁的大佬开会研究了一下，决定玩文字游戏。

杨廷和上书说：第一，天子亲征必是奉天征讨，谁敢言“遣”？内阁没有办法拟这样的旨。第二，宸濠谋反，传檄各地，打出的旗号是“皇上失政”。我和内阁的同僚都没有听说过“威武大将军”这一称呼，不敢拟这样的旨使皇上的圣名再受玷污。

杨廷和清楚，以朱厚照一意孤行的性格，拦是拦不住的，他的目的只有一个——拖。

四百年后的中华民国外交总长陆徵祥在面对两难的困境时用的就是这招。据顾维钧口述，当时日本威胁袁世凯签订“二十一条”，袁世凯身陷日本的淫威和国内的舆论之间，左右为难。陆徵祥颇能揣摩上意，每次跟日本人打交道，都显得热情而多礼。会议之前请坐、喝茶就需要几十分钟，再把会期减少，每周一会，而会议程序却无限拖长。“二十一条”也着实不少，一条一条慢慢研究，而且中日文化有那么多交集，其间聊一聊围棋、侃一侃历史，不也其乐融融嘛。都是给政府打工，何必那么严肃？

拖是中国人在搞不定一件事情时的传统智慧，现在搞不定不代表以后也搞不定，拖一拖不就拖出王阳明了嘛。

很快，王阳明的捷报传回北京。

这实在不能怪朱宸濠。不是叛军无能，而是王阳明太鬼。

江彬急了，压下王阳明的捷报，力劝朱厚照亲征。在江彬看来，宁王府有两大宝，一个是大家口耳相传的天量财富，一个是央、地文官勾结朱宸濠的证据。

朱厚照执意南巡，群臣死谏，一百多人伏阙痛哭，惹得江彬勃然大怒，当廷杖责。锦衣卫授意个个下死手，杖死十多个文官。

金吾卫指挥使（相当于三军仪仗队队长）张英为义气所激，光着膀子挟两大袋土拦路哭谏。不从，即拔刀自刎，血流一地。侍卫见其未死，问他挟土袋作甚，张英道：“恐血污帝廷，以土掩血。”

言毕气绝。

朱厚照也被激怒了：你爷爷的，一个个端着铁饭碗混日子，偏要阻拦朕创业！

他力排众议，将内阁一分为二：杨廷和与毛纪坐镇京师，梁储和蒋冕随行。

另命边将许泰为副将军，太监张永、张忠提督军务，率京军一万余人，浩浩荡荡，杀奔江南。

本来从京杭大运河走水路南下较快，但朱厚照却选择顶着八月天的太阳走旱路。

可能有人会不屑道：这有啥奇怪的，他又不是第一天脑残了。

但此举确实不能简单地理解为朱厚照不走寻常路，而是张忠为了向自己涿州老家的父老乡亲炫耀，光荣地继承了英宗时的死太监王振的优良传统：常回家看看。

虽说这回没惹出个土木堡之变，却使朱厚照收到了王阳明的第二封捷报。

在这封捷报里，阳明苦劝朱厚照回銮，为了增强效果，还绘声绘色地恫吓说：当初朱宸濠举事时就料到陛下会御驾亲征，布置了很多亡命徒埋伏于道旁，想重演博浪沙椎击秦王之故事。

问题是王阳明多年不在北京，不了解朱厚照的脾气。人要的就是刺激，巴不得多些阿猫阿狗给他练手，吓是吓不尿的，只能让他更兴奋。果然，江彬给出了火上添油的建议：这不正说明余党未尽吗？

因此，朱厚照的批复只有一句话：元恶虽擒，逆党未尽，不捕必遗后患。

宇宙坏死，良知不灭

行至保定，烈日炎炎，宫里的宦官经不起折腾，走不动了，停下来休整。

江彬召集许泰和张忠开会，传达朱厚照的最新指示：皇上要跟朱宸濠约架，在鄱阳湖上亲手将之捉拿。你们俩带着威武大将军的手牌去南昌，让王阳明放人。

两人领命而去，直隶巡抚伍符则带着一堆高级官员巴巴地赶来，和保定的官员一起设宴接待皇帝。

伍符的官位是在长期的酒精考验中喝上去的，人称“斗酒不醉”。

朱厚照一听有“酒神”在场，立刻吆喝着要和他 PK。

江彬推波助澜，伍符却有些胆怯。喝酒他没问题，问题是和皇帝斗酒，这不是在太岁头上动土吗？因此一味推让。

朱厚照最讨厌人磨磨叽叽，脸色开始不好看。江彬不断起哄，伍知府心一横：豁出去了！

猜拳行令是伍符的专长，酒兴一来，便忘了对方的身份，越战越酣，连连得胜。江彬等人平日里总是输给朱厚照，今日见有人替他们出气，无不喝彩鼓劲。

朱厚照被连灌几盅，脸上开始冒汗。他见猜拳不是伍符的对手，便提议抓阄。

真是点儿背不能怪社会，朱厚照抓阄也输得一塌糊涂。望着扬扬得意的伍符，恨不得抡起酒瓶砸过去。

但朱厚照是一个讲原则的人，即使颜面扫地，终究忍而不发。

江彬兴奋了半天，忽然想起自己的本职工作——察言观色。在他看来，什么江山社稷、军国大事都是虚的，皇帝的心情才是最实在的。只要朱厚照高高兴兴，自己的小算盘就都能打好。

回过神来的江彬一看不得了，朱厚照已处于崩溃的边缘，于是赶紧给伍符使眼色。

正在兴头上的伍大人会错了意，越发得意，步步紧逼。

政治上可以犯罪但绝不能犯错，眼看伍符就要铸成大错，江彬急中生智，假装醉酒，将伍符扑倒在地，对着他的耳朵小声道："书呆子，该输了！"

伍符大惊，立刻调整好情绪，晃晃悠悠站起来，继续抓阄。结果每抓必输，判若两人。

伍大人似斯坦尼斯拉夫斯基[1]附体，表演得无懈可击。朱厚照丝毫没有看出破绽，乐不可支。

乱世就是舞台，演技才是王道。

九月初，旅行团来到山东境内京杭大运河沿岸的繁华都市临清，继续扰民。

南来北往的船只、鳞次栉比的商铺、笙歌悠扬的青楼、人声鼎沸的茶馆，

1 斯坦尼斯拉夫斯基（Stanislavski，1863—1938），俄国演员、导演、戏剧教育家、理论家，《演员自我修养》的作者。

看得朱厚照眼花缭乱，手舞足蹈。

驻跸临清是江彬担心王阳明急于北上献俘而做的临时决定——从临清上船走水路，加快行程。因此，临清的地方官没有任何思想准备，就要直面几万人的吃住问题，在伙食和住宿的安排上显得有些草率。

江彬极为不爽，各种挑刺。朱厚照倒很随和，吃得津津有味。

千里不同俗。临清经济发达，又属于文化强省山东，官员的素质和骨气，自是与保定不同。

随行一个叫黎鉴的宦官，擅长离间。其亲戚在山东做官，因贪赃获罪，官府正索要赃款。

黎鉴见山东巡抚王翊也来临清接驾，便于席间将其叫到一边，暗示他给个面子，包庇一下自己的亲戚。

谁知王大人不买账，不等黎鉴说完就一口回绝了。

黎公公毕竟不是刘瑾，可以一手遮天。他耐着性子威逼利诱，王大人就是不从，二人争吵之声越来越大，惊动了朱厚照。

不等朱厚照过问，黎鉴就拿出了撒手锏——离间，说王翊侮辱了自己。

朱厚照大事不糊涂，摆了摆手道："别说了。王翊是个好官，不要难为他。"

黎公公没占着便宜，只好作罢。

朱厚照在临清折腾了二十多天才起驾。得知消息的临清市民热泪盈眶，夹道欢送，满心喜悦溢于言表。

讵料天有不测风云，朱厚照突然又决定不走了，如遭晴天霹雳的群众用愤怒的目光盯着传令官，让他给个说法。

因为一个叫刘良女的女人。

刘良女并非良家妇女，是个艺妓，把朱厚照迷得死去活来。

虽说朱厚照在他短暂的一生中辛勤耕耘，阅女无数，但只有这一个才是他的真爱。

因为张忠的虚荣，大军最初打算走旱路南下。刘良女娇嫩，不习鞍马，就没有随行，而是从头上拔下一根簪子交给朱厚照做信物。如果朱厚照由旱路改水路，便以此簪为凭，刘良女见簪而至。

如今改走水路，朱厚照想起这茬儿，却发现簪子不见了。

仔细一想，自己出京时就跟刚出笼的猩猩一样欢快，纵马驰骋，兴奋过头，搞不好就是那会儿把簪子给蹦跶没了。

相思成狂的朱厚照顾不得多想，立刻遣人火速返京去接刘良女。

岂料刘良女耍小性，对来者说不见簪子不从命。来者无奈，只好据实回报。

朱厚照将复命之人大骂一通，随即又露出甜蜜而幸福的微笑，搞得周围的人面面相觑，大惑不解。

坠入爱河的朱厚照见刘良女对着自己隔空撒娇，正陷入满足和自恋之中，根本懒得理会那些异样的目光。

政治即人事

意淫解决不了实际问题，心痒难当的朱厚照不顾众人阻拦，把军队扔给江彬，带上几个亲信，驾着一只快船，向北疾驰而去。张永则率两千人马沿运河至杭州，驻扎恭候——朱厚照“生擒”朱宸濠后，要和刘良女来此度蜜月。

王阳明待在南昌，度日如年。

拼死拼活抓住了朱宸濠，却不许献俘，一帮人蝗虫过境般往南昌赶，搞不明白想干啥。

最令王阳明难受的是，岑氏已于上个月去世。为了平叛，他失去了给祖母送终的机会；为了等朱厚照，现在连奔丧的权利都被剥夺了。

年迈多疾的父亲剩下的时日也已不多，自己却不能回家尽孝。莫非历朝历代“以孝治天下”的口号，意思其实是只许皇帝一个人尽孝？

各种版本的流言纷至沓来，有的说朝廷怀疑王阳明暗通朱宸濠，有的说许泰和张忠有把柄在朱宸濠手上想杀人灭口，更有的说朱厚照早就料到朱宸濠要造反，之所以忍而不发，就是想等他公开起事后亲自将他擒获，现在却被王阳明抢了先机。因此，王阳明要是聪明的话就把朱宸濠放了，让他重整旗鼓，和朱厚照再在鄱阳湖上打一仗。

一夜之间，前任宁王、政治上的异见分子朱宸濠变得奇货可居，谁都想要。

王阳明哭笑不得。

南昌又下雨了。

画檐滴落，帘外雨潺潺。繁花散尽，王府庭芳残。

宁王府的废墟给那些惺惺作态的文人又提供了一处大发黍离之悲的绝佳场所。然而，又岂止是这一处场所？照朱厚照这么折腾，难保有朝一日大明朝不会重现“南朝四百八十寺，多少楼台烟雨中”的景象。

不能坐以待毙，南昌经不起折腾，江南经不起折腾了，必须主动出击，把朱宸濠交给朝廷。

然而，皇帝钧旨已下，大军行程不明，如何献俘？

关键时刻，阳明的故交乔宇给他提供了可靠的情报。

乔宇时任南京兵部尚书，张永等人一入南直隶，其行军路线和日程安排就尽在其掌握之中。

乔宇深知王阳明的困境，立刻派人将情报传达给他。

王阳明权衡利弊，决定去杭州，找张永。

原因有二：第一，张永曾经配合杨一清扳倒死太监刘瑾，多少有些是非观念；第二，张永被江彬、许泰和张忠孤立，可以争取过来。

第二条判断王阳明全凭直觉。没办法，时间无多，只能赌一把。

迟则生变，当晚就走。阳明押着朱宸濠，一切从简，一小队人马踏着月色悄无声息地离开南昌。

一路经东乡，过贵溪，来到广信。

当年贬谪龙场，途经广信，蒋知府不畏人言，捧着好酒专程到船上与王阳明畅饮，此等君子之交，着实令人感动。

如今，蒋知府已不知迁往何处，王阳明正对着当年泊船之处感慨万千，一个锦衣卫千户领着一队人马追了上来。

原来，阳明走后两天，许泰和张忠的部队便到了南昌，在得知王阳明已押着朱宸濠前往杭州后，立即派锦衣卫持威武大将军的手牌前去截人。

王阳明望着这个冷若冰霜的锦衣卫千户，暗自叫苦。

明朝的很多部门都渗透着腐败，但它的秘密警察却很高效。望着千户停马，下马，向自己走来，阳明脑海中转过无数个念头。他一遍遍地问自己：

这就是结局了吗？如果是，那就尽人事，听天命吧。如果不能绝处逢生，那就把最后一场戏演好，但求无愧我心。

阳明笑着迎了上去，一番寒暄，把他拉到了一边。

情势危急，只能行贿，可兜里只有五两银子，这对一个锦衣卫千户来说根本就不是钱。

没有第二条路可选，摆在眼前的难题就是如何用五两银子买通一个见惯了几百两红包的国安中层领导。

果然，当阳明热情地拿出银子时，千户认为这是对自己的羞辱，一把推开，拒不接受。

中国人对同类由于情绪变化而引起的面部表情的微妙反应有着异乎寻常的敏感，因此，越是尴尬的情境，越能考验当事人脸皮的厚度。

锦衣卫千户见过形形色色的人，有嘴上主义、心里生意的官混子，有郁郁不得志、苦大仇深的愤青，但像王阳明这样面不改色、执着无畏的人，他还是第一次见到。

阳明不卑不亢，依旧热情，拉着他的手道："我在正德初年为刘瑾所害，下过锦衣卫的诏狱，见识过不少镇抚司的校尉，却从未发现像你这般轻财重义的。出行匆忙，身边只有这区区几两银子。你们当差辛苦，本想着礼轻情重，你却执意不收，说实话，我既惭愧又感动。在下没有别的特长，只于文字上有点心得，改日必定好好写篇奏疏奏明皇上，让满朝文武都知道你的为人。"

该千户奉命前来截人，对个中内幕并不知晓。此刻见王阳明好言相劝，又在他眼中看见了不一样的东西，那是执着的信念、坚定的立场，是一种不容分辩、不可抗拒的力量。他服了，告辞而去。

太刚则折，太柔则废，王阳明用恰到好处的气场度过了危局，继续向杭州进发。

坚挺以待，动转得势

金秋十月，残荷听雨。王阳明却顾不得欣赏西湖的美景，径往浙江镇守太监衙门去找张永。

张永闭门谢客，谁都不见。

王阳明执意要见，门卫只得进去通报，半晌回报说："张公公让您回江西去。"

门重重地关上了，王阳明的心凉透了。

早就可以撒手不管，甚至连平叛都不是他分内之事，何苦这样一而再，再而三地自讨没趣？

已届知天命之年，像他这把年纪的很多官员早已看透，都在为自己谋划，安排晚年。

想想也是。世事无常，什么都是假的，真金白银才是最实在的，谁还像王阳明一样为了虚幻的苍生大义奔波劳碌？

世上之事，了犹未了，终以不了了之。得过且过的人多了，就形成一汪绝望的死水。

你不关心政治，政治肯定关心你。王阳明是在为江西的百姓争，更是为自己争，他奋力砸响了门环。

门刚开一条缝，就被王阳明一把推开。他一边快速往里冲，一边呵斥道："我见张公公有机密大事，误了事你们哪个担待得起！"

来到大厅，却不见张永的影子，王阳明大声道："张公公，我有国家大事与你商议，为何躲着不见！"

张永不是慈善家。他对文官集团既不憎恨，也不亲近，和杨一清联袂主演倒刘大戏主要还是出于自身利益的考量。对王阳明，他久仰大名，但在目前的形势下（被江彬排挤），会见毕竟有风险。

不过，思量再三，他还是决定一见。

王阳明没有退路，也没有任何资本。有的，只是一片冰心。

他向张永挑明了两点：第一，江西经过南赣之乱、宁藩之乱，民力已疲，再经不起京军这么折腾。若百姓不堪重负，逃窜山谷，相聚为乱，则江南局势必将不可收拾。第二，皇上久离京师，如有奸党窥测，趁机煽动，天下定成土崩瓦解之局。

张永清楚王阳明所言非虚，深受感动，但又能如何？你我皆是被时代潮流卷进来的人，根本出不去。离开了潮流，什么都不是。

以正德朝论，朱厚照就是潮流，还是一股随心所欲的汹涌澎湃的狂潮，你要做的不是中流击水浪遏飞舟，而是顺流直下因势利导。只有这样，事情才有可能挽回。不然朱厚照一动怒，群小一挑唆，事态只会更恶化。

他告诉王阳明："江彬等人撺掇皇上南下，必须有个由头。现在朱宸濠被你擒了，南下变得名不正、言不顺，所以要你释放朱宸濠，好让他们师出有名。你不放，他们就构陷你，说你早就勾结宁王，只是察觉情势不对，才临时倒戈。"

王阳明看得出，张永是公忠体国的，于是道："我一身清白，望张公公代我向皇上解释。"

张永沉思半晌，终于下定决心："你把朱宸濠交给我吧。"

王阳明等的就是这句话。将朱宸濠交给张永看押后，他就跑到西湖边上的净慈寺休养身体去了。

张永给朱厚照去了几封密信，替王阳明洗脱罪名，却杳无音信。

原来，朱厚照驾着快船几天就到了通州。他将船停在张家湾，命人星夜赶赴紫禁城，去接刘良女。

刘良女见了来者，吓得花容失色——皇帝单舸来迎，若有闪失，后果不堪设想。

也不要什么信物了，赶紧奔赴张家湾，跳上朱厚照的座船。

朱厚照回到临清，带着京军继续南下，来到扬州。一路上，江彬都在不遗余力地抹黑王阳明，说他勾结叛贼，反朝廷反社会。

张永得知后，以最快的速度带着囚车面见朱厚照，为王阳明辩解。江彬不阴不阳道："王阳明就在杭州，近在咫尺，为何不亲自献俘？怕是心中有鬼吧。如果皇上下旨召见，他必不敢来。”

朱厚照来了兴致，要试探一下王阳明的忠心。

谁知王阳明接旨后立刻动身，直趋镇江，打算由镇江渡江前往扬州。

镇江不仅盛产香醋，更盛产世外高人，比如杨一清。

此人绕不过去，必须要拜访，原因有三：

第一，当年正是因为乔宇托了杨一清的关系，才把王阳明从龙场给捞了出来。

第二，杨一清和张永关系密切，既然结交了张永，过来打声招呼也是应该的。

第三，人家毕竟是老江湖了，现在形势这么乱，听听老人言总没有错。

对于王阳明，杨一清是爱恨交加。

所恨者，其“异端邪说”也；所爱者，其政治与军事才能也。

阳明以晚辈身份拜见，杨一清见他态度诚恳，交了底：你根本见不到皇上，赶紧回南昌主持大局吧。

果然，圣旨很快下达：王阳明不必前来。不仅如此，朱厚照还主动示好，让王阳明代理江西巡抚一职，并擢升伍文定为江西按察使。

但这一切是有条件的：王阳明你得重写一份捷报。

王阳明明白了。为了让朱厚照早日回京，他冒着被同僚不齿的风险，重写了一份捷报。

于是，“总督军务威武大将军”粉墨登场。他运筹帷幄、决胜千里，在紫禁城里待着，就遥控了江西的战事，简直就是姜子牙转世。

环绕着这尊神的，是以江彬为首的半神，虽然比神差点，却也个个法力无边。至于王阳明、伍文定之流，不过是这些神的棋子，不提也罢。

这回朱厚照满意了，江彬也不吱声了。

十地菩萨

朱宸濠被移交给朱厚照。

在南京兵部尚书乔宇的主持下，南京城郊的演兵场举行了一次令人大跌眼镜的“受俘仪式”。

京军和南京驻军排成阵势，旌旗招展。乔宇手持令旗，哭笑不得地站在阅兵台上。端人碗，受人管，再不乐意也得装模作样地陪皇帝做游戏，权当是搞团建了。

乔宇见队伍已排列整齐，令旗一挥，登时鼓角齐鸣，军阵的西南角闪开一条道，一将拍马持枪，冲入阵中，正是朱宸濠。

令旗又一挥，军阵的东北角也闪开一条道，一名头戴冲天冠、手舞大砍刀的将领冲将进来，却是朱厚照。

朱厚照扑向朱宸濠，朱宸濠做了一个挺枪而刺的假动作。朱厚照侧身让过，随即猱身上前，抓住朱宸濠的腰带，大喝一声，将其摔落在地。

场上欢声雷动，等候多时的武士赶紧冲上前去，将朱宸濠五花大绑押走了……

花开两朵，各表一枝。

这边许泰和张忠听说了皇帝对王阳明的处理结果，愈加愤恨。

尤其是许泰。无粮不聚兵，几千号京军，当初是看在钱的面子上，才跟他折腾到南昌。

粗通文墨的人都还记得王勃为旅游文化名城南昌撰写的宣传词：物华天宝，人杰地灵。

地灵个头，实地一看才知道什么叫“尽信书不如无书”，昔日的“豫章故郡，洪都新府”早已是穷街陋巷，民生凋敝。

许泰给士兵们画的另一个大饼也没实现，那就是被大家意淫了无数次的宁王府。

在那个信息技术还不发达的时代，宁王府简直就是财富和美女的代名词。

谁知等待他们的是一堆废墟。

这个心理落差实在太大，许泰脸上挂不住了，跟张忠坐下来一合计，矛头指向了王阳明。

很明显，南昌的地方官是不喜欢许泰和张忠的，但由于敢怒不敢言，一个个愁眉苦脸要死不活的，搞得许、张二人很崩溃。

更让人恶心的是伍文定，此人苦脸倒是不摆，却完全一副要打架的姿态。许泰就纳闷了，自己打了一辈子的架，除了蒙古人，还没见过像伍文定这么狠的。考虑到人身安全，他下令把伍文定关了起来。

张忠盘算的是另一个人——冀元亨。

冀元亨去宁王府讲学尽人皆知，用他做打击王阳明的突破口再合适不过。

张忠命人对冀元亨严刑拷打，想在他“被自杀”前撬开其嘴。没想到这个算盘落空了，强硬无比的冀元亨反倒把逼供的人搞得胆战心惊。

万般无奈的张忠只好趁王阳明还没回来，命人将冀元亨秘密遣送北京，寄希望于镇抚司的专业审讯人员。

冀元亨前脚刚走，王阳明后脚就到。

京军在许泰的煽动下，早已对传说中的王阳明恨之入骨，好不容易把他老人家“盼”回来了，一腔怒火终于有了发泄的目标。

从早到晚，士兵们直呼其姓名，谩骂不绝。更有甚者，直接去巡抚衙门门口挑事，故意挡道，出言不逊。

阳明非但置之不较，反而好言相劝，以礼相待，还经常安排酒肉，犒赏京军。许泰每闻此信，都下令士兵不准接受。

没关系，人情不是一锤子买卖，慢慢来。

阳明每出，遇到京军长官，必定停车慰问，亲切异常。

京军不服水土，纷纷患病。阳明则重金聘请南昌最好的医生治疗。病殁者，一概给予厚葬。

远人不服，则修文德以来之。王阳明在这方面做足了功夫。

天气渐渐转冷，阳明找来南昌城的几个大户。

大户们在乡下都有房产，阳明说服他们暂居别处，把城里的房子让给京军过冬。

日久见人心，京军终于被感动，从最初的一口一个“丫的王守仁”到后来毕恭毕敬地喊一声“王都堂”，许泰的阴谋又破产了。

问题是几千号京军总这么在南昌挤着终究不是回事，也不能总指望老百姓故作欢天喜地状——必须在群众产生不良情绪前想出办法。

春节快到了，南昌新经丧乱，死了不少人，百姓们开始了祭祀活动。

王阳明计上心头，让宣传部门广贴告示，说大家在祭奠亲人时不要忽略了还有一批不能和父母相见的孩子——京军兄弟。

白幡招展，泣涕涟涟，人民群众用他们自己的方式寄托了对亲人的思念。触景生情的京兵也加入到哭祭的行列，一时间哀声遍地。

一位士兵深情地说：我们久离故土，思乡心切，今天受到南昌居民的感染，大家都要求返乡尽孝。

京军思归，许泰扛不住压力，跟张忠商量了一下，觉得再这么耗下去也捞不到什么好处，索性敲诈一笔就走。

二人来到巡抚衙门，开门见山，质问王阳明：“朱宸濠富甲一方，那么多财物都到哪儿去了？”

是，朱宸濠是有很多钱，但是他攒钱是为了造反，招兵买马不要钱吗？笼络人心不要钱吗？

朱宸濠的造反经费是被王阳明缴获了一些，问题是缴获的这些还不够给军官和士兵发饷，要知道他起兵平叛根本就没拿朝廷一文钱！

当然，跟许泰和张忠摆事实讲道理是白费口舌。因此，王阳明换了一种说法，一种能噎得对方哑口无言的说法。

他首先肯定了二者的判断：不错，朱宸濠的确有钱，而且不是一般地有钱，是有钱得令人发指。现在的问题是，这些钱都去哪儿了？

原来，朱宸濠也不容易，历来的统治阶级无不是体制内给黄金，体制外给信心，只有朱宸濠不分内外，勇于砸钱，四处投资，不计回报。像许泰和张忠这样炙手可热的权势人物更是直接把宁王府当成了自个家的 ATM 机，只取不存。

因此，王阳明愁眉紧锁，故作沉重道：“二位在皇上身边当差，一向清廉自守，不知这其中的复杂局面。朱宸濠的钱大部分都到了京中那些权贵手上，本院一直想查，却是势单力薄，有心无力。还好在宁王府搜到一箱账本，里面详细记载了朱宸濠给什么人送过钱，此人又为他办了多少事——”

许泰、张忠脸色惨白。王阳明话锋一转，继续道：“由于牵连过广，好多人建议我一把火烧了。二位帮我拿个主意，咱们是一起上疏，请皇上彻查此事，还是——”

许、张二人心里有鬼，自然不会同他一起上疏，搪塞说烧了也好，以免朝野动荡。两人碰了个软钉子，悻悻而归。

弟子们看不下去了，觉得许泰、张忠咄咄逼人，老师应该主动出击，给他们一点教训。王阳明摇了摇头，说：“对付恶人，千万不要引发他的恶性，要掌握斗争技巧。恶人也不是天不怕地不怕的，他们最担心的就是丧失利益。只要摆清利害关系，他们自会知难而退。”

文韬武略

这天，王阳明收到一封署名许泰的信。信中，许泰回顾了京军连月来给南昌官民带来的不便，对此他深表歉意。现在京军就要离开了，他准备在城外的校场举行一次阅兵仪式，欢迎王阳明届时莅临指导。

王阳明不知他葫芦里卖的什么药，却又不能不去，只得复书应允。

第二天一早，阳明带着江西的地方官先往校场等候，过了好半天才见许泰和张忠领着京军策马而来。

阳明鞠躬相迎，许、张下马答礼。三人踱至观台，分了宾主，依次坐下。

许泰高声道：“值此天高气爽、草软马肥之际，正是试演骑射的大好时机。王都堂虽是文官，却也用兵如神，听说年轻时还在居庸关外射杀过胡人，其武艺精湛，可见一斑。许某戎马一生，不会作诗，只晓骑射。今日一别，不知何时再会，斗胆要跟都堂比试比试，也让大伙开开眼，还望万勿推辞。”

言毕，不容阳明多想，径自下台，命人竖起箭靶，弯弓搭箭，屏气凝神。但闻嗖嗖声响，弓开如秋月行天，箭去似流星坠地，三箭已从上到下，在箭靶上排成一个竖列，彼此相距不过一寸。

京军欢声雷动，纷纷叫好。许泰扬扬自得，回到看台，向阳明投去不可一世的目光。

射箭对王阳明来说原不是问题，只因他久染肺疾，身体不好，又常年熬夜读书，视力下降，自是不能跟许泰这样的职业军人相比。

不过，男儿到死心如铁，越是这种场合越是不能退却，也无路可退。阳明呵呵一笑，接过旁人递来的弓箭，道："将军弓马娴熟，真乃李广、纪昌再世。本院不才，却也不能拂了京军兄弟们的兴致，只好班门弄斧，献丑了！"

在场的众人都有些紧张，担心他射不准，尤其是一旁的伍文定，立刻向前靠了靠，想替他射箭，被阳明用眼神制止了。

王阳明走下看台，命人牵马过来。他策马赶到箭靶处留神一瞧，又反辔驰回，就许泰射箭的位置，不慌不忙，挽起袍袖，拈弓搭箭，如托泰山。

阳明认准目标，挽弓如月。

虎筋弦响弓开处，雕羽翎飞箭到时。

只眨眼间，箭已射中靶心，不偏不倚，竟与之前许泰中间那箭命中处吻合。由于力道过猛，箭尾弹晃不已，嗡嗡作响。

不待众人喝彩，阳明飞身下马，换了个角度，射出第二箭。

众人回头望去，阳明手中已无第三支箭。再定睛一看，原来后两箭连珠齐发，在空中连成一条箭链。前箭方中，后箭已至，分毫不差，顺延前箭箭杆，将之一劈为二，最后竟直透木靶，像钉子一样钉在上面，纹丝不动。

众人惊呆了，待回过神来，不禁欢呼雀跃，齐声高喊："王都堂！王都堂！王都堂！"

许泰自讨没趣，尴尬地走了过来，讪讪道："都堂神箭，不亚于养由基，怪不得立平逆藩，我等领教了。"

阳明正好就坡下驴，借此收场，回座喝酒去了。

翌日，许泰和张忠到巡抚衙门辞行，王阳明盛情款待，为他二人设宴饯行。

班师途中，什么便宜也没捞着的许泰怒火难消，骂骂咧咧。张忠冷笑两声，安慰他道："不要忘了，还有冀元亨。"

京军驻兵江西共计五月有余，假肃清余孽之名，实则叛党早歼，不劳再剿，反倒是江西官民，遭许、张二人罗织罪名，没收财产，受其荼毒，不知凡几。

好在这俩人相率而去，端的是大快人心。南昌上下，无不高声朗诵《送瘟神》，对王阳明感恩戴德。

叛乱已平，瘟神已去，据说朱厚照也玩腻了准备回京，王阳明又拾起书本，开始在江西讲学。

这次讲学，王阳明摒弃一切旧说，提出了振聋发聩、开辟鸿蒙的命题——致良知。

这三个字凝聚了王阳明一生的思考和总结，是阳明心学的定论。三字一出，洞见全体，既包含了本体又包含了功夫，任凭你考三王[1]、叩天地、质鬼神、俟后圣，无有如此简易精一者，致良知之教也。

阳明心学，一言以蔽之：致良知之学。

什么是良知？人人自有定盘针，万化根源总在心。却笑从前颠倒见，枝枝叶叶外头寻。

什么是良知？无声无臭独知时，此是乾坤万有基。抛却自家无尽藏，沿门持钵效贫儿。

什么是良知？良知即是独知时，此知之外更无知。谁人不有良知在，知得良知却是谁？

什么是良知？饥来吃饭倦来眠，只此修行玄更玄。说与世人浑不信，却从身外觅神仙。

知此者，方谓之知道；得此者，方谓之有德。异此而学，即谓之异端；离此而说，即谓之邪说；迷此而行，即谓之冥行。虽千魔万怪，眩瞀变幻于前，自当触之而碎，迎之而解，如太阳一出，而魑魅魍魉自无所逃其形矣。

于是你质疑道：这不成了圣斗士的小宇宙、绝地武士的原力了吗？

没那么神秘，用王阳明的话说：

> 是非之心，不虑而知，不学而能，所谓良知也。良知之在人心，无间于圣愚，天下古今之所同也。

良知即天理。

---

1 考三王指考查夏、商、周三代先王的做法。

要追本溯源，厘清概念，还需从头讲起。

傅斯年曾有一个推论：商朝乃集合若干文化以成，故其前必有一个甚广甚久的背景。

什么背景他没说，李泽厚给了答案：氏族宗法血亲传统。

这种强固传统的长期延续，塑造了华夏民族的国民性和文化心理结构，无论你喜欢与否，都无法消除它在你身上打下的烙印。

夏朝之前，以农耕为基础的中国新石器时代延续极长，氏族社会的组织结构发展得极端充分，血缘亲属的纽带极为稳固，遗风余俗、观念习惯保存得极其完善。

脱离这个事实来谈中国的历史和文化，都不客观。

很多人认为孔子是儒家的开山鼻祖，其实不然。孔子提倡恢复周礼，述而不作，只是儒家群体中较有影响力的一员，而儒这个群体已先于孔子存在了好几百年。

钱穆的《先秦诸子系年》认为，儒是对通习六艺（礼、乐、射、御、书、数）之士的总称，早就存在。胡适更是直接提出：最初的儒都是殷人，都是殷的遗民。

第十二章 先秦精神文明建设

清理酱缸

清朝官员张集馨在《道咸宦海见闻录》里记载了他同咸丰帝的一段对话，透露出一个细节：在清朝，打死人只要赔死者家属三十洋元就可以私了，官府也不判刑。

三十洋元换算到今天不过两千元人民币。

一些人据此认为明清易代是历史的倒退。

很遗憾，明朝亦可赎买死刑，命价跟清朝差不多。

以钱赎命也并非明朝首创。要追可以一直追溯到尧舜时期，《尚书》中就有“金作赎刑”的记载。

其实，生活中的很多规则和潜规则早在上古时期就有，炎黄子孙绝对不是白叫的。

追本溯源，夏、商、周三代各有特点。夏朝尊天（天命），商朝尊鬼（鬼神），周朝尊人（人文）。

夏人崇拜天很好理解，朴素的自然法则，抬头就是天，看天吃饭，不能不尊。这也是统治者编造的执政合法性的来源——天命所授。

夏朝最后一个皇帝桀把老百姓逼得受不了了，大家喊的口号是：时日曷丧，予及汝皆亡（太阳什么时候爆炸，我愿和你一起被炸死）。

你不是说你执政的依据来自天吗？那我情愿跟你和你的天爸爸同归于尽。

这时，商汤出现了。

商汤用以反对夏桀的依据是：天命最近不看好你，开始青睐我，所以我要起来换天了。

于是史书上才有“汤武革命，顺乎天而应乎人”的记载。革就是变，命就是天命。

商汤玩了玩概念就把天下弄到手，还没来得及高兴，伊尹就用眼神提醒他：君以此兴，必以此亡。

商汤一咂摸，明白了：必须告别革命，以免不法分子打着同样的旗号搞暴动。

从此，历代商王开始淡化天命观，代之以鬼神崇拜为主导思想的封建迷信。

封建迷信害死人！

由于相信鬼神的存在，殷商流行搞活人殉葬和活人献祭。祭祀用的动物叫“牺牲”，人这种特殊的牺牲品叫“人牲”。殷商政权杀了大量的平民甚至贵族来搞祭祀和陪葬，典型的不拿人当人。结果其祭祀对象鬼神还是不保佑他们，殷商为周人所灭。

殷鉴不远，周朝的统治者不得不重新考虑一下信仰问题。

第一个站出来反思的是周公。据《诗经》中的《文王》一诗记载，周公早年参加的一次祭祀仪式对他刺激很大。彼时，商朝已经覆灭，殷商的那些遗老遗少都穿着光鲜的衣服，毕恭毕敬地排着队，在周人的祭典上行礼。

这耐人寻味的一幕让周公深感“天命靡常”——谁能保证周人就不会重蹈殷人的覆辙？天，是不讲道理不近人情的，也不会一直保佑某个民族、某个政权，瞬息之间，天下就有可能易主。因此，天命是靠不住的，从来就没有救世主，值得信赖的唯有自己。

但天命观与鬼神论已经流传了几百年，在民间很有市场，想彻底废掉不大可能，合理引导才是上策。

于是，周公开始重新定位人与天以及人与鬼神的关系。

首先，“皇天无亲，唯德是辅”，谁有德，天就保佑谁；其次，鬼神“依人而行”，做好事的鬼神会奖掖，干坏事的则会降灾。

随着时间的流逝，天命观和鬼神论被逐渐稀释，到了孔子的时代，大部分人对此二者都已采取“敬而远之”的态度。孔子本人虽然信“天命”，但已经“不语怪力乱神”。

信仰和崇拜虽不能当饭吃，但在个人它是精神需求，动力来源；在国家它是意识形态，凝聚人心。因此，不允许信仰出现真空的周朝统治者开始了造神运动，号召大家一起崇拜新时代的神——圣人。

圣人在那个时代基本是批量生产的，三皇五帝、商汤周文都算圣人。

但是，海选的标准是严格的，选民的态度是严肃的。大体来讲，必须符合两项条件才能被称作圣人：第一，有道德；第二，有贡献。

有道德是必要条件，有贡献是充分条件，合起来是充要条件。

圣人虽然门槛很高，但只要选上，就不得了了。

圣人留下的言论是“经”，圣人创立的制度是“典”，圣人阐述的思想是毋庸置疑的真理。

对于谁是圣人存在争议，对于崇拜圣人则一致认同。并且，圣人的身份一旦确立，就不容置疑，“非圣”是要冒天下之大不韪的。

比如，司马昭杀嵇康，罪名就是“非汤武而薄周孔”；李贽则因批判四书五经最终落得个狱中自裁的下场。

血的事实警告我们：不要跟圣人唱反调。

那么周圣人带给我们的是什么呢？

礼乐制度。

周公鉴于殷商失败的教训，认识到以人为本、以德治国的重要性，开始制礼作乐。

不管如何动听，其本质还是在为维护统治服务。周礼这个东西，说白了就是等级制度，内外亲疏，尊卑贵贱，你爸可以捶你，你哥可以训你，父系的堂弟比母系的表哥要亲，姑表比姨表在家族中更有地位，一切都源自“礼”。

这套缜密而庞大的系统其实也不完全是周公的原创，而是他根据一些流传下来的规章典籍和氏族宗法传统下草民的心理所搭建的。比如，为什么是三年之丧而不是两年或者四年，这里面大有学问。

尊重传统使这套制度易于推行，从而，周公进一步抛出了一个概念：家天下。

家天下就是把整个天下看作一个巨大的家族，族长叫“天子”。

大家族下面有百十来个中家族叫“国”，其家长唤作“诸侯”。

中家族下面有若干小家族叫“家”，其家长称作“大夫”。

小家之下又有很多更小的家庭，其家长叫“士”。

这帮人是怎么联系起来的？很简单，宗法制加封建制。

宗法制规定，一个家族中，父亲与正妻所生的第一个儿子叫“嫡长子”，是代表着家族血统的老大，叫“正统”。家族的爵位和财产只能由嫡长子继承；

父亲与正妻所生的第二个儿子叫“次子”，父亲与小妾所生的儿子叫“庶子”。这帮人合起来叫“小宗”，“小宗”的地位远远低于嫡长子。

所谓天子，就是上天的嫡长子；所谓诸侯，就是上天的次子或庶子。同时，诸侯又是国族的嫡长子，大夫是国族的次子或庶子。同时，大夫又是家族的嫡长子，士则是家族的次子或庶子。

天子把天下分成若干国，各指定一个国君去统治，就叫封土建国。

国君得国后成为诸侯，诸侯不能独吞天子的分封，必须继续细分，将土地和人民分给大夫，这就叫立家。

大夫得到的土地叫“采邑”，采邑还可以继续分给士作“食田”。

有了一系列的社会秩序和等级制度还不够，有礼无乐无异于只有物质文明没有精神文明，长此以往，社会就会不和谐。

乐（yuè）者乐（lè）也。听音乐是快乐的，因为乐音是和谐的。

音阶有宫商角徵羽，爵位有公侯伯子男，除此之外还有五伦、五服。可见，乐是和礼对应的，乐是为礼服务的。

当时的乐是对音乐、诗歌、舞蹈等艺术形式的总称，用传递感情来麻醉等级社会中的每个个体，使得壁垒森严却又能各安其分，和平共处，同心同德。

周公的想法很好，一个中心（德）、两个基本点（礼、乐）的政策可谓煞费苦心，也比殷商的草菅人命、滥杀无辜文明了许多。

但这并不代表周朝可以永延帝祚，历史的车轮向来无情。

春秋战国与日本战国最相似的一点就是“以下克上”。

三家分晋、田齐代姜齐都是活生生的大夫搞掉诸侯的例子。而各国诸侯先后僭越称“王”更是不拿周王当天子，楚庄王都直接打听起象征天子领导权的九鼎的重量，想要“问鼎中原”了，礼崩乐坏已成无可挽回之势。

当此之时，士这一阶层的价值凸显出来。士有钱有闲有文化，是野心勃勃的大夫、穷兵黩武的诸侯拉拢争取的对象。善养士者得天下，以孟尝君和信陵君为代表的战国四君子就是例子。

而士的历史使命和精英意识促使他们在面对天下大乱、连年征战的乱世局面时不得不思考一个问题：怎么办？

作为最低一级的贵族，士的领地“田”同大夫的采邑、诸侯的国有所不同。

即士对田只有产权没有治权，只能收租不能管人。因此，士有参政议政的权力，却不属于统治阶级。

也正因如此，士比较自由，流动性很大，可以怀揣多国护照，凭借一颗脑袋，游历天下，跨行跨业。

于是，以儒家为代表的文士、墨家为代表的武士、道家为代表的隐士、法家为代表的谋士，登上了历史的舞台。这帮人秉持不同主张，吵来吵去，就有了百家争鸣。

解剖儒墨

作为周公的头号粉丝，孔子一生都在为复兴周礼奔走呼号。

他提出的解决乱象的方案是让一切都回到原有的轨道上来，对所有违背周礼的行为大加鞭笞。

体现周礼所规定的伦理法则的情感叫“仁”，通俗些讲就是拿人当人，然后有差别、分等级地去爱你周围的人。

感情是分亲疏的，父母、兄弟、朋友，对不同的人你不可能施予相同的爱，“仁”就是让你厘清这一层一层的关系，有梯度地去爱他人。

当然有人会问：凭什么？

凭孝悌之道。

敬爱父母叫“孝”，友爱兄弟叫“悌”。孔子认为这两种爱是人就有，无须解释，是“仁”的情感基础。

同时，孝悌具有可延展性。敬爱父母做到了，就能敬爱父母的父母；友爱兄弟做到了，那亲兄弟以外的堂兄弟、表兄弟乃至同乡好友，都可以当作亲兄弟一样来爱。

人同此心，当每个人都这么去身体力行，五伦（父子有亲，君臣有义，夫妇有别，长幼有序，朋友有信）就明确了。又因为封建社会的家国一体，周礼也就恢复了，天下也就安定了。

“仁”的具体实施有一套方法，叫“忠恕之道”。

忠就是“己欲立而立人，己欲达而达人”，恕就是“己所不欲，勿施于人”。

自己有某种要求需要满足，推想他人也有这种要求需要满足。

这是忠。

万一别人不愿“立”、不愿“达”呢？比如道家那帮人，天天想着无为，你跟他谈治国平天下显然不现实。

如果别人无此愿望，不同意你的观点，切不可强加于人。每个人都有说“不”的权利，这是一种尊重，是恕。

忠和恕一正一反。一个积极作为，一个消极不作为，共同构成了推行仁爱的准则。

孝悌是为仁之本，忠恕是为仁之道。除此之外，哲学家张岱年友情提示三点：

第一，仁爱不是无原则的姑息养奸，对不仁之人要鄙视、远离。

第二，仁不包含“智”，知识多寡、智商高低不影响你推行仁爱。既仁且智者，可以谓之圣人。

第三，仁者虽然具备恭宽信敏惠等风范，但仁不等同于“德”。德是一切善行的总称，而仁只是其中比较现实的那一种。

仁不是道德，而是一种文化，一种为礼乐制度提供理论基础的文化，是孔子政治主张的哲学原理。

证据就是孔子对管仲的评价。

管仲本来是公子纠的家臣，后来却投靠了公子纠的竞争对手公子小白（齐桓公），显然很不道德。

不过没关系，因为管仲辅佐齐桓公击退了北方的狄人，孔子就对这个思想和行动都很法家的政治家顶礼膜拜，不吝溢美之词：

> 微管仲，吾其被发左衽矣！（要不是管仲，恐怕我们都要像野蛮民族那样披头散发穿衣打扮了！）

孔子之后，第一个起来反对儒家的是墨子。

墨子主张“兼爱”。与“仁爱”不同，这是一种不分人我、不分远近，一视同仁（“仁”字前放一“同”字，“仁”“兼”之别立现），无差别的博爱。

时势造愤青。

墨子生活的战国初期和孔子生活的春秋时代早已不可同日而语。

在春秋，诸侯称霸时都打着“尊王攘夷”的旗号。王指周天子，夷指那些不遵从周礼乱称王（比如楚庄王）的化外之人。由此可见，遮羞布还是要有的，野心还是得藏着掖着的。

到了战国，形势急转直下，社会愈加动荡，政治愈加黑暗，战争愈加频繁，民众愈不聊生。

贵族阶级的代表、宋国公子的后代孔子的复古主张全面破产，平民阶层的代言人墨子应运而生。

墨子认为，之所以会出现国与国之间征伐无度、家与家之间相互掠夺、人与人之间算计残害的社会现实，乃是因为人们不相爱。这一点和儒家的看法是一致的。

也就是说，爱人是肯定的，没有问题，分歧就在于怎么去爱，是仁爱还是兼爱？

墨子认为爱是无私的，不“兼”则无“爱”。按儒家那套照感情亲疏画个圆，越靠近圆心越爱，那最爱的只能是圆心，也就是自己。如此一来，人人都会沦为自私自利甚至损人利己之徒。

长此以往，你损人利己，别人也损人利己，最后是大家都受损，最初提出仁爱主张的人也不能幸免。

与其如此，还不如大家一开始就互助互爱、互惠互利（爱人者，人必从而爱之；利人者，人必从而利之[1]），最后全人类都无差别地相亲相爱，每一个个体都不欺人且不被人欺——如此方为治本之道。

兼爱的理论基础是人人生而平等（人格上的），因此，墨子强烈反对统治阶级的铺张浪费（比如厚葬）以及对音乐等精神享受的追求。虽然这跟他平民出身深知物质生产的不易有关，但主要还是为了反对儒家的礼乐文化。

墨子长年的草根生活使他对乱世成因的判断和孔子大相径庭。

1　出自《墨子·兼爱中》。

孔子认为之所以会天下大乱是因为君不君、臣不臣，喜好犯上作乱的野心家太多。

墨子的认识正好相反，不是犯上作乱而是以强凌弱，是既得利益集团对民众肆无忌惮的剥削。孔子为之摇旗呐喊的礼乐制度不过是把人划分为三六九等、尊卑贵贱，而其主张的有差别的爱（仁爱）不过是让利益集团抱得更紧罢了，最终导致阶级矛盾越来越严重，天下也越来越乱。

墨子希望建立一个机会均等、按劳分配的社会，而且知行相当合一，不管别人兼不兼爱，先从自身做起。

墨家弟子团结互助，以苦为乐，还经常搞些小孔成像之类的科学实验，的确令人敬佩。但问题是，你自己“赴汤蹈火，死不旋踵”可以，但以此要求所有人就不太现实了。

何况墨家还反对精神享受。

墨子也清楚自己的想法太一厢情愿，不符合人性，于是想出两条制约方案。

第一条叫“明鬼”，即把殷商时期的鬼神论拿出来重新包装一番吓唬人——你要不兼爱，鬼神就敲门。

第二条叫“尚贤尚同”，就是以绝对客观公正的标准选举出一个德才兼备、无所不知的圣人来领导、监督大家，用开明专制的办法确保人人兼爱。

墨子的思想很进步。当你在生活中面对一条接一条的潜规则时，你可知这位湮没已久的思想家为华夏文明提供了另一种可能，即使这种可能是如此浪漫与不切实际，即使连生物学的研究也表明 DNA 总是在不断地复制自身，要想在残酷的竞争中生存下来，它就只能“帮”与自己有亲缘关系的……

天地不仁，以万物为刍狗

无论是孔子的主张，还是墨子的主张，都不适应“大争之世”的社会现实。

宋襄公遵循周礼打仗，不仅一败涂地，还被后世耻笑；吴越争霸中吴王夫差和越王勾践智商与演技齐飞，就是不见做人的底线。

那个时代的主角是商鞅和孙武，能争一分是一分，没有人试图去恢复儒家的周礼，更没有人乐意去构建墨家理想中的大同世界——人生苦短，百年老店与我何干？

士人们绝望了，老子出现了。

孔子和墨子虽有观点上的分歧，但都是出于对现实的失望而提出主张，改造社会。

而老子不失望，不绝望，直接无望——不抱任何希望。

在老子的时代，人们早已麻木，似乎任何努力都已变成徒劳，春秋时大大小小几十个国家打到最后只剩齐楚燕韩赵魏秦七国。而且一切皆有可能，宋国作为殷商余脉在周初分封时位列诸国之首；郑国在春秋伊始雄踞天下，搞得儒家很不爽，非得用“春秋笔法”唤“郑庄公”为“郑伯”，硬生生给人降两个爵位。

然则这一切，而今安在哉？前者在战国沦为二流国家，最后被齐国所灭；后者更惨，战国一开始就被三晋之中实力最弱的韩国吞并。

如此恶劣的生存环境必定催生极端的思想，杨朱的“不拔一毛以利天下”开始大行其道——为什么不？性命都朝夕不保，还奢谈什么春秋大义？

杨朱开了先河，达人有待老子。

老子认为儒家和墨家那帮人都是瞎折腾，越作越乱。在他看来，成天摆出一副姿态要拯救地球的人，才是天下大乱的根源。最好的天下，是不需要拯救的；谁都不用管谁，才叫天下太平。

有没有这种可能呢？有，在漫长的氏族社会之前的原始社会。

由此可见，就复古而言，原始派代表老子远比氏族派代表孔子彻底。

原始社会大家自由自在，虽然没有社交软件，但烦心事也少，一人吃饱全家不饿，幸福指数未必比现代人低。

什么时候开始变坏的呢？儒家推崇的尧舜禹出现的时候。

这帮人用自己的言行教会了大家区分感情的亲疏，懂得了权谋之术。更可怕的是，他们开始尝试治理天下，悲剧由此拉开序幕。

在老子看来，有治必有乱，治为乱之源。天下不是你们那一小撮人能够治理得了的，即使你英明神武，也无法保证几十年后你的后代执政能力不发生退化。

因此，统治阶级不要自作聪明瞎折腾，最好的统治是民众压根儿就不知道还有领导人。如果您实在忍不住非得去“治”，那也请您治大国如烹小鲜地慢火熬着，火到自然猪头烂，千万别用锅铲乱翻一气，把菜搅成了渣滓，把民怨搞得沸腾。

上有所好下必甚焉，统治阶级爱折腾，老百姓便纷纷效尤。老子研究了一通历史，发现从尧舜禹到夏商周，整个一部无聊透顶的折腾史，一直折腾到春秋战国，天下大乱民不聊生。

如果闹够了，就听老子讲讲吧，两个字：无为。

“无”与“有”对应，任何“有”不管范围如何广大，总是有限的和暂时的（因为有会转变成无，任何事物都在从一个极端转变为另一个极端）。只有“无”，表面上看只是一种空洞的逻辑，实际上却胜过任何“有”。

为什么你会畏惧你的领导？因为他虚无缥缈看不出道行深浅；为什么你受制于领导？因为他一眼就看穿了你有几斤几两。

有无之间，强弱立见。

无为这项浩大的工程可以拆分为四步：寡欲、愚民、反智、不德（绝圣弃智，民利百倍；绝仁弃义，民复孝慈；绝巧弃利，盗贼无有[1]）。

寡欲不仅是让你不要去追求名利，而且直指问题核心，让你不要去追求所谓的成就感（比如有的人现实生活中清心寡欲，却在网络游戏里追求成功）。

那活着还有什么意思？

别着急，老子给你安排好了。你不就是要寻找一个存在的意义吗？我们以没有追求为追求，以没有成就感为成就感。一开始可能很难，不过没关系，慢慢培养，历史上那么多真真假假的隐士，成功的先例有很多。

寡欲要从统治者做起，上行下效，最后达到整个社会的民风淳朴。

这倒没什么，问题在于老子的寡欲寡得比较彻底，连求知欲也给你格式化了，整个社会都反智，这不是读书无用论吗？

的确，老子就是希望大家都饱食终日，无所用心，最好像动物一样吃了睡睡了吃，整个社会就是一部《动物世界》，就剩老子深沉的声音解说道：“其政闷闷，其民淳淳；其政察察，其民缺缺。”

统治者稀里糊涂，老百姓就淳朴敦厚；统治者明察秋毫，老百姓就心怀

1　出自《道德经·第十九章》。

鬼胎。要想愚民，必先愚君，愚到最后，人如赤子，民如野鹿，没心没肺，美满幸福。

这真是和谐到四下里一片寂寥。

如果反科学反文化还可以理解，那“不德”又做何解释?

不德不是不要德，而是不要儒家那套虚伪的德。

庄子就认为儒家的仁义道德是盗贼都有的东西——行窃时第一个冲进去，这是勇敢；撤退时最后一个出去，这是义气。

在老庄看来，万物和人自有其天性，秉承各自的天性去生活就是最高境界，儒家人为地、强制地做出各种规定反倒乱了真性情，搞出一帮人格分裂的伪君子。

正所谓“上德不德，是以有德”（不需要德才是最好的德）。上德不德，根本就不用提，天衣无缝地融入所有人的一言一行当中，人人都是雷锋，雷锋也就失去其本身的意义。老子认为，原始社会就是上德的时代。

在上德时代，人们选贤与能，讲信修睦，不独亲其亲，不独子其子，老有所终壮有所用，路不拾遗夜不闭户。要是导演来拍这个时代，一定是一个长长的升镜头，气势恢宏的背景音乐给配着，暖色调给打着，“暧暧远人村，依依墟里烟”，一片祥和悠远。

可惜上德没了，仁啊义啊礼啊的就开始出现了。

这些都是下德，因为德已经或多或少地失去了，所以要靠这些思想、手段把它找回来。

在老子那里，德——仁——义——礼，是四个由高到低、等而下之的概念。德最好，仁次之，义再次，礼最坏。

没德了才靠仁，仁也没了就讲义。

义在古代通“宜”，即当然、应该的意思。

儒墨都谈义，儒家的义指符合仁爱的行为，墨家的义指符合兼爱的行为。

仁好歹是思想层面，思想靠不住了你做做样子行动一下也行啊。最糟糕的是连义也没了，那就只有靠外在的规范制约了，这就是礼。

如果连礼都没了就靠法，法是底线，是一个国家不崩溃的最后保障。历史之所以选择了法家（韩非、李斯）来结束乱世，也是逆向遵循了老子的世风日下论。

法尔法

老子版的“德”本质就是无为，非要定义的话就是：“德”是从“道”那里得到的东西。

这就引出另一个宏大的概念：道。

因为“道”，老子比孔、墨更有资格被称作哲学家。

孔子和墨子的关注点在改造社会研究人，是优秀的政治学家、伦理学家。但他们的通病在于，都没有构建起一套庞大而缜密的世界观。

无论《辐射》《异域镇魂曲》，还是《星球大战》《指环王》，举凡艺术精品，无不是因为营造了一套属于自身故事逻辑的世界观而成功的。

哲学亦然。

道就是老子在经验世界中所体悟的道理，它先于天地而生，是宇宙的起源。它永不消竭，无所不在，是万物运行的规律和法则，一切都以它为法（人法地，地法天，天法道）。它自然无为（道法自然就是法它自己），无为却又无不为。

道是一种存在，却非感官所能察觉，因此不能用名词来定义。

普通的名词都由感觉和经验而来，而道则超乎感觉经验，所以没有任何词语可以恰当而完整地定义道。

老子叫它“道”也不过是为了描述方便，总不能满篇都是“那啥怎么怎么样”吧？

这就有个问题了：到底什么才是终极的奥义，至高的法则，世界的本源？

儒家认为是天。

虽然孔子不喜欢谈天，但由于他在生活中四处碰壁，常年失业，政治主张得不到采纳，因此也会偶尔用天命论来安慰一下自己。

孔子的看法是：尽人事而听天命。凡事不问能不能成，但问该不该做。如果该做，就身体力行不求结果，知其不可为而为之。

墨家则不。

墨子否定天命，崇拜鬼神。做了就一定要成功，不要给我讲什么听天由命随遇而安，成不了我就去请鬼神帮忙。这是一种什么精神？这是一种伟大的铁人精神——有条件要上，没有条件创造条件也要上。

老子摇摇头：有为青年不要那么激动嘛，无为是王道，保身最重要。

于是老子开始重新定义“天”。

先秦的思想家重实用理性，轻哲学思辨。公孙龙只有一个，白马非马的逻辑游戏也只有墨子偶尔陪他玩玩，因此很多名词概念混淆不清。比如“天”，不同的人赋予了它不同的含义：

A. 主宰命运的天。即夏商周以来的天命论，天是具有人格意义的神。由于人的主体意识的觉醒渐渐失去了市场，孔子虽偶有提及，但也只是对自己哲学体系的一点补充，墨子则明确地反对。

B. 自然运行的天。即时间。中国古代以天指时间，以地指空间，时间就是自然的运行和变化，比如“天时不如地利”（孟子就老子的“人法地，地法天，天法道”反言之，用“地利不如人和”来强调人的作用）。持此意见的主要是老庄和荀子。

C. 义理之天。宇宙的最高原理，与人性和伦理道德相通的准则。持此意见的主要是孟子和后来的理学家。

老子把儒家 A 版本的天降到 B 版本的天，就是告诉大家：道才是至高无上的原理，道是爸爸，天是儿子。

道有密不可分的三要素：真理、存在、规律。前两者好理解，至于规律，是说道蕴含着从一个极端向另一个极端转化的过程，此过程生生不息，周行不殆（有——无，阴——阳）。

又因万物依道而生，道是物之所共有，德是物之所自得。道是蓄水池，人人拿一杯子从中接水，喝下去成为自己的本性就是德。

因此，万物也就有了道的特性，有了生死存亡、治乱兴衰的对立转化过程。

这个观点是很超前的。即使人类社会发展到今天，计算机二进制也得用“1”和“0”来表示。狄拉克[1]发现正电子没准就受了老子哲学的启发，宇宙

1 保罗·狄拉克（Paul Adrien Maurice Dirac，1902—1984），英国理论物理学家，量子力学的奠基者之一，并对量子电动力学早期的发展做出重要贡献。

中有正物质和反物质的对应。

不过很显然，老子没有站在这种对立转化的中间，他坚定不移地站在了阴的那一端、无的那一端。即使是拥有专利权的道，他也是先肯定了它的无为，而后才表示了可以无不为。

老子的“贵柔”“守雌”让务实的中国人没能从他的辩证法里获得什么形而上的哲学思辨，汲取的仍然是一些生活的智慧（将欲取之，必姑与之[1]）。

很多人认为老子的哲学就是装的哲学，并非空穴来风。大成若缺，大直若屈，大巧若拙，大辩若讷，不外一个“装”字。

其实不用装，老子给你举了很多例子。天底下最柔弱的是水，然而水滴石穿；人活着时最软，死了的时候才最硬；老虎是山中之王，却已成濒危动物；蟑螂不起眼，却活了上亿年，长盛不衰。

由此可见，最弱小的才是最强大的，夫唯不争，天下莫能与之争。

除了装还得忍。苏轼在《留侯论》[2]中说，受到侮辱就“拔剑而起，挺身而斗”，这不是真正的勇敢。真正的勇者应是“猝然临之而不惊，无故加之而不怒”——有时克制情绪比放纵情绪更难，因此老子说“大勇若怯”。

薄情的老子用冷静到冷酷的态度揭示了一幕幕生活的真相，但事实上，他知行是不怎么合一的，功利心是很重的，装傻充愣是为了后发制人，无为的目的是想无不为，后人从老子的书中读出高级权谋是有道理的。

真正实践了老子理论的是庄子。感性的庄子过着真实而自由的生活，那种恬淡与幸福不足为外人道，所以他写出了先秦诸子中最优美的散文。

乘云气，骑日月，游乎四海之外，死生不动于心，安时处顺，哀乐不入，突破一切限制，与天地自然同，返璞归真，回到本我……

没有人再理会什么天下苍生，家国大义。个人在历史的长河中，犹如一叶漂泊不定的孤舟在波涛中摇荡，不知何处才是终点。就算你成也好、败也罢，不过是乱世狂涛中一朵毫不起眼的浪花，最终会在波涛中慢慢消失，渐渐被世人遗忘。既如此，又何必制造出那多如繁星的立场？

1　出自《周书》。

2　《留侯论》是苏轼创作的一篇散文，根据《史记·留侯世家》所记张良圯下受书及辅佐刘邦统一天下的事例，论证了“忍小忿而就大谋”“养其全锋而待其敝”的策略的重要性。

白云飘兮轻若絮，生如梦兮淡如云。

乱到极点时，老庄成显学。

然而，中华民族之所以延绵至今，一路跌跌撞撞走来而没有像其他文明一样消亡，靠的不是老庄，而是挺身而出、敢为天下先的有担当之人。

如果都已经绝望，那就从绝望中寻找希望。

为实现正义，哪怕天崩地裂

孟子出现了。

孟子虽然上承孔子，却丝毫没有孔子的谦虚随和，反而跟墨子很像，性格暴烈。

而且，孟子吸收了许多墨家思想，行侠仗义，反战爱民，虽仍把希望寄托于统治阶级，但远比孔子民粹[1]。

不过，亚圣不是白叫的，说到底他还是个儒家。

对比一下孟子的“老吾老以及人之老”和墨子的“视人之身若视己身”，“及”和“若”，一个泛及，一个恒等，仁爱和兼爱的区别立见。

孟子比孔子深刻的地方就在于，他受老子启发，开始认识到构建世界观的重要性，营造了一套由内而外的哲学体系。

孔子、孟子和荀子三者的共同点在于肯定礼乐制度，不同之处在于孔子不爱谈人性，只提过一句“性相近矣，习相远也”。习就是让你合于礼，合于礼的性就是好的，至于人性究竟怎样，到底还是没讲。

没讲的后果就是仁爱理论站不住脚，基础不牢，地动山摇——你说孝悌人人都有，无须解释，那你给我解释一下俄狄浦斯王的杀父娶母，你给我解释一下《资治通鉴》上那么多兄弟阋墙、父子反目的事实。

不用后人叫板，墨子和老庄早就把儒家驳了个体无完肤，孟子要想重拾

1　民粹主义（Populism），意指平民论者所拥护的政治与经济理念。该理念拥护平民掌控政治，反对精英或贵族掌控政治。

人心，重整旗鼓，压倒彼时已经风靡天下的墨、老，就不得不比他们更精深、更缜密。

于是，性善论新鲜出炉。

首先，孟子否定了老子的“道”至高无上论，肯定了“天”还是老大。

但“道”这个概念被保留了下来，剥去了其作为宇宙最高原理的含义，被后世儒者广泛使用，比如“天道”“人道”。

并且，孟子的“天”已不同于孔子、墨子口中的A天（天命），而是C天（义理之天），此天才是宇宙的最高原理。

由于人食五谷杂粮，吃了自然界的又还给自然界，终属大自然的一员，因此，天人相通。

这是个创造性的概念。孟子认为，人的心性与天相通，天理人性，一以贯之，又因为天是善的，所以人性当中也有为善的因子。

孟子的天与性之关系同老子的道与德之关系相同。

恻隐之心是仁（同情心），羞恶之心是义（羞耻感），辞让之心是礼（谦让的品质），是非之心是智（辨别是非的能力）。有了这四个因子，若能扩而充之，则可为圣人。

那么，那些恶人又是怎么产生的呢？

孟子认为是环境和条件使然，使他们不能扩充善的因子。丰年多懒惰，灾年多强暴，难道是人们天生就懒、就有暴力倾向吗？不是，是环境“陷溺其心”。

这就好比水原本是往低处流的，如果你把它堵起来，它也会上山，但你能说这就是水的本性吗？

为了证明四大因子的存在，他提出了“人皆有不忍人之心”。

所谓不忍人之心就是你看见一个小孩将要坠井，会本能地跑过去救他，这既不是为了讨好他人，也不是出于利益算计，而是人之为人、不为禽兽的底线。

有了不忍人之心，不忍人之政就有了基础。孟子开始感召统治者像他一样修身养性（反求诸己，反身而诚），养成浩然之气（崇高的精神气质），不断发散、扩充，王道仁政自然而然也就推行了。

接下来是荀子。

李泽厚对他的评价是“上承孔孟，下接易庸（《易传》《中庸》），旁收诸子，开启汉儒，是中国思想史从先秦到汉代的一个关键”[1]。

荀子主性恶。不仅如此，他比孟子更深入地将人性一分为二，一半叫“性”，一半叫“伪”。

去掉偏旁看这俩字就清楚了：一个“生”，一个“为”。

生就是天生的，人的自然属性；为就是后天改造的，人的社会属性。

荀子认为人的自然属性是恶的，如果保留它，人就会变成动物。

又因为人论力气不如牛，论速度不如马，生存能力远远低于牛马，因此变成动物将是一件很可悲的事。

之所以牛马能为人所用，是因为人组成了社会，运用了强大的社会力量。

因此，人的自然属性需要外在规范的约束。荀子强调学习的重要性，其目的就是号召人不断向社会秩序靠拢，最终磨炼为圣人。

外在规范是什么?

礼法制度。

由于实在太乱，荀子不仅重礼，也开始讲法了。

礼是法的根据，法是礼的体现，礼法是治理国家的根本，是个人修身的标准。修的过程就叫“化性起伪”。

对比孟子和荀子，孟子认为人的自然属性是善，社会浸染使其恶，所以主张向内正心；荀子认为人的自然属性是恶，社会改造使其善，所以主张向外学习。

世界观方面，荀子也否定了老子的“道”至高无上论，但对“天”的定义他和老子一样，同样是B天。

问题是B天就是指时间（自然界的变化），而荀子断言自然变化和社会治乱并无必然联系（天行有常，不为尧存，不为桀亡），人过好自己就行了（天人之分）。这也太唯物主义了吧?

而且，过好自己只是起步，荀子理想中的达人是与天斗与地斗其乐无穷，以至于能够利用、操纵自然的人，估计只有《魔兽争霸》里的暗夜精灵族符合他的要求。

其实不难理解。在荀子看来，人性和天都靠不住，只有礼法制度才代表

1　出自《中国古代思想史论·荀易庸记要》。

着先进的生产力。

他的逻辑很清晰：人类社会要维持自己的生存发展必须组织到一起，与大自然相抗争，这就产生了“礼”。礼克制人的自然欲望，使群体能够存在和延续，因此每个人都应该去“学”、去“为”、去“伪”。

相比之下，孔子尚且说：“人而不仁，如礼何？”（一个人没有仁爱之心，遵守礼仪又有什么用？）可见作为目的的“礼”和作为基础的“仁”同等重要。

而在荀子，你几乎看不到人之为人有什么先天的崇高品质。唯一能使你摆脱蒙昧状态的方法就是吭哧吭哧地学礼，学成了好治国平天下。

如果说孟子首先确立了伟大的个体人格观念，那荀子便首创了人类族群的整体气概。前者主内圣，后者主外王，外王到什么程度？

主宰万物，与天地并立。

三部天书

孟子的学说由其门人整理和发挥就有了《中庸》，荀子的学说则承袭于《大学》。

《中庸》讲心性之学，《大学》讲道问之学。

《中庸》的“天”是“B 天 +C 天”，即将孟子的义理之天动态化，运转不息。而天人关系方面，《中庸》一舍孟子“人性授之于天”的被动语态，强调天与人的相互影响，人的自强不息。

同时，《中庸》一扫孟子认为天的本质是“善”的理论，认为天的本质是“诚”。

《中庸》大讲诚，认为诚是德行的基础，人生的最高境界，致诚则众德自备。

因为诚，天地造化了万物；因为诚，圣人能教化万民。

所谓诚，一言以蔽之：真实无妄不自欺。

诚者，天之道；诚之者，人之道。

天铁定是诚的，人则必须努力修养以达到诚。

达到诚的标准是：一事当前，不待思考，所行便能执两用中，恰到好处，既不过分也无不及。

> 喜怒哀乐之未发谓之中，发而皆中节谓之和。中也者，天下之大本也。和也者，天下之达道也。致中和，天地位焉，万物育焉。[1]

此即所谓中庸之道。

《中庸》的“天命之谓性，率性之谓道，修道之谓教”，就是这样一个过程：人生下来先是率性而为，这自然是真实无妄的。但社会很黑很残酷，充满了谎言，你也不能总是生活在童话世界里，熏陶浸染下便学会了招摇撞骗。

于是，修道之谓教的作用显现了出来。

以教修之，就是勤于思勉。思以择善，勉以固之。用力日久，则无待思勉而自然合于中庸之道。

思勉的过程也叫“尽性”（尽力推知人性，也就是去明“诚”）。由于人性与天相通，故能尽性之人，亦能尽人之性，尽物之性，无所不悉。

至诚之人，既无内外之分，也无人我之间，已达到万物一体的境界，能够“参天地，赞化育”。

然后是《大学》。

《大学》就是三纲领八条目，内圣外王的说明书。

三纲领：明德、亲民、止于至善。（大学之道，在明明德，在亲民，在止于至善。）

八条目：格物、致知、诚意、正心、修身、齐家、治国、平天下。（古之欲平天下者必先治其国，欲治其国者必先齐其家，欲齐其家者必先修其身，欲修其身者必先正其心，欲正其心者必先诚其意，欲诚其意者必先致其知，致知在格物。）

止于至善不是让你当天下第一老好人，而是达到（止）穷尽事物之理后的完美境界。

1　此段出自《中庸》原文。

人苟知止，才有目标，才能心无旁骛而定，定则能静，静则能安，安则能虑，虑则能得。

而家、国、天下也是秦以前的封建时代才有的概念，秦朝之后中国延绵至今的政治形态都是郡县制，因此八条目更重要的是前四条——格物、致知、诚意、正心。

由此可见，《大学》也肯定“诚”，但大学的诚只是其理论的一个环节，并非根本。

首先，修身需要正心，正心就是让你用心专一，不要心不在焉。

要想正心，就得诚意（意识）。至于诚意的方法，《大学》和《中庸》就泾渭分明了。

《中庸》是向内心去“诚”。《大学》则说“欲诚其意者，先致其知，致知在格物”，说白了，就是向外界去学习知识。

《大学》说得冠冕堂皇：物有本末，事有终始，知所先后，则近道矣。

搞清楚了事物的本质、发展的规律，获取了真知，你自然就诚了。

意诚了心就正了，心正了身就修成了，后面的甲乙丙丁戊己庚辛就要啥有啥了。

最后是《周易》。

《周易》分为《易经》和《易传》，《易经》据说是周公他爸周文王坐牢时鼓捣出来的。他吸收改造了商朝时复杂的龟卜法（甲骨文），创立了更简便、操作性更强的新时代的算命法，同时为自己的革命事业做出了强有力的理论铺垫。

《易经》也是群经之首，既不属于任何一家，任何一家却又都能从中获取思想源泉。

比如老子就通过一边读《易经》一边做读书笔记构建了道家的世界观。

说到底还是儒家霸气。秦朝时，一帮儒生在焚书坑儒这样惨烈的政治环境中，口不能言，手不能写，而由于《易经》作为算命类书籍被秦始皇特批不在焚毁之列，便这个“心得”一下，那个“译注”一下，从而有了《易传》，附在《易经》后面，合称《周易》。

《易经》的基础是爻，“—”是阳爻，又称“九”，主刚；“- -”是阴爻，又称“六”，主柔。

三个爻上下随机排列有八种排法：乾、坤、兑、离、震、巽、坎、艮 。

乾代表天，坤代表地，坎代表水，离代表火，震代表雷，艮代表山，巽代表风，兑代表沼泽。

也就是八种卦，简称八卦。

从中任选两个上下组合，比如两个☰就可以组成乾卦：

这种上下的随机组合一共可以演化出六十四种卦象，《易经》就是这六十四种卦象来开会，《易传》就是会议主持者对六十四位与会人员的介绍和说明。

以乾卦为例，从下往上数这六根阳爻。

最下面的一楼叫初九，解释是“潜龙勿用”。这是告诉你要像龙一样潜伏着，不可有所作为。

比如你刚考上了省直机关的公务员到厅里报到，对单位里的人事关系一无所知，最好的选择就是和光同尘，埋头苦干。

二楼九二，见龙在田。龙已经出现在田野上，意味着你作为科员琐事杂活干了一两年，吃苦耐劳不计较的优良品质已经逐渐被同事认可，跟大家熟络起来。

三楼九三，终日乾乾。你在机关快十年了，终于升科长了，但这个位置不上不下，还不能骄傲自满，仍需勤奋努力，否则仍有滑落的危险。

四楼九四，或跃在渊。不到四十升了处长，你也算意气风发。应酬多了起来，为人处世要谨慎，懂得拒绝诱惑。同时，你开始过早地体会到中年危机，《沧浪之水》《二号首长》看得你无限唏嘘，各种人生疑惑纷至沓来。面对问题要慎重处理，且不耽于享受，才可能抓住下一轮机遇。

五楼九五，飞龙在天。与天地合其德，与日月合其明，与四时合其序，与鬼神合其吉凶。云从龙，风从虎，大人物出现了，你荣升一厅之长。

六楼上九，亢龙有悔。都一厅之长了你还想干吗？身后有余忘缩手，眼前无路想回头。聪明的早在九五时就开始考虑后路了，盛极而衰不懂吗？知道生存却不懂得死亡，知道获得却不懂得丧失，用《周易》的话说就是白痴一个。

《周易》的六十四种卦象走的都是这种用自然现象诠释人事行为的变化，它的宏大愿望是融合天道（宇宙运行规律）与人道（个人行事准则）。

《周易》的“天”和《中庸》一样，是“B天（时间）+C天（义理）”，强调天人之间的相互影响（言行，君子之所以动天地也，可不慎乎），人与天地参，天人合一。

你说合一就合一了，凭什么啊？

凭你是天地万物中的一员，构成你的基础材料和眼前这张纸没有区别，都是原子。

《周易》认为宇宙的起源是太极，太极生两仪（阴、阳），两仪生四象（春、夏、秋、冬），四象生八卦（天、地、雷、风、水、火、山、泽）。

因此，世间万物都有两个方面，阴阳作为正负两极的概念普遍存在于万事万物之中，一切变化都起于正反的对立，这一点儒家和道家不谋而合。

分歧在于道家认为阴阳起源于道（规律），儒家认为阴阳起源于太极（天地混沌未分之前的状态）。

然后就可以将人事行为对应自然现象，只要谨记“乾阳为主，坤阴为辅”这条法则。

皇帝的寝宫叫乾清宫，皇后的则叫坤宁宫，男为乾阳，女为坤阴。

两个宫殿之间还有个交泰殿，男女必须交合而后才能生子，阴阳亦须交合而后才能生万物。泰者，天地交感之义，天地不交，万物不兴。

《周易》强调乾坤交感乃有万物，万物又在阴阳二气的刚柔相磨中不断发展变化（生生之谓易）。

这种变化，永无止期。变化的规律一言以蔽之：日中则昃，月满则亏，否极泰来，盛极而衰等——阴阳两极的拉锯战，循环往复的折返跑。浩渺如宇宙，亦逃不出此定律：奇点——爆炸——膨胀——坍缩——奇点。

冯友兰的读书笔记中有个比喻：一仙人装深沉说，下棋无必胜之法，但有必不输之法。问："必不输之法为何？"曰："不下棋。"下棋为一动，动则必有吉凶。

死了的东西才可能不动，因此万物都在动。唯其如此，在宇宙万物演化的过程中，有好的亦必有不好的，有凶亦有吉，对你吉利的事可能对别人就凶险。

《周易》就是用六十四种卦象将宇宙间诸事诸物及其发展变化的规律勾勒出来，以便人们取法，推导出万事万物。

《周易》把这么重要的"天机"都给泄露了，就是要你通过"知几察微"来趋吉避凶，获得人事的成功。

所有变化都有它发生的道理，你能做的不是怨天尤人，而是手捧一本《周易》，仰观行云俯察流水，拿捏好刚柔的分寸，张弛有度而非进退失据地去做，顺乎天而应乎人，在均衡与和谐之中稳步向前。

如果说老子主阴柔主静，那由《易传》解释的《易经》则主阳刚主动。但这种阳刚必须辅之以阴柔，在刚柔相济中顺势进取。

刚者，天行健，君子以自强不息；柔者，地势坤，君子以厚德载物。

而载物之德，便是儒家的仁义礼智信了。

冷血韩非

仁义礼智信是食疗，可以延年益寿长命百岁，却无法对天下大乱这一疑难杂症做到药到病除，真想快刀斩乱麻结束乱世还得靠法家。

为什么是法家？看各家代表的利益阶层便一目了然。

经过持续已久的权力重组，到了战国末年，操持最大权柄的是各国的诸侯，决定中国命运的也是这帮人。

儒家为贵族阶层谋，墨家为天下谋，道家为每一个个体谋。

只有法家，赤裸裸的法家，为君主一个人谋。

当然你会问：人家儒家为整个既得利益集团谋不也挺和谐的吗？

搁秦朝以后是挺和谐的，可战国最流行的是以下克上架空君权，谁知道那个天天对你笑脸相迎阿谀奉承的家伙肚子里装的是什么坏水？

因此，韩非才在其著作中列举了大量触目惊心的案例，不厌其烦地告诫君主如何保证视听不被蒙蔽，权力不被分享，威势不被削弱，王位不被篡夺。

方法千变万化，核心只有一条：不要去爱臣下、姬妾和兄弟（爱臣太亲，必危其身；人臣太贵，必易主位；主妾无等，必危嫡子；兄弟不服，必危社稷[1]）。

同属统治阶层的人尚且不爱，遑论被统治阶层。韩非将儒生、侠士、食客、纵横家和工商业者视为危害社会的五类人，简称“五蠹”，主张将其统统消灭，只留下打仗用的战士和种地用的农民。

为什么会出现法家？

因为只有法家可以结束这延绵了数百年的乱世梦魇。

法家没有历史使命，只有现实使命。他们不是历史学家和哲学家，而是一帮训练有素的职业经理人，唯一的任务就是看好公司，帮老板出谋划策。

韩非就是这样一个着眼于当下，将一切都浸入冰冷的利害算计中的人。他撕破了人世间一切温情脉脉的面纱，还事物以残酷的本来面目：人不过是一种为了生存而相互利用、争夺的动物。这一准则成为他衡量、判断人事行为的唯一标尺。

比如：“父母之于子也，产男则相贺，产女则杀之。此俱出父母之怀衽，然男子受贺、女子杀之者，虑其后便，计之长利也。故父母之于子也，犹用计算之心以相待也，而况无父子之泽乎！”

1　出自《韩非子·爱臣第四》。

又比如："舆人成舆（豪车）则欲人之富贵，匠人成棺则欲人之夭死也，非舆人仁而匠人贼也，人不贵则舆不售，人不死则棺不买，情非憎人也，利在人之死也。"

像这样冷酷无情的论断在韩文中俯拾皆是，其严谨犀利的逻辑、无懈可击的推理似乎宣告了传统的氏族观念已全面崩溃。众神已死，情感也靠不住，剩下的只是一丝不挂的利己主义。

遍览青史，几乎找不到第二个能像韩非这样不动声色地去条分缕析人性之恶的人，他就像《沉默的羔羊》里的汉尼拔，用手术钳将人性中血淋淋的"尔虞我诈""你死我活"挑出来拿到放大镜底下观摩把玩。

就"没心没肺"而言，韩非比他的老师荀子更胜一筹。在荀子，人性虽恶，但至少可以通过学礼改造成善。而在韩非，人性之恶，亘古不移，君主只有靠严刑峻法震慑之，以丰厚奖赏利诱之，才能让人不作恶。

韩非对形而上的哲学思辨不感兴趣，也懒得构建宏大的世界观，在他看来，真理不是一成不变的，而是随实际应用和利害关系的变化而变化的。研究人情世故的复杂性、变异性，如何对待、处理具体的人事关系，是韩文中探讨最多的。

比如："宋有富人，天雨墙坏，其子曰：不筑，必将有盗。其邻人之父亦云。暮而果大亡其财，其家甚智其子，而疑邻人之父。"

法家有三派，韩非集大成。

三派者，慎到[1]之"势"，申不害[2]之"术"，商鞅之"法"。

三者各有偏重，韩非兼收并蓄。

势者，权势也。这是君主之为君主的根本，失势如汉献帝则名为君主实为傀儡。因此，慎到曰："尧为匹夫，不能治三人。桀为天子，而能乱天下。"

术者，权术也，就是政治谋略。关于这方面，韩文中有各种活生生的例子，害人的、防身的，一应俱全，不胜枚举。

法者，条令也。和今天的法律差别很大，是指一切由政府颁布的明文规定。

仗势欺人、阴谋诡计、严刑峻法，有了这三者，再加上"二柄"（赏与罚），

1 慎到是法家创始人之一，稷下学宫中最有影响力的学者之一。

2 申不害是法家创始人之一、思想家，以"术"著称，著有《申子》。

君主就可以高枕无忧了。

势是统治基础，术与法是统治手段。术要藏之于胸以便“潜御众臣”，法则要公之于众以便贵贱贤愚都能明白通晓。

韩非重法，认为法既立，则为国人言行之最高标准。君主以下，皆须遵守；君主以外，无权更改。如此，虽后世有中庸之主，奉法而行，亦足以治。

说白了，法就是明确奖惩的律令，什么该奖，什么当罚，严格执行，利用人性的趋利避害，驱动其自私自利的特性来为君主服务。

势立威，术驭臣，法制民，由此整个国家成为君主的一台个人电脑，高速运转。

如果说仁爱、兼爱是儒家同墨家的区别，有为、无为是儒家同道家的区别，那么德治、法治就是儒家同法家的区别。

在韩非看来，孔子和墨子的争论毫无意义，仁爱、兼爱都是爱，是爱就靠不住，不然怎么会“严家无悍虏，而慈母有败子”[1]？

爱不仅不管用，还会伤害到君主和国家的利益。

韩非举例说，楚国有个人，父亲偷了羊，他去官府举报，结果官员是个迂腐的儒生，判此人死刑，罪名是“不孝”。又比如，鲁国有个人，每次打仗都败下阵来，从来不拼死作战。孔子问他为什么，他眼角闪烁着泪光，大义凛然道：“家里还有老父无人赡养，是以不敢死。”孔子被感动了，就推荐他做了官，理由是“仁孝”。

韩非认为这简直就是扯淡至极。

很好理解，孔子的时代是礼崩乐坏，韩非的时代则是天崩地裂。都天塌地陷了，家国关系、父子亲情能剩下多少真不好说。正所谓“上古竞于道德，中世逐于智谋，当今争于气力”[2]，新时代新课题，需要一种立足于当下、放眼于未来的新思想，韩非应运而生。

这个口吃的韩国公子写起文章来丝毫不留情面，在他笔下，尧是糊涂虫，舜是伪君子，商汤和周武则是乱臣。

舜明明是臣，尧却把他当作君，不是糊涂虫是什么？

---

1 出自《韩非子·显学》。

2 出自《韩非子·五蠹》。

尧明明是君，舜却把他当作臣，不是伪君子是什么？

不要跟我说禅让，它既不符合人性也不符合常理，只是腐儒们的意淫。

而商汤和周武更是分别灭了夏桀和殷纣，为人臣而弑其主，还“自以为义”，不是乱臣贼子是什么？

在韩非看来，仁义是绝对靠不住的，只能为害。

他又开始举例。

一次，魏惠王问一个名叫卜皮的人：“据先生所知，寡人的名声怎么样？”卜皮回答说：“臣听说大王是一个慈惠的人。”魏惠王很高兴，问：“慈惠到什么地步？”卜皮说：“到了快亡国的地步。”魏惠王大惊：“为什么？”卜皮不紧不慢地道：“慈则不忍，惠则好施，结果是该杀的不杀，不该赏的乱赏，这样的国家岂有不亡之理？”

再比如，宋国大夫子罕曾对宋桓侯说：“治国的手段无非是威胁与利诱，问题是大家都喜欢奖赏而憎恨惩罚。不如这样，讨好人的事君上您去做，得罪人的事臣下去做，君上以为如何？”宋桓侯觉得子罕够意思，欣然应允。结果呢？对子罕，“大臣畏之，细民归之”，害怕遭到惩罚的人都投靠了子罕，没过多久子罕就把宋桓侯给干掉了。

韩非对他的读者——各大国君千叮万嘱，让他们不要相信任何人：

> 以妻之近与子之亲而犹不可信，则其余无可信者矣！[1]

不过韩非并不绝望，对“贫穷则父母不子，富贵则亲戚畏惧”的卑劣人性早已司空见惯的他相信办法总比问题多。

他提出的办法很简单，一个字：法。

法的实质就是赏与罚，赏就要高官厚禄，使臣民有利可图；罚就要心狠手辣，使臣民魂飞魄散。

最重要的则是“法莫如一而固，使民知之”。意即立法要持久，执法要统一，法令要公开，不能政出多门，朝令夕改。

1 出自《韩非子·备内》。

第十三章

位我上者灿烂星空，阳明心学在我心中

殃金咒

韩非打造了一台精密高效的强国利器，由他的同窗李斯挥舞着辅佐秦始皇气吞八荒，包举宇内。然秦不逾二世即亡，何也？贾谊曰：仁义不施而攻守之势异也。

仁义？这不是韩非笔下最虚伪、最没用的东西吗？

无用之用，方为大用。血缘的纽带不是随随便便就可以斩断的，氏族宗法社会的根本也不是轻易就能动摇的。千百年来，人们习惯了父为子隐、子为父隐，亲情再淡薄也不能没有亲情。

事实上，任何社会都不可能建立在法家那种极端利己主义的基础之上，更何况这个有着悠久氏族社会传统的文明古国。

不管你喜不喜欢，都不得不承认，神州大地的土壤从一开始就是为儒家这颗种子所准备的。

这也是秦朝灭亡的根本原因：一味帝王心术，无视社会现实。

暴秦的对立面是奉行黄（黄帝）老（老子）无为之术的汉朝。

多年的与民休息使泱泱大汉积攒了强盛的国力，有为青年汉武帝开始对他祖母窦太后推崇的黄老之术逐渐不满——是时候调整意识形态了。

调整的结果就是神学院院长董仲舒的横空出世。

董仲舒目不窥园啃了三年书，知识体系几乎囊括了先秦诸子中的每家每派，这一点他超越了时代。

他又是幸运的。很多超越了时代的人一生默默无闻，死后哀荣无限，而他却赢得生前身后名。

其实，董仲舒这辈子就干了一件事——建立儒教。

作为中国第一任神学院院长，董仲舒融合了儒、墨、道、法、阴阳家的思想，构建了一套宏大到让人瞠目结舌的世界观。人世间的一切，上到皇帝驾崩，下到女朋友的经期变化都可以纳入他描绘的宇宙图式当中。

这套系统叫“天人感应”，就是用自然现象来牵强附会人事行为。

很显然，这是跟《周易》学的。问题是《周易》远比它深得人心，而且，《周易》可以叫“天人合一”，而它只能叫“天人感应”。

合一者，和平相处，共同发展，人具有积极乐观的主动性。而感应则只体现了董院长用泛神秘主义的方式将人与自然现象强词夺理地联系在一起(内有五脏，副五行数也；外有四肢，副四时数也)，其试图将人改造为对天意无条件地服从、对等级秩序机械顺应的目的昭然若揭。

董仲舒的天是“A天(人格上帝)+b天(自然运行)”，后者之所以小写，是因为它不是主要因素，只是用来呈现前者的。

天在董仲舒那里就是主宰人类命运的神。

董仲舒复兴了春秋以来失宠已久的天命论，为其“君权神授”的理论做好了准备。而他的人性论又是从荀子那里改头换面得来的。荀子认为人要想弃恶从善就得学礼，董仲舒认为学礼是一方面，更重要的是向天在人间的代理人天子学。

要是天子不学无术乱搞一气呢？没关系，有天在嘛！天子干得好，天就会降祥瑞；干得不好，就会降天灾。所以，虽然董仲舒构筑了一套等级森严的政治体制，尊君卑民，但还是给草民留了一个巨大的念想——天不变道亦不变，有冤情，找老天。这个自欺欺人的念想直接造就了中国人“反贪官不反皇帝”的文化心理：即使对地方官恨得牙痒痒，也相信皇宫里住着一个好人。

有了这些保障，董仲舒又开始摇唇鼓舌，说服大家接受他的三纲五常论。

三纲者，君为臣纲，父为子纲，夫为妇纲。

如何维护这三纲呢？靠五常：仁、义、礼、智、信。

这不是儒家思想。

孔子虽然讲君君臣臣父父子子，但其目的是“正名”，而不是叫你无条件地去以谁为纲，孟子更是直言民贵君轻。

而在董仲舒那则是君贵民轻，站在君主的立场上为君主谋，这是法家而非儒家。

事实上董仲舒吸收了大量的法家思想，仁、义、礼、智、信作为维稳工具只是第一套方案，实在不行了还有刑。汉武帝以后的政治归根结底为八个字：

阳儒阴法，阳德阴刑。始作俑者就是董仲舒。

他又不辞辛劳，将阴阳家的五行学说改造一番，为汉继秦统的合法性找到了依据，再从墨子的《明鬼》中翻出一些灵异事件为自己的“天人感应”说增添神秘光环。

唯一让人觉得还算正常的话语是“夫仁人者，正其谊不谋其利，明其道不计其功”[1]。

虽说好听，但可惜从此重义轻利、重农轻商的观念深入人心。要知道先秦诸子并不回避谈利，墨子言利他，韩非讲利己，原儒亦只反对不当得利。而董仲舒提倡的义利观直接造成了中国商品经济长期落后的恶果（《史记》之后，再无《货殖列传》），以至于马克斯·韦伯[2]在其《新教伦理与资本主义精神》中认为中国没有在近代实现工业化、现代化的直接原因即在于此。

所以，“罢黜百家，独尊儒术”的说法是不准确的，董仲舒干的事应该叫“融汇百家，独彰儒家”。

这也是他的聪明之处：封建社会一去不复返，郡县制的时代还是法家最有效。但中国社会不变的底色终究是人情，是氏族血亲传统，这也是为什么他断案时强调的“春秋决狱”要“原心推罪”，其实质无非是：法不外乎人情。

政治选择了思想，而不是思想改造了政治。历史之所以青睐董仲舒，是因为经他改造的儒家思想最适合郡县制时代中国的统治需要。他像 502 胶一样强力黏合的天人图式虽然蹩脚，但每个中国人都在这幅巨大的拼图中找到了自己的位置以及彼此的联系，获得了安全感，最差也是“做稳了奴才的”。

这才是一个统一而强大的专制帝国所最需要的。

董仲舒之后，儒生们陷入对一经三传（《春秋》《公羊传》《穀梁传》《左传》）的对比研究之中，整日寻章摘句，企图从字里行间探索出圣人的微言大义。由于一本经书三家作传（《春秋》是孔子根据鲁国的官方史书删改而成的，三传是对它的注释），有时关于一个断句的研究就可以写厚厚的一本书（比如是“春，王，正月”，还是“春，王正月”）。

1　出自《汉书·董仲舒传》。

2　马克斯·韦伯（Max Weber，1864—1920），德国著名社会学家、政治学家、经济学家、哲学家，对西方古典管理理论的确立做出了杰出贡献。

时至汉末，天下大乱。按照陈寅恪的说法，魏晋之交的政治斗争可以简化为“信仰儒家的豪族司马氏（司马懿）与非儒家的寒族曹氏（曹操）之间的斗争”[1]。

袁绍、刘表、司马懿这些曹操的敌人祖上都是汉朝的名门望族，只有曹操出身阉宦之家，这一点被陈琳抓住，在替袁绍写的檄文中狠狠地嘲讽了一番。

但也正因如此，曹操才能打破常规，唯才是举，重实效而轻虚名。

董卓以降，华夏大地山岳崩溃，兵连祸结，统治者无暇顾及对思想界的控制，儒教和经学逐渐衰落，玄学与清谈[2]日益流行。

如果说竹林七贤“越名教（礼教）而任自然”[3]，经常搞一些惊世骇俗的行为艺术还可以理解，那作为建安七子之一、孔子后人的孔融竟然说出“父之于子，当有何亲？论其本意，实为情欲发耳”[4]这样的话来，则不能不说，又一个礼崩乐坏的时代到来了。

紧接着，八王之乱，游牧民族南下，北方的弓马和南朝的金粉交相辉映成一幅吊诡的“华丽血时代”图。

这张艳丽的图谱定格于“门外韩擒虎，楼头张丽华”[5]。陈叔宝用一场闹剧结束了陈朝的帝祚，隋朝用短暂的先声开启了万国来朝的盛唐气象。

唐朝统治者兼容并包，在意识形态上采取“尊道、礼佛、崇儒”三教并立的态度。

很显然，儒学已经日薄西山，汉代“全民皆儒”的盛况已恍如隔世。

时代的宠儿是道教与佛教。

前者扎根于民间，追求长生，肯定享乐，鲁迅说“中国根柢全在道教”[6]，其影响力岂容忽视？汉末之张角，东晋之孙恩，都是打着道教的旗号，斩木为兵，揭竿为旗，乃有天下云集响应，赢粮而影从。

而后者作为外来文化被本土化为禅宗后更是遍地生花。慈悲为怀、善恶

1 出自《陈寅恪：魏晋南北朝史讲演录》。

2 清谈是指在魏晋时，承袭东汉清议的风气，就一些玄学问题析理问难，反复辩论的文化现象。

3 出自嵇康《释私论》。

4 出自《后汉书·孔融传》。

5 出自杜牧《台城曲二首·其一》。

6 出自《1918年8月20日致许寿裳》。

报应，这些普世价值、终极关怀恰到好处地击中了中国人的软肋，为劳苦大众构筑起一个转世轮回的心灵归宿。并且，禅宗不要求你念经拜佛，而是主张“凡夫即佛”“顿悟成佛”，顺应了国人实用理性的标准。不离日常生活的实际，门槛低自然信者众。

信者众的直接后果就是儒生们的强烈不满。

与君同舟渡，达岸各自归

首先站出来斥佛的是韩愈。

但韩愈毕竟是文学家而非哲学家，写篇《论佛骨表》打打笔战，从形式上反佛还可以，真想触及问题的核心尚须宋朝的理学家。

纪晓岚在《阅微草堂笔记》中说：辟佛之说，宋儒深而昌黎（韩愈）浅，宋儒精而昌黎粗。

宋朝崇文抑武，赵匡胤曾在太庙立下祖训，明令继任者“不得杀士大夫及上书言事人”。

因此，有宋一朝，文人是很滋润的，武将是很悲哀的。滋润到什么程度呢？举个例子，程颐同学曾放言要与皇帝“同治天下”，这在别的朝代是不敢想象的。虽说清朝也有个“同治”，但同治的主体是两宫太后，不是皇帝跟你。

有了这么滋润的土壤，宋儒们开始萌发改造世界的冲动。用余英时的话说就是：他们已隐然以政治主体自待，所以才能如此毫不迟疑地把建立秩序的重任放在自己肩上。[1]

这帮人的第一志愿是“得君行道”，亲自参加“平治天下”的事业。第一志愿实现不了，才退而求其次，“成就人才，著书立说”。

但具体实施的顺序还是和《大学》一样，先修身再治国，先明体再达用，先内圣再外王，两者缺一不可，前后不能颠倒。

比如，司马光作为史学大家学识渊博，却因不曾在个人的身心修养方面

1　出自《朱熹的历史世界》。

下功夫，竟被程颐讥笑为“未尝学”，只是“资禀过人耳”。

虽然这两人都很迂，但程颐不喜欢司马光太正常了。《资治通鉴》开篇就是三家分晋，从战国写起，但在理学家看来，中国的历史只有夏商周（西周）三代可以看，以后的都是“无道之治”。在三代，人君用正统儒学治理天下（宋儒的意淫），道统和治统结合得很好。三代以下，道治分裂，以孔孟为代表的儒家薪火相传了道统，一直将火炬传到了他们理学家的手中。

所以，朱熹告诫皇帝，如果你想将“天下无道”变为“天下有道”，只有一条路可走，那就是接受我们理学家关于“内圣外王”的基本规定。

综上所述，理学家一心一意想造就的是能够“治天下”的人才，包括将平庸的皇帝也改造成如斯之才。

此才有何特点？曰：

> 致广大而尽精微，极高明而道中庸。[1]

因为要致广大，经世致用平天下，所以先要尽精微，对儒家学说的义理进行深入的探索；同时，极高明的境界要与现实的态度统一，不要搞得自己高处不胜寒。

由此可见，理学家眼中的君子之道是有济物之用的实学，而非纸上谈兵的空言，内圣的最终归宿还是外王。

但事实却是它成了不折不扣的空言，为什么？

因为《大学》的一个漏洞。

《大学》的八条目（格物、致知、诚意、正心、修身、齐家、治国、平天下）很对宋儒的胃口，被程朱奉为圭臬。

从平天下往前推，到正心、诚意那是由外向内；继续反推，从正心、诚意到致知、格物则又成了由内向外，最后落实到外界的“格物”上。

一进一出，这不折腾吗？

其实，到正心、诚意那就可以停止了，王阳明注释版的《大学》就是这么做的，他创造性地将原版《大学》的“致知”解为“致良知”，格物解为“格

1　出自《中庸》。

事”。如此一来，《大学》反而成了阳明心学从本体到功夫最好的注解。

宋儒从周敦颐起，继承《周易》的世界观（无极而太极，太极动而生阴阳二气），援佛入儒，狂飙突进。

接着，二程贡献了“理”，张载贡献了“气”，直至朱熹盖棺定论，尘埃落定。

朱熹把芸芸众生从董院长的魔爪中解救出来，又把他们扔进了另一只魔掌——理。

在朱熹，天指义理之天，天人合一，这些都没问题。

问题在于他扬理抑气，肯定道心否定人心（理——性——道心；气——情——人心）。

朱熹认为理是先于一切而存在的，比如没有舟车之前，舟车之理或舟车的概念就已经存在。

而阴阳二气作为造物的材料，一动一静，有清有浊，必须依靠理的指导才能聚合为世间万物。

这就好比盖房子，理是图纸，气是砖瓦。

而且图纸是贝聿铭设计的，有着质量和艺术的双重保证，出了任何问题，都只能是砖瓦被偷工减料了，与设计无关。

比如“圆”的概念是标准的三百六十度，但由一个癫痫症患者画出来则可能是四不像。

理之全体即是太极，分散于万物，形成万物的性（禀性），而万物又能分别呈现出一个完整的太极（月印万川[1]）。

这叫“理一分殊”。

人作为万物的一员，性禀天理，生性生性，天生如此，天赋予你，因此人之初性本善，仁义礼智都好办，这是道心。

但气就不好说了，气分清浊，情有好坏，浊气浸染人心就成为私欲，它蒙蔽天理本性，让人昏聩。朱熹认为大部分人的体内都是浊气多于清气，只

1　月印万川是朱熹为了印证他的“理一分殊”这一理学思想，援用佛家的经典作为自己命题的佐证而据的例子。意思是：天上只有一月，而映照在江河湖海之中则有万月。而千差万别的事物源于一理，就像江河湖海之万月仍本于天上的一月一样。

有去浊气之蔽，存清气之淳（好的情感），使太极之全体（性、天理）完全显露，方为圣人。

如何存天理去人欲？面向自然，即物穷理，也叫“性”（名词活用作动词）其“情”（名词）。

于是你要问了：为什么我要当圣人呢？有什么好处？

朱熹说，因为我们这个人情社会的游戏规则就这样，理不仅存在于你，还存在于他人，存在于万事万物，只有明天理的人才可能知己知彼，游刃有余，为行为实践提供指导。

但问题是，朱熹“理散为物，物本于理”的逻辑使理成为一种凌驾于万物之上的空疏概念，强迫大家去格物致知也没有与主体的内在意愿结合起来，最终的结局便是人人都必须绝对地服从天理，而人人又对这种异己的外在主宰反感甚至憎恶。

憎恶的结果就是大家都投入了陆九渊的怀抱。

雷霆启寐，烈耀破迷

陆九渊在批判朱熹的同时，走向了另一个极端：捡现成的。

陆九渊以本心为认识的终极目标，我心就是绝对的真理。自作主宰，乾纲独断，直指本心，一了百了。

这就脱离实际，陷入自我主义了。

相比之下，虽然王阳明“心即理”的命题也着重肯定主体意识（在程朱，由于心统性、情，而情分好、坏，因此心不能等同于理，只能说性即理），但心即理的三项构成要素“心外无理”“心外无物”“此心在物（阳明笔下的‘物’皆指‘事’）则为理”缺一不可，最后一项强调了我心之理与外在之事的联系，这就使它有了现实的意义。

于是一个问题来了，恒等式（心 = 性 = 理 = 良知）“说心 = 良知”，而“心即理”已经具有主体与外界联系的含义，还要“致良知”做什么？

这个问题其实等同于：已经有了《传习录》，还要《明朝一哥王阳明》做什么？

很简单，“心”“性”“理”这些命题即使搁到明朝也是很不平易近人的，读者一看到这些字眼立马会索然无味到扔书的。而王阳明在经历了那么多政治风波后，早就对“君德成就”（改造皇帝）不抱奢望，从宋儒的“得君行道”彻底转变为“得民行道”——搞心学不是为了给皇帝开经筵日讲[1]，而是针对每一个普普通通的人。

那是一个商品经济迅速发展的时代，以阳明之敏锐，不难察觉到这异于以往任何朝代的微妙变化。于是，他放弃了原儒们孜孜以求的“致君尧舜上，再使风俗淳”[2]的幻想，将目光投向重建合理的人间秩序，唤醒每一个人的良知，从而开辟出一条前无古人、通往现代的康庄大道。

在“心即理”，将普遍之理与主体意识人为黏合的痕迹还很重；而在“致良知”，由主体意识发挥出来的理性力量和承担精神被放到了首位——人人做独立自主的判断，人人为自己的言行负责。

其实，“说心 = 良知”并不那么恰当，更准确的说法是：心是体，良知是用。

心之本体便是性（心 = 性），而阳明又认为性囊括了情，因此天理不外乎人情（性 = 理），心也兼具道德与情感的双重含义，情感是基础，道德是表现。

恻隐之心是情，表现出来就是仁；羞恶之心是情，表现出来就是义；辞让之心是情，表现出来就是礼。

孔子认为，孝是动物都有的东西，不敬何以别乎？在这儿，孝是情感，敬是“礼”，礼就是人类社会的游戏规则，懂不懂礼是人区别于动物的标准。

说白了就是：动物是纯感性的，而人能从感性中升华总结出理性，是感性与理性的结晶。

但王阳明认为这还不够，万一感性与理性发生冲突了呢？

设想你是《射雕英雄传》里的杨康，怎么面对杨铁心和完颜洪烈？

一个是从天而降的生父，一个是视如己出的养父；一个是朝廷命犯，一

1 经筵日讲是指帝王为讲论经史而特设的御前讲席。

2 出自唐代杜甫《奉赠韦左丞丈二十二韵》。

个是睥睨天下之人。

人事行为是极其复杂多变的，需要具体情况具体分析，这就有赖于“智”。

智就是良知，就是：是非之心。

是非之心还是心，所以“有心 = 良知”。

说到底，仁就是区分爱谁不爱谁，义无非是明白什么该做什么不该做，礼不过是定义孰尊孰卑。因此，一个是非之心便涵盖了前三者，涵盖了一切选择。

良知就是是非之心，就是建立在真实情感之上的价值判断，它的感情基础是好恶。

世间之事千变万化，无非“是非”二字、“好恶”二字。你肯定什么否定什么，这是一事当前你的价值判断。至于为了实现这一判断采取什么手段，是直来直往还是曲线救国，那就是术的层面，因人而异，因地制宜了。

如此一来，由内而外的顺序就清楚了：是非之心，也就是良知，发动而为意。意识必有指向，落实处便是物（事）。由此，意（意识）将心与物（事）连成一体，知（良知）与行（致良知）一气贯通。

这是理想状态，再来看实际情况。

常人的意识包含两个方面：思维与情感。由于思维和情感都不能脱离既往的经验孤立存在，因此意识是主观的，体现出来就是有善有恶（有善有恶意之动）。

这没什么大不了，善恶都是人为定义的概念，虽然为道德评价提供了一般准则，但无法穷尽一切具体行为。

比如中国女人最想嫁的男人，20 世纪 70 年代可能是军人，80 年代可能是诗人，90 年代可能是商人，21 世纪则可能要颜值、情商和财力“三高”才行。

三十年河东，三十年河西。价值观的变迁直接造成善恶评判标准的变化甚至颠倒，因此要具体情况具体分析。

你认为是善的别人可能觉得是恶，你觉得是恶的别人可能认为是善。

而在价值观混乱的时代，善恶的界限越来越模糊，快餐时代的男女所言所行几乎出于下意识。很多人浑噩半生，碌碌无为，盖因事事受欲念的驱使。

人作为社会动物，而且处在如此复杂的中国社会，要想立足，就不能随心所欲，任意妄为，而要遵循基本的游戏规则，这就需要良知的监督。因为良知是一台明辨是非的精密仪器，它像一面一尘不染的镜子，任何善恶美丑都逃不过它的法眼，烛照之下，妍媸自别。

良知囊括七情又不滞于七情。知是知非，这是它的理性选择，而这种选择又建立在好善恶恶的情感基础之上。因此，良知是一种合感性与理性为一体的价值评判标准。

一句话：良知监督指导意，意将良知与行联系起来。

这就有一个问题了：为什么由知善知恶的良知发动而来的意会有善有恶？

因为意之动。

孟子讲人皆有恻隐之心时，举的例子是路人见童子坠井会上前去救，深入分析路人此时的心态，不难发现有“乍见”和“转念”之分。

乍见之下，不作他想，只以救人为要。

但在去井边的路上，他可能会转念一想：如果是个穷人家的孩子，讹上我了怎么办——算了，都跑一半了，去救吧，万一是个富二代呢？

从乍见变为转念就是意之动。

这是意的思维层面，还有情感层面。

喜怒哀乐都是正常的情感表达，当喜则喜，当怒则怒。亲人死了你放声大笑，朋友结婚你号啕大哭都是脑残行为，会遭人唾弃。

但是，情感的表达需要适度，过与不及都是问题。过说明你在放纵，不及说明你在克制。比如酒席之上，有人夸夸其谈不给别人说话的机会，有人畏畏缩缩一言不发，都不招人喜欢。

过与不及就是意之动。

但凡下意识的行为，比如“人见可畏之物即奔避”，都是合于良知的，心（良知）——意（意识）——物（事）贯穿一气。

千圣皆过影，良知乃我师

当然，你又要质疑：“把良知吹得那么神，什么不分古今、无间圣愚、人人都有，既如此，那恶人谷里的恶人是从哪儿来的？”

事实上，本然状态的良知你有我有大家有，四大恶人也有，只是很多人的意识长期混乱（诱因有两种：主动的自我放逐和被动的外界信息干扰、思想控制），似脱缰之野马，不受良知指引，从而无法体认良知。激活良知，让它变成明觉状态的良知，反而甚嚣尘上，扬私意之灰，蔽良知之明。

综上所述，可以用一个例子来概括心、良知、意、物（事）的关系。

心是一台笔记本电脑，有很多用途，比如电影《有话好好说》里的姜文拿它当板砖来砸人，比如你去旅行没带枕头用它枕着睡觉。

但笔记本电脑的正途，生产它的目的是拿来开机使用的。

同理，心的社会意义，之于你的终极价值是用来明辨是非、做出取舍的，这项正儿八经的功能就是良知（是非之心）。

心（良知）之所发便是意，发动就是开机，意就是操作系统。

本来你在操作系统里上网打游戏都没问题，但有一天你突发奇想，要试一试所谓的花季护航软件，手贱的你点开了下载页面。

下载的行为就是“意之动”。

软件下载了，你的操作系统也快崩溃了。

打开 word 想写篇文章，敲出来的都是 ××× 的过滤词；打开浏览器，图片的位置上全是小红叉，还经常弹出绿色的报错对话框。

你的电脑废掉了。

在电脑上写文章、上网的行为就是物（事）。

于是，深感好奇害死猫的你不得不发问：如何卸载这款软件？

当然，你可以重装系统，你可以格式化硬盘，但最重要的还是拿出电脑说明书，以严肃而认真的态度阅读一遍，搞清楚电脑的正途，好好体认良知，不要再因好奇贪玩去下载流氓软件，而要让本然状态的良知变为明觉状态的良知。

良知如何明觉？

致良知。

致良知有两层含义：其一，向内体认良知；其二，良知明觉后向外扩充良知。

两者齐头并进，且认且扩，且知（良知）且行（致良知），因此知行合一，不容间断。

但“体认”和“扩充”毕竟是字面上的空谈，必须有实实在在的功夫。

王阳明认为心上无法用功（太抽象），但由其发动而来的意和物（事）是可以切实把握的。因此，体认的功夫就是“诚意”（去私欲），扩充的功夫就是“格物（事）”。

人置身于社会，意识的发动有两种情况，由外向内的“应物（事）起念（意）”（触景生情）和由内而外的“心之所发”（相由心生）。

前者由物（事）到意，后者由心（良知）到意[心（良知）——意（意识）——物（事）]。

由此可见，意是联结知与行的纽带，是关键，所以要诚意。

诚者，真实无妄不自欺；诚意者，“着实用意去好善恶恶”，就是要像好色和恶臭一样发自肺腑地明辨善恶，同时，情感要真实流露，情之过与偏（私欲）都要适当调节。

良知真诚恻怛（同情心），原是知是知非（理性）、好善恶恶（感性）的，只要你能做到意之诚，不要欺骗或违背你的良知，就能将本然良知激活为明觉良知。

诚意确实抓住了问题的要害，但诚意的功夫主要是“静坐体悟、慎独思诚”，强调在不接外物、无所见闻的时候警觉辨察内心所发之私意，这就导致当时很多王阳明的粉丝觉得有事没事跟偶像一样打打坐很帅，纷纷效仿，最终买椟还珠，流于形式。

如果一个人的静坐不能增强他应付复杂现实的心理力量，徒好标新立异，陷入虚无空寂，反而减弱了面对外部事物时的心理承受能力，这就与阳明的愿望背道而驰了。

因此，诚意要和格物（事）结合，格物（事）就是在事上磨炼，在具体复杂的行为实践中不断地“应物（事）起念（意）”，从而锻炼你的应变能力，塑造稳定充实的心力。

格是正，物是事，具体方法就是为善去恶，正其不正以归于正。

由此观之，心（良知）——意（意识）——物（事）贯通一气，体用一源。在行为实践中应物（事）起念（意），又在静坐体悟时诚此念（意），从而体认良知，激活良知。

良知明觉后又发动而为意，监督引导意，落实到物（事）上而为行，由此知行并进，循环往复，不断上升。

致良知一边向内体认，一边向外发散，从而良知全体得以充塞流行、毫无滞碍，如此便能时时精明，不蔽于欲，临事不动，应变无言。

良知之运，无一息之停；致良知的功夫，也未有止境。

充拓良知会使自己的内心实现持久的快乐与满足，即使身处险恶环境，面对复杂局面，也能超越利害得失的纠缠而保持心境之平静，做出正确之判断，当行则行，当止则止，一切恰到好处。

良知是知，致良知是行，知行之间无非隔着一个意，意诚了，知和行只是一件事。因此，王阳明认为：六经皆史。

这是从宏观上看知行合一，经是言论，是思想，是知；史是人事，是实践，是行。

人生天地之间，五谷杂粮，餐风饮露，如能致其良知，复见心之全体，尽己之性，则亦能尽人之性，尽物之性，知往察来，由此及彼，无所不悉。最终既无内外之分，也无人我之间，达到万物一体的境界，能够“参天地，赞化育”。

是谓天人合一。

有无之境

试问：良知只是是非之心，那心之全体又是个什么面目？

这好比你对于用笔记本电脑上网办公打游戏已经习以为常，但突然把屏幕扣上，开始观察起电脑本身来。

大音希声，大爱无言。电脑任凭你使用，它只默默地注视着这一切。

天泉证道[1]四句教说：

1　天泉证道指嘉靖六年（1527 年）九月，王阳明在浙江会稽天泉桥上与大弟子钱德洪、王畿就“四句教”的师徒对话。

无善无恶心之体，有善有恶意之动；

知善知恶是良知，为善去恶是格物。

后三句就是上文所讲之总结：如果去做了，良知明觉，就能达到“无善无恶心之体”的境界。

心即理，理就是天理，心与天通。

《中庸》告诉你我，天的本质是诚。因为诚，所以能造化万物；因为诚，所以有四季轮回。

因此，无善无恶的境界就是诚的境界：真实无妄，明莹无滞。

当然你会问：王阳明说“心 = 性 = 理”，而性又包含了情，既有七情六欲之干扰，如何保证心之诚?

很简单，“险夷原不滞胸中，何异浮云过太空”。当喜则喜，当怒则怒，一过而化，不滞不留。

正如风雨雷电在天空中运转不息。卖伞的希望下雨，因此认为雨是善的；卖烧烤的害怕下雨，因此认为雨是恶的。这些都是外界的评判，并不重要，重要的是雨不会一直下，也不会永远不下。

心也应当如此。

喜怒哀乐往来胸中，但不滞留于心，成为烦扰和障碍。阳明举的例子是：心体上着不得一念留滞，就如眼着不得尘沙。这一念不但是私念，即便是好的念头亦着不得，如眼中放些金屑，眼亦开不得了。

心如诚，则能不着意思，不累于心，不动于气（有害的情绪），动静合一。

动静合一就是定，安定的定。心无动静之分，关机它是电脑，开机它还是电脑，只是开机时给它取个名字叫“良知”罢了（其静也者以言其体也，其动也者以言其用也）。

心的定是指内在的安宁与稳定，气定神闲，指挥若定。它的反义词是“动”。此动不是与“静”相对，应接事物的动，而是指动心、躁动。

常人的心时常处于妄动的状态，各种闪念像滚雷一样在心中炸响。由于对妄动无法察觉，你经常处于跟着感觉和情绪走的失控状态，不仅看不清事物的真相，临事时还会心虚气馁，感到理亏，因为“以志帅气”，内志不定，外气必弱。而心定之人，他的心就是一面明镜。你的妄动会清晰地映照在镜子上，使致命缺陷暴露无遗。

这种生理上的气场弱和紧张感，便是意不合于良知、知与行一分为二的结果。唯一的解决办法就是致良知（诚意与格物），阻止私欲反噬心体。

致良知不仅能满足你提高自身修养的需求，同时，持续的自我肯定让你时刻感受到体内充满了推动行为的力量和勇气，这种内在的充实展现出来就是“积极向上，理直气壮”。从而，心也诚了，静（静坐）亦定，动（接物）亦定，情顺万事而无情，“无所亏蔽，无所牵扰，无所恐惧忧患，无所好乐愤懥，无所意必固我，无所歉馁愧怍。和融莹彻，充塞流行；动容周旋而中礼，从心所欲而不逾。斯乃所谓真洒落”！

最后是“有无之境”。

天泉证道四句教，第一句是无，后三句是有。“无”需要靠“有”来呈现，“有”需要靠“无”来指引。无是体，有是用。

比如慈悲。救助穷人，向灾区捐款，你或许觉得自己很慈悲，但这些不过是温情罢了。如果心中的活动完全停止下来，那种彻底神圣的状态是什么样的？我们以为寺庙里的神像是圣洁的，殊不知其是由思想这一物质活动创造出来的木偶，并非心之体。心体之无正如这茫茫太虚，宇宙万物和自然现象作为“有”无不蕴含发生在这太虚之中；与此同时，万物并不能反过来成为太虚之障碍。你说太虚仅仅是无吧，它又能生发出万物之有。因此，太虚本质上是无，但其发动作用时便是有。

“无善无恶心之体”是你精神追求的最高境界，但其本身不是你人生的终极目标。通过对“无”的深刻体验，最终是为了实现人生“有”的价值，达到“终日有为而心常无为”的圣人气象。

然而，一切的一切，都自致良知始。絮絮叨叨了这么多，我且代王阳明问你一句：是否愿意信此良知忍耐去做，不管人非笑，不管人毁谤，不管人荣辱，任他功夫有进有退，我只是这致良知的主宰不息，久之自然有得力处，从而毫无馁歉，纵横自在，轻重厚薄，随感随应，我只变动不居？

第十四章

传薪有斯人——泰州学派

此身已在含元殿，更向何处问长安

南昌的讲学盛况空前，巡抚衙门谈笑有鸿儒，往来无白丁。

然而阳明念念不忘的还是他的弟子冀元亨。

在王门一期里，冀元亨追随阳明最久。在他贬谪龙场时，冀元亨就跋山涉水不避艰险去龙冈书院投师。后又追随他到吉安、南赣，始终形影不离，最后因奉阳明之命卧底宁王府而被许泰、张忠抓住把柄，押往北京。

许泰、张忠抓冀元亨是为了通过他诬陷王阳明勾结朱宸濠。然而让许、张二人失望的是，冀元亨在惨绝人寰的诏狱中饱受酷刑，竟能一言不发，拼死维护恩师。

阳明多方奔走，为其鸣冤，北京六部的王门弟子纷纷响应，上书要求释放冀元亨。奈何江彬势大，强力弹压，终正德一朝，冀元亨也未能出狱。

直到嘉靖即位，冀元亨方得以重见天日，却因长时间的身心摧残，感染痁疾，不逾五日而亡。

阳明悲愤不已，在答谢朝廷封赏的奏疏中特别提出："冀元亨为臣劝说宸濠，反为奸党构陷，竟死狱中。以忠受祸，为贼报仇；抱冤赍恨，实由于臣。虽尽削臣职，移报元亨，亦无以赎此痛！"

然而，中央的高层正为了新一轮的权力重组忙得不亦乐乎，谁又有暇关心阳明奏疏中提出的为冀元亨平反并抚恤其家人的要求？

无奈之下，阳明只好致书湖广布政使，请他优恤冀元亨一家。

这桩冤案使阳明难以释怀，成为他终生的隐痛，亦使其深感唤醒每个人心中之良知的迫切性与必要性。

这段时间拜入阳明门下的可统称为"王门四期"，主要是一些官场上的人物，比如号称"新建三魏"的魏良弼、魏良政、魏良器三兄弟，劝阻朱厚照南巡而被廷杖贬官的翰林院修撰舒芬，吏部员外郎夏良胜等人。

致良知的提出使阳明心学圆满自洽，而他的讲学方式又是如此生动活泼，引人入胜，一时间三教九流、各色人等接踵而至。南昌城人满为患，争睹阳明。

王阳明把良知比作主人，私意比作奴婢。主人沉疴在床，奴婢便作威作福；主人服药痊愈，奴婢则渐听指挥。正所谓“良知昏迷，众欲乱行；良知精明，众欲消化”，又何苦骑驴找驴，向外去寻？

他又将良知比作掌纹，虽朝夕得见，但要将其纹理精微之处看个明白，还需用功。

作为功夫的诚意，阳明将之比作猫之捕鼠。一眼看见，一耳听见，一念萌动，即斩钉截铁，将私意克去，不可姑息窝藏，放它出路。

这天，阳明与弟子论学至深夜，一个学生始终弄不明白良知是什么。

忽然，房上瓦响，从梁上簌簌地落下一些灰尘。紧接着，门外一阵骚乱，卫兵大喊抓贼。

须臾，房门敞开，一个灰头土脸的小偷被卫兵押了进来，等候阳明发落。

王阳明让他们散去，指着小偷对众人说：“我把他的良知找出来，你们就明白了。”

说着，阳明向小偷道：“把衣服脱了。”

众人大惑不解，小偷更是惊惧交加。

奈何身不由己，只得战战兢兢，依言而行。

阳明不停地叫他脱，一直脱到只剩一条裤衩。

这回，任凭阳明疾言厉色，小偷却是死活不肯再脱，并高声道：“打我也好，杀我也罢，就是不能再脱。”

阳明问他为何，小偷支支吾吾说不上来。阳明指着他向众人道，这就是良知。在情感上，是羞耻之心，升华到理性的选择就是是非之心——脱外衣可；一丝不挂，不可。因为这是人之为人的根本。

小偷哭了，给阳明下跪道：“我为生计所迫干此行当，从来就没有人尊重过我，我自己也瞧不起自己。做贼这几年，被人逮住后只有被打被囚的份儿，从没有人说过我还有良知，只有您还把我当人看，我不能辜负您。今后如果再偷，我自己杀掉自己！”

阳明叹道：“愚不肖者，虽其蔽昧之极，良知又未尝不存也。苟能致之，即与圣人无异矣。”

第二天继续讲课，阳明有感于昨晚之事，给学生做了个比喻。

良知本来自明。所谓的贤愚之分不过是愚人心上的渣滓多些，障壁厚些，不易开明；贤人渣滓少些，障壁薄些，略加致知之功，良知自然莹彻。但无论渣滓多少，都如“汤中之浮雪”，皆可去之。

话音方落，门卫来报，说一个江苏泰州来的自称王银的人求见。

彼时阳明早已名扬天下，每天都有从全国各地前来求学论道的，别说泰州了，凉州都不奇怪。

因此，阳明随口说了声“有请”，便又兀自讲课去了。

可是这回他错了。

半晌，门卫回来了，不见王银。

阳明问他何故，门卫哭笑不得，说这个王银脑子不太正常，衣着古怪，形同戏子，进到中门便站住了，说是未见主人，不进中堂。

阳明心下诧异，同众弟子来到中门。

只见一人峨冠博带，双手端着一片跟他帽子差不多高的笏板，神情古怪却又毕恭毕敬地站在原地，口中念念有词，不知在嘀咕什么。

阳明拱了拱手，道：“远客到此，迎接来迟，失敬失敬！”

那人鞠了个九十度的躬，自报家门：“泰州草民王银，久闻先生大名，特来相会。”

该草民说的是“相会”，不是求学，也不是拜访。

而其相会的对象相当于省部级。

阳明见他不卑不亢，眉宇间颇有一股英气，便将他请入正堂，准备看座。

不过草民王银显然没有坐侧席的习惯，他大摇大摆径自往主席走去，一屁股坐到了阳明的座位上。

众弟子哗然，有看不过的起身要呵斥王银，被阳明制止了。

阳明找了个侧席坐下，这才看清王银手中的笏板上歪歪扭扭写着四排字：非礼勿视，非礼勿听，非礼勿言，非礼勿动。

阳明打趣道：“先生所戴何冠？”

王银目不斜视：“有虞氏（舜）之冠。”

王阳明：“所穿何服？”

王银："老莱子（老子）之古服。"

王阳明："学老莱子乎？"

王银："然。"

众弟子窃笑不已：即使是老莱子，平日也不会穿这么古怪且麻烦的衣服。唯其七十多岁时为让父母开心，才穿着五彩斑斓的衣服，蹒跚学步一般故意摔跤，假装哭泣，逗得父母直乐。

于是王阳明反问："何以只学他穿衣，而不学他在堂上假摔，掩面哭泣？"

王银心中一惊，有些坐不住了。

成圣心切的富二代

王银此番是有备而来。这个极有主见的年轻人拥有一套自己的理论体系，绝不肯轻易服人。

王银原本在泰州讲他那套理论，一个路人听着耳熟，就问他是不是王阳明的弟子。王银先是茫然，然后不屑，因为他不相信有人能超过自己。

但一打听，发现自己才是井底之蛙——不知道王阳明会被人耻笑为化外之民。

王银很受打击，决定去南昌一探究竟。他将原来那身更夸张的尧服换成了不那么夸张的舜服，已经很给王阳明面子了。

此刻，王银调整了一下情绪，将平生所悟拿出来反复诘难王阳明。

众人越听越惊，只觉这王银见识不凡，又有一条如簧巧舌，果非寻常之辈。

阳明气定神闲，见招拆招，暗自欣喜不已。

王银终于被驳得哑口无言，心服口服，只得起身告辞。

晚上回到驿馆，仔细回想白天同阳明的问答，王银又有些后悔：王阳明固然学问精湛，但议论之间并非全无漏洞，怎能轻易服输？

他辗转反侧了一宿，将自己的理论又条分缕析了一遍，自信这回可以驳倒王阳明了。

第二天一早，王银求见，说要再辩。

王阳明欣然应允，又与他辩了整整一天。众弟子听他二人唇枪舌剑、机锋论辩，无不甘之如饴，受益匪浅。

最终，王银彻底信服，起身倒地而拜："先生之学，精深极微。愿为弟子，听从先生教诲。"

阳明很喜欢这个悟性高、有主见的年轻人，当即决定收入门下，并替他改名，将"银"改为"艮"，取字"汝止"。

艮为八卦中的一卦，代表山，巍然挺拔，不依不附，很符合王银独立自主的个性。但又不能失之于野，要懂得适可而止，因此以"汝止"为字。

从此，一个开创了泰州学派，使阳明心学更加平民化，乃至"凡有井水处，皆谈王阳明"的人横空出世。而王艮这个名字也和王阳明一道，从此席卷天下，风靡一时。

王艮似乎专为心学而生，他本人就是活生生的心学标本。他爸是泰州盐场的一个灶丁，每天在蒸煮煎熬的恶劣环境中挥汗如雨，挣扎在温饱线上。

按照明朝的户籍制度，如果不出意外，王艮这辈子没有别的选择，只能继承他爸的衣钵，在毒物熏扰汗流浃背既贫且贱的煮盐工作中将这平凡的一生消磨殆尽。

真的没有转机了吗？

"我们经历着生活中突然降临的一切，毫无防备，就像演员进入初排。"（《生命中不能承受之轻》）

明朝中叶，商品经济的迅速发展和弘治初年户部尚书叶淇进行的一系列改制导致政府对食盐的控制逐渐放松，沿海一带的盐商先富起来。

王家作为盐户也搭上了改革的顺风车，在完成政府下达的产盐指标后，余盐可以自行销售。

就这样，王艮逐渐阔绰，随父外出经商，辗转各地，眼界越发开阔。

和其他富二代不同的是，王艮不喜欢跑车。他的衣袖里总是藏着一本书，每遇读书人必上前请教，反复商讨。加之悟性极高，又勤于思考，天长日久，不仅生意越做越大，学问也越来越深，狂傲不羁的王艮开始觉得自己要干点什么了。

干什么呢？成圣。

这个念头是他二十五岁游孔庙时产生的。

据游客反映，王艮当日盯着孔子的塑像看了半天，又心事重重地踱到门外的参天古木下以坚毅的目光四十五度角仰望天空，道："夫子亦人也，我亦人也。"

从此，"奋然有任道之志，旦夕寤寐"[1]。

其实很好理解，成圣嘛，第一要名动一时，最好能名垂青史；第二要德才兼备。问题是王艮的身份。他既不是达官显贵，也不是文化名流，而是排在四民[2]之末的"商"，这就耐人寻味了。

王艮一不从事科举，二不差钱，这让他少了很多负担，思维活跃，自我意识膨胀。

更值得庆幸的是，他生对了时代。早一百年社会风气不会这么开放，晚一百年满人就该入关了，他不偏不倚夹在中间，还碰到了王阳明这等千年一遇的心学大师。

不过平心而论，王艮能有日后的成就，也同他本人强烈的成圣意识密不可分。拜谒孔庙后，他读书愈加勤奋，并静坐体悟，夜以继日，寒暑无间。

终于有一天，他做了个梦，剧情十分老套，是一部爆米花灾难片。

本片不玩海啸、台风这些小儿科，也不搞三体文明入侵这些硬科幻，创意枯竭的编剧直截了当地告诉观众：天塌了（"一夕梦天坠压身"）。

然后是迈克尔·贝式的炸来炸去，血肉横飞，所有人除了无师自通的尖叫与逃跑，什么都不会（"万人奔号求救"）。

该片导演并不止步于制造血浆和破坏建筑，所有的铺垫只有一个目的——衬托王艮的出场。

王艮继承了类型片中男主角打不烂、捶不扁、炸不死的优良传统，光荣完成了拯救地球这一艰巨的任务（"独奋臂托天而起"）。

就在观众都以为电影行将结束时，导演偷师《异形》，剧情反转，让大英雄王艮看到了一个骇人的景象：日月列宿失序。估计天塌就跟这有关。不

1 出自徐樾《王艮别传》。

2 四民指的是古代中国按职业划分的四种平民身份，分别是士、农、工、商。

过不要紧，我们有大英雄王艮。

王艮大手一挥，将其“整布如故”，轻松得跟摆象棋似的，于是乎“万人欢舞拜谢”。

王艮醒来后“汗溢如雨”，随即感到心体洞彻，宇宙在我，天将降大任于自己了。

他不敢懈怠，爬起来自言自语道：“言尧之言，行尧之行，不服尧之服可乎？”

于是按照《周礼》的记载，量身定做了一套尧服，从此“行则规矩方圆，坐则焚香默识”，并在自家大门上刷了几排大字：此道贯伏羲神农黄帝尧舜禹汤文武周公孔子，不论老幼贵贱贤愚，有志愿学者传之。

意思是要面向社会公开授课了。

泰州风暴

王艮整日沉醉于冥思遐想，言行荒诞不经，脸上像刻着四个字“我是圣人”。要不是遇到王阳明，恐怕一辈子就在自大与张狂中沉沦下去，空余些许逸事作为邻里乡亲茶余饭后的谈资罢了。

入门后，王艮依然坚持己见。

二人在论及天下事时，阳明主张“君子思不出其位”，意即不要去做超越自己本分的事。

王艮马上说：“某虽匹夫，而尧舜君民之心未尝一日而忘。”

阳明举例说：“舜耕历山，忻然乐而忘天下。”

王艮马上反驳说：“那是因为当时有尧在上。”

阳明最终“然其言”。

毫无疑问，王阳明的思想基调是入世的，这也是他喜欢王艮的重要原因——跟自己很像。

问题是王艮性格直爽，想法天真，光顾着积极入世而不懂得自保，很容易遭人暗算，因此阳明刻意地摧折打压也是出于爱护之心。

但江山易改本性难移，王艮终于还是做了件出格的事。

一天，王艮跑到阳明跟前道："千载绝学，重昌于今，岂可使天下有不知吾师之学者？"真是老师不急学生急。

王艮又问："孔子当年周游天下，其车制何如？"

阳明不知道他葫芦里卖的什么药，并不作答。

王艮也不勉强，跑到古玩市场收集了一堆图纸，自己动手仿造了一辆周天子祭天时乘坐的招摇车，车上立一大旗，上书"入山林求会隐逸，过市井启发愚蒙。遵圣道天地弗违，致良知鬼神莫测"。并重新穿上他那套惊世骇俗的尧服，带俩仆人，推着车沿途聚讲，直抵京师，都人"以怪魁目之"。

你要觉得王艮在胡来那就错了，人家打的是有准备之仗。为什么选择这个时间上京？因为北京正在举行会试，全国的优秀人才齐集于此，具备很好的炒作土壤。

但王艮此行着实凶险，有人谣传他抵京前夕，有个老头梦见"一无首黄龙四处行雨，至崇文门变为人立"。

这就非常忌讳了，况且京城还有一帮不爽王阳明的官员。

幸好王门三期的欧阳德等人当时正在北京，他们连拖带拽把王艮和他那身行头藏了起来，阳明也移书王艮之父，让他遣人速召王艮。

回来后，阳明三日不见，王艮则长跪不起。一日，阳明送客出门，返回院中时王艮道："某知过矣！"

阳明停了停，继续向屋内走去。王艮高声道："仲尼不为已甚（孔子不做过分的事）！"

阳明这才折了回来，将王艮扶起，原谅了他。

王艮的思想体系用八个字概括就是：安身立本，淮南格物。

他不像阳明做那么多纯粹的哲学分析，而是捡"人皆有良知"的现成，以无视明觉良知的功夫，全力渲染良知的效用。

王艮认为身为天下之本，要先懂得如何"保身"。人身安全得到了保障，就要去外界"格物"。

王艮的淮南格物将"格"曲解为"格式"，物就是外物，因为他觉得自个儿已经是无须证明铁板钉钉的圣人了，所以要用自己这张矩尺去标准化世间万物。

同时，由于轻思辨而重实践，王艮将人伦关系中“朋友”这一伦提到了空前重要的地位，为明末市民社会的形成做好了理论准备。

由此，泰州学派涌现出一个又一个肯定情欲、重视感性、好为人师、掀翻天地的大人物。

比如王艮的再传弟子颜山农，终生不仕，在野行道，自立宇宙，不袭古今。曾手书“急救心火”的宣传单，在南昌城的大街小巷四处张贴，召集江西民众去听他“端正心学”。

端没端正不知道，但颜山农赤身担当，深入民间，甚至经常在讲学会中就地打滚，大喊“试看我之良知”。而他的听众士农工商一应俱全，可谓将心学彻底普及到了社会底层。

四百多年后的美国，一群传播学学者发现，随着大众传媒向社会传播的信息日益增多，处于不同社会经济地位的人获得媒介知识的速度是不同的。社会经济地位高的人比社会经济地位低的人获取信息更快捷、更简便。因此，这两类人的知识差距将呈扩大而非缩小之势。

这就是著名的“知识沟理论”，它传达出一个道理：比表面上的贫富之分更可怕的是教育的不公和信息获取的不公。

然而早在明朝，颜山农就发现了这条理论，身体力行，消除“知沟”……

颜山农的弟子何心隐更传奇，他是中国最早搞乡村建设的学者。

此人资质极高，史称“颖异拔群”[1]，是嘉靖二十五年（1546年）江西院试的第一名。这么一棵优秀的读书苗子却让颜山农给带坏了，从此不入仕途，专当“文化流氓”。

何心隐用心学思想做社会实验，在民间成立聚合堂，以对抗政府的法外之赋。又划时代地建立了“会”这种组织，于传统的家、国、天下之外为人与人的交际提供了另一种形式。和书院不同的是，会不是文人的小圈子，其会员囊括了社会的各个阶层。

君主专制的政治体制终于被撬开了一道石缝。

1　出自邹元标《梁夫山传》。梁夫山即何心隐，他本名梁汝元，字柱乾，号夫山。

何心隐组织能力极强，阅历又广，再加上急公好义，爱管闲事，以至于文坛泰斗王世贞在《嘉隆江湖大侠》这本莫名其妙的书里不阴不阳地讥讽他为“狂侠”。

何心隐批判纲常名教，明确提出“穿衣吃饭，即是人伦物理，除却穿衣吃饭，无伦物矣”[1]。他以草民之身玩政治，利用蓝道行设计使严嵩失宠，为徐阶倒严做出了决定性的贡献。他四处讲学，行踪不定，强势如张居正亦视之为心腹大患。

总体来看，王艮一脉的王门弟子重实干、轻思辨，属于王门三派中激进的“现成派”，他们对历史的推动作用远远大于其在学术方面的贡献。

其中保守者稍知收敛，乃能位高权重，如赵贞吉官至礼部尚书、入阁拜相，耿定向官至户部尚书，书法家孙应鳌官至刑部侍郎。

中间者不恋权位，术业专攻，成为各自领域的专家，如万历十七年（1589年）的状元、著名学者、藏书家焦竑，内阁大学士、科学家徐光启，诗人、教育家罗汝芳，戏曲家汤显祖。

激进如颜山农、何心隐，多为社会活动家。传至李贽，则已不能用“激进”二字概括。其旗帜鲜明地反礼教、反专制、反传统，前无古人地发出具有现代意义上的思想解放和人人平等的呐喊，已超越那个时代太多，以至于不能见容于世。

万历三十年（1602年）五月，在京城关押朝廷钦犯的监狱里，胡须花白、面容憔悴的李贽利用狱卒为他理发之机，夺过剃刀，直刺自己咽喉，顿时血流遍地。

狱卒问他：“痛否？”他以指蘸血写道：“不痛。”狱卒又问他：“为何自杀？”他写道：“七十老翁何所求？”

次日子夜，心学传人李贽，明朝最伟大的思想家之一，贡献了无数在当时看来是异端邪说，而现在看来不能不惊讶其超前且深刻之见解的伟人与世长辞，享年七十六岁。

1　出自李贽《焚书·答邓石阳》。何心隐与李贽为同时代人，同属泰州学派。

第十五章 大议礼

杨廷和布局

王阳明在南昌讲学不休，北京城却发生了惊天动地的剧变。

朱厚照死了。

朱厚照再不死，大明朝就该死了。

他人生华丽的谢幕是在返京途中跑到清江浦去摸鱼，结果鱼没摸着，自己倒不慎落水，差点被淹死。

回京后，惊惧交加元气大伤的朱厚照身体每况愈下，御医尽心调治，终不见效。

司礼监掌印太监魏彬密询御医，见统统摇首，便向内阁走去。

在内廷排得上号的太监里，张永跟文官是一条心，张忠跟许泰、江彬是一条心，魏彬跟太后是一条心。

魏彬找到杨廷和，道："皇上不豫，医力已穷，不如悬赏巨金，求诸草泽。"

表面看是说御医已经回天乏术，不如试试民间的名医，其弦外之音却是针对朱厚照无嗣的现实，话藏机锋：不如从民间找一个婴儿即位？

杨廷和清楚这是太后授意，让他试探自己，毕竟内廷也不敢擅作主张，冒此天下之大不韪。

杨廷和沉吟半晌方道："御医久侍圣躬，必多经验，正如人生伦序，当先亲后疏。"

这就向他表明了自己的立场：必须从藩王中选。

杨廷和早就料到了这一天，他不得不面对一个极其复杂的局面。

站在杨廷和的立场上分析不难发现，有四伙势力如同四朵阴云笼罩着紫禁城。第一，以江彬为首的边将集团。第二，朱厚照的生母张太后。这个女人不哼不哈，闷声不响地经营着自己那一亩三分地，将张氏族人安插于朝廷各处。第三，宦官集团。第四，文官集团。

文官当中山头林立自不待言，宦官基本上和太后穿一条裤子了。但这些都不重要，当务之急是除掉江彬。江彬手握兵权，一着不慎就会天下大乱。

朱厚照驾崩当天，杨廷和便找到张太后，首先达成的共识是秘不发丧，先商量好由谁继统。

按照惯例，没有子嗣便兄终弟及。问题是明孝宗是单传，朱厚照没有亲兄弟，最妥善的方案是从孝宗的侄子亦即朱厚照的堂弟里面找一个继位。

但张太后不这么想。本来如果朱厚照争点气搞出个娃，人现在就不叫皇太后而叫太皇太后了。可要是从藩王里选个程咬金出来当皇帝，日后连皇太后的地位都将不保。

但很显然张太后还没有胆大到狸猫换太子的地步，不然她也不用派魏彬去试探杨廷和，直接单干得了。说到底，没有文官她还是玩不转。想绕开杨廷和？她没有这个实力。因此，她必须让步。

于是，谈判的焦点集中在两个问题上：继嗣和选谁。

符合条件的藩王有三个，杨廷和青睐的是兴献王世子朱厚熜，亦即后来的嘉靖帝。

表面上看是因为朱厚熜好读书、有贤名，实际原因是他在这三者中年纪最大，已经虚岁十五，另外两个都是褦襶无知的小孩，容易被太后控制，导致垂帘听政，外戚专权。

深谋远虑的杨廷和最后开出的条件是：朱厚熜加继嗣。继嗣说白了就是喊张太后为妈，喊明孝宗朱祐樘为爸。这样一来，内廷干政的隐患消除了，张太后也不用担心被新皇帝一脚踢开，两全其美。

事实上，张太后并没有多少谈判的筹码，唯一吸引杨廷和的是她可以下懿旨召江彬入见。

众所周知，朱厚照常年的办公地点在豹房，而豹房在紫禁城外。因此，作为武宗宠臣的江彬很少进入紫禁城。

但针对这样一个位高权重的军事统帅，抓捕地点你设在哪儿都不安全，只有将其孤身一人骗进午门，乱拳打死。

恰逢坤宁宫落成，正拟安置屋上的兽吻，邀请江彬参加落成典礼是很合适的借口。就这样，江彬被骗了进来，皇城六门齐齐下钥，守城兵一拥而上。江彬被捕下狱，随即凌迟处死，余党一网打尽，张忠、许泰流放边疆，王琼也被安了个“私通乱党”的罪名，罢官而去。

借花献佛，张璁得志

兴献王朱祐杬是宪宗朱见深的第四个儿子、孝宗朱祐樘的亲弟弟，封地在湖北。杨廷和总摄朝纲，派阁臣梁储去湖北奉迎朱厚熜。

与此同时，杨廷和凌厉地涤荡了朱厚照在北京城里的一切痕迹，包括撤销皇庄，遣散僧侣和戏子，把豹房里的野兽统统杀掉。同时，罢免冗官，边兵归卫，限制土地兼并，减免百姓税负。一时间，内外咸倚为重。

但问题要一分为二地看，杨廷和客观上利国利民，却也借机打压了政敌，将六部尚书都换成了自己人。王琼去职后，王阳明在高层失去了靠山。

饶是杨廷和算盘打得如此之精，他还是犯了一个错误：低估了朱厚熜。

朱厚熜一行顺利抵京，尽管事事低调，但在原则问题上却绝不让步。

比如礼部员外郎杨应魁按杨廷和的意思安排朱厚熜由东安门入城，朱厚熜当即拒绝，理由很简单：东安门是皇太子出入的门，我是即位的新君，当走正门。

又比如礼部给其安排的年号是“绍治”，意思是“继承弘治”，也就是孝宗朱祐樘。绍什么绍啊，朱厚熜拿出《尚书》，翻到一页，指着上面“嘉靖殷邦”[1]四个字说，就要这个。

别以为小孩子好糊弄，人家是有备而来的。

国不可一日无君，朱厚熜固执已见、驻足不前，内阁屈服了。

但接下来礼部“继统须继嗣”的规定直接拉开了震动朝野波及天下的“大议礼”的序幕。

站在朱厚熜的立场，继统须继嗣的条件确实苛刻——合着这皇帝不是白当的，得六亲不认，给别人当儿子？

搁寻常百姓家也难以接受，何况兴献王只有朱厚熜这一个儿子，为了当

1　出自《尚书·无逸》。

皇帝不认亲爹，放在那个《孝经》还是经典的年代会遭天下人耻笑。

礼部尚书毛澄也知道这太强人所难，跑到内阁向杨廷和问计。

杨廷和告诉他可以举西汉定陶王[1]、北宋濮王[2]的例子，这两人都是继统又继嗣。实在不行就搬出程颐的话：为人后者谓所后为父母，而谓所生为伯叔父母。

由此可见，以杨廷和为代表的高层就是要用程朱理学做理论依据，强迫朱厚熜称孝宗为“皇考”，兴献王为“皇叔考”。

朱厚熜当然不干，反问道：“父母可移易乎？”

不干又能怎样？偌大一个紫禁城以乾清门为界，外面杨廷和说了算，里面张太后说了算，一干宫女太监还不知道是谁的眼线，稍有不慎就有可能成为下一个宫闱血案的男主角。

因此，朱厚熜不得不向文官集团求情，希望他们让步，甚至派宦官私下找到毛澄，苦苦哀求，重金行贿，搞得老头左右为难，回绝道：独有一去，两不相帮。

朱厚熜清楚，问题的关键还在杨廷和，因此频繁地请他老人家过来喝茶套近乎。

杨廷和茶照喝，嗑照唠。不继嗣？没门儿。

用现代的眼光看，为两个死了的人争皇考皇叔考实在无聊，杨廷和又不是迂阔不化的腐儒，何以如此不近人情？

因为活着的人。

继了嗣张太后就是朱厚熜的妈。其太后的位子保住了，外戚集团才不至于树倒猢狲散，也只有这样皇权和戚党才能彼此制约，内阁才能放开手脚干事，朱厚熜才能避免成为朱厚照第二。

另外，如果朱厚熜真的称亲生父亲为父，那就断了朱祐樘一系的正统，预示着帝位不必一脉相承，朱宸濠这样的旁系也有资格染指神器，那各地藩王都将对皇位虎视眈眈。

然而，杨廷和的苦心孤诣被一个人打破了——朱厚熜的亲妈蒋氏。

蒋氏听说了朝廷的变故，跑到北京来要见儿子。

1　指汉哀帝刘欣，他是汉成帝刘骜之侄、定陶恭王刘康之子，后被汉成帝立为太子，汉成帝死后继位。

2　指宋英宗赵曙，他是濮王赵允让第十三子、宋仁宗赵祯养子，宋仁宗死后继位。

这就使问题复杂化了。

如果按照杨廷和的设计，蒋氏就成了朱厚熜的叔母，叔母见了皇帝得称臣。但实际上蒋氏是皇帝的亲妈，“子不臣母”是《春秋》上的微言大义，《春秋》的作者是孔子。和孔子相比，程颐就黯然失色了。

杨廷和陷入了逻辑悖论。

可惜朱厚熜没有发现这道突破口，万般无奈的他找到张太后，说自己情愿避位归藩，奉母终养。

历史行进到三岔口时，总是交由它指定的人选来改变车轨，这次是张璁。

朱厚照死的那年张璁才考上进士，且年事已高（四十七岁）。

不过他很赶趟儿，在生命的最后十几年发挥了把余热，借“大议礼”一跃成为那个群星闪耀的时代的男二号。

除了爹妈，张璁这辈子最应该感谢的人是王阳明。没有心学做理论支撑，他不可能抓住杨廷和的漏洞，一击命中一鸣惊人，登上时代的舞台。

张璁早年听过王阳明的课，虽未拜入门下，但同王门弟子走得很近，心慕王学。

考上进士的张璁去礼部报到实习。

通往成功的道路已经施工了四十七年，他等不及了。

于是，张璁翻开名片夹，两个至关重要的名字映入眼帘。

黄绾和方献夫。

黄绾此刻在南京任职，方献夫当年以上司的身份拜阳明为师，随即连官都不当了，回家专心治学。

张璁对二人的判断非常准确。黄绾作为王门斗士不爽杨廷和久矣，方献夫你研究了那么久哲学也该用实践检验检验了吧？

因此，他找到这两人，虚心请教，反复研讨，写下了那篇一石击起三层浪的《大礼疏》。

张璁在疏中详细分析了杨廷和的论据，认为汉定陶王、宋濮王都是在很小的时候就被汉成帝、宋仁宗预立为嗣，养在深宫，跟眼下武宗无嗣而迎立朱厚熜不可一概而论，又着重强调了子不臣母和若继嗣兴献王一支将绝嗣的现实，力使览者动容，无法反驳。

张璁的奏疏让问题明朗起来，由此可以给“大议礼”定性了：一场以政治斗争为核心、以理学心学为武器的意识形态层面的较量。

不难看出，张璁之所以心慕王学是因为他觉得这是一种有效的晋升工具，其奏疏中言之凿凿、谈来谈去的四个字“礼本人情”也是阳明心学的重要主张。

在程朱，礼是圣人依据天理构筑的外在规范；在阳明，心即天理，礼缘人情。因为人同此心，心同此理，所以礼才得以行万世而皆准。

其实，即使是孔子，在论证“仁”时也以人皆有孝悌之情作为理论依据，不能不说程朱理学与阳明心学的这次正面交锋，天理与人情的短兵相接，杨廷和一方从一开始便埋下了失败的伏笔。

桂萼发家史

张璁的他山之石借得如此巧妙，以至于孤立无援的朱厚熜在看完《大礼疏》后喜极而泣道：“此论一出，我父子之情得以保全了！”

有人喜出望外就有人忧从中来，杨廷和头大了。

从时人的评价中不难看出，张璁这道奏疏确属不刊之论。比如当时赋闲在家的杨一清给老友乔宇写信说：“张璁此论，圣人不易，恐终当从之。”南京吏部尚书石珤也暗中告诉张璁：“慎之，大礼说终当行也。”

既然撕开了口子，想压下去就不容易了。那些在杨廷和主政期间失势的官员纷纷跳了出来，声援张璁，而王门一期的席书，王门二期的黄绾、方献夫、黄宗明等人也坚定地站在张璁一边，为他提供理论弹药。

再加上朱厚熜以退位要挟，杨廷和扛不住了，提出一项折中的方案：嗣还得继，但准许朱厚熜追认其父为“兴献帝”。不过，这个“帝”是带括弧的，必须注明是“本生父”。

虽然不用喊过世的亲爹为“皇叔考”了，但朱厚熜“只继统不继嗣”的目标依然没有实现。

张璁不依不饶，继续上疏，说议礼定制本是天子的权力，皇上应当揭父子之大伦，明告中外。

杨廷和怒了：一个礼部的实习生，还蹬鼻子上脸了不成？！当即命吏部将张璁赶到南京去任闲职。

张璁根本不在乎，引爆重磅炸弹他已经成功了一半。事实证明，南京才是他真正崛起的地方。

彼时，黄绾是南京都察院经历（正六品），席书是南京兵部侍郎，方献夫也已出山，任南京刑部员外郎，张璁和他三人天天聚在一起，谈论议礼之事。

其实，杨廷和也面临着巨大的压力，心力交瘁的他暗中给张璁去了封信软言相告：以你之才不应在南京任职，静处以待，不要再用“大礼说”为难我。

张璁果然安静了一段时间，但另一个人却等不及了——

南京刑部主事桂萼。

南京已经够闲的了，还是个主事，怎能不让这个正德六年（1511年）的进士、已经在官场摸爬滚打了十年的老男人深感中年危机？

于是，桂萼决定博上一把。

他刻意结交张璁等人，极力赞成他们的主张，煽动继续上奏。

众人亦觉言犹未尽，便又从各个方面攻击统嗣兼继的破绽，写好奏疏，一并上奏。

好风凭借力，原本默默无闻的桂萼也跟着大佬们递上了自己的奏折。

像所有野心勃勃的政治赌徒一样，桂萼一出手就把身家性命都押上了，他的主张比所有人都激进——皇上应速发明诏，追尊兴献王为皇考，并立庙于大内。称孝宗为皇伯考，武宗为皇兄，封蒋氏为圣母皇太后。

这就是公然与杨廷和叫板，势不两立了。

桂萼这把下注很大，远在南京的他要赌紫禁城里的朱厚熜能玩过杨廷和与太后集团，而且玩过之前要保证自己不能先被杨廷和玩死，风险极高。

但高风险意味着高回报，他押对了宝。

朱厚熜拿着桂萼的奏折，读一句点一回头，激赏道：“此疏关系重大，天理纲常，要仗他维持了！”

言毕，召廷臣集议，讨论南京呈上来的奏疏。

其时，毛澄已经致仕，杨廷和也心灰意冷，百官在新任礼部尚书汪俊的带领下同朱厚熜继续抗争。

杨廷和为什么不争了？

很简单，他以其敏锐的政治嗅觉预感到了失败的无可避免。

朱厚熜不是朱厚照，一年多的皇位没有白坐。他拼尽全力收买宦官，千方百计在锦衣卫中安插自己人，甚至不惜将国人皆曰可杀的许泰、张忠免死充边以笼络边将和宦官集团，都是为了日后的不时之需做准备。

雄猜朱厚熜的智商绝对高居明朝皇帝排行榜榜首，但他向来没有将聪明用到正事上的习惯。因此，这样的皇帝信奉道家无为之治是中国之幸。

朱厚熜明白，不把这帮文官的嚣张气焰打压下去，自己将无以立足。故他将汪俊这拨人里言辞激烈的挑出来，以结党乱政为名下令夺俸。

处罚并不重，主要是为了试试水，表明自己的态度：朕要反击了。

汪俊见帝意难违，又退了一步，准他称兴献帝为兴献皇帝。

朱厚熜仍不满意——这不还得继嗣吗？于是，下旨召张璁、桂萼、席书入京议事。

杨廷和使出撒手锏——辞职，后招是命言官们上疏挽留。面对雪片般的奏疏，朱厚熜只好批示“不许”。杨廷和故技重施，再提辞职，一定要逼朱厚熜放弃重用张璁、桂萼。

然而，朱厚熜壮着胆子，不顾政局动荡之险，抢在言官们再次交章请留前立即批准，并将辞呈和诏书公之于众。

杨廷和的悲愤可想而知。但朱厚熜不按常理出牌，他也只好收拾铺盖走人，临行前布下了几颗重要的棋子。

都察院右都御史吴廷举为了拖延张璁等人上京，提议让两京官员统一上疏，各陈所见，以备采择。

桂萼重申统嗣不同的理由，张璁明白无误地指出：“现在的问题不在皇与不皇，而在考与不考，即爹是不能乱认的，有且只能有一个。”黄绾则用反证法：“按礼部的说法，继统继的是孝宗的统，继嗣继的是孝宗的嗣，那将朱厚照置于何地？是否应该取消武宗的庙号？”方献夫更是开宗明义：“先王制礼，本缘人情；君子论事，当究名实。”

当然也有一大批支持礼部的奏章，继任内阁首辅的蒋冕痛心疾首地写道：

"臣愿陛下为尧舜，不愿陛下为汉哀。"但朱厚熜选择性失明，只对张、桂等人的奏疏嘉纳不已，余者一概视而不见。

刚愎自用的朱厚熜感觉火候差不多了，便敕令礼部一切按桂萼第一次上奏的办。这样一来，除了括弧里还有个"本生父"之外，再没有任何有碍朱厚熜观瞻的字眼。

汪俊软磨硬泡，皆不见效，无奈之下，悬节东门，拂袖而去。同时辞官的还有蒋冕。

朱厚熜不管，他让礼部侍郎吴一鹏代署部事，一面让他按自己的既定方针办，一面诏令当时正督赈江淮的席书入京任礼部尚书。

户部侍郎胡瓒上言，说大礼已定，席书督赈江淮，实系民命，不必征取来京。内阁大学士石珤也趁机奏请停召张璁、桂萼。

朱厚熜见剩下这拨人不闹腾了，自己的目的也达到了，毕竟还得靠人家办事，就卖个面子给他们，准奏。

这下轮到张璁和桂萼不爽了。两议礼新贵奉诏启程已经走了一半，正做着咸鱼翻身的美梦，却接到回任的消息，这对离成功只有一步之遥的政治暴发户来说是不能接受的。

张璁和桂萼一合计，又上了道奏疏，说"本生父"三个字必须去掉，不然虽称皇考，仍与皇叔无异。

朱厚熜得疏后，心下感动，复令二人入京。

两人日夜兼程，到了北京，发现情况有点不妙。所有人见了他俩都只有两种态度，要么避之唯恐不及，要么怒目而视——完全成了过街老鼠、人民公敌。

桂萼干脆躲在客栈不出来，张璁避居数日，方敢入朝，还得小心翼翼，偷偷摸摸，谨防半道上被人给黑了。

这不是在开玩笑。当时刑科给事中张翀汇总了群臣弹劾张璁、桂萼、席书、方献夫一干人等的奏章，拿给刑部尚书赵鉴看，让他拟定罪名。没想到赵鉴压根儿不看奏章，直接跟他商量在张璁上班的路上设个埋伏做掉算了。

老大都这么热血，自己还有什么好说的？张翀考察了一下张璁上下班的路线，觉得在东华门动手很合适，于是遍告同僚，定好日期，届时聚集于东华门，只待张璁路过，便一拥而上实施群殴，几十记拳头砸下去，谅他不死也残。

计划是很周密，可惜走漏了风声，传到了内廷。

朱厚熜怒了：这还是朝廷命官吗？分明就是一群古惑仔！今天敢打死张璁，难保明天不敢冲进乾清门打死自己。

于是，朱厚熜平台召见内阁及各部长官，痛斥赵鉴、张翀，擢升张璁、桂萼为翰林院侍读学士，方献夫为侍讲学士。然后，又借机将册文中的“本生父”三个字拿掉，彻底实现了他继统不继嗣的夙愿。

接替蒋冕的内阁首辅毛纪据理力争，被朱厚熜蛮横打断：“尔辈无君，欲使朕亦无父乎！”毛纪无奈，免冠而退。

朱厚熜大获全胜，颁布手谕，明诏天下。

百官不服，奏章如雪纷飞般涌进内廷。

朱厚熜早就厌倦了这种车轮战，下命给司礼监：奏折一概留中不报。

兵部尚书金献民最先反应过来，倡言道：“奏疏留中，改称孝宗皇伯考已成事实，此事不可不争！”

吏部侍郎何孟春举前朝的例子，号召大家伏阙力争。

于是，翰林院编修王元正大喊“万世瞻仰，在此一举”，杨廷和之子杨慎高呼“国家养士百年，仗节死义，正在今日”，召集六部九卿共计二百余人，跪伏左顺门哭谏。

这帮人“或大呼太祖高皇帝，或呼孝宗皇帝，声彻于内”。朱厚熜在文华殿耳闻哭声震天，如丧考妣，从未见过这等阵势的他也开始心神不宁，派宦官去左顺门劝谕群臣。

众人一致表示，皇帝不让步，他们就一直跪下去。金献民跪了一会儿，蓦地起身道：“宰辅尤宜力争，如何不至？”当即遣礼部侍郎朱希周传报内阁。大学士毛纪、石珤知道跑不脱，也赶赴左顺门跪伏。真可谓同乘一条船，一个不能少。

群臣久久不散，如疯似狂。朱厚熜慌了，召张璁问计。

张璁轻描淡写道：“锦衣卫数力士足矣。”

朱厚熜见他处变不惊，一副胸有成竹的样子，便定了定神，派出了锦衣卫。

锦衣卫是不讲道理的，上去就将张翀、丰熙等八人逮捕下狱，并呵斥其他官员立即散去。

杨慎和王元正作为发起人见同僚被抓顿时急了，冲到左顺门前砸响门环，其他官员则大声哭喊，一时间撼门声、哭喊声连成一片，此起彼伏。

朱厚熜越发恼怒，索性一不做二不休，命锦衣卫连捕吏部员外郎马理等一百三十多人下狱，余者皆录姓名，强行驱散。

朱厚熜这人好就好在从不记仇，一般有仇他当场就报了。左顺门事件的处理结果很快出来：四品以上官员夺俸，五品以下官员廷杖，十七人被活活打死，杨慎、王元正因带头闹事被发配远方，遇赦不宥。毛纪、石珤则致仕而去。（对杨慎而言，人生的悲剧造就了文学上的奇迹。终嘉靖一朝，放逐滇南，永不叙用，却穷而后工，留下两千多首令人称道的诗词，其中包括后来脍炙人口的“滚滚长江东逝水，浪花淘尽英雄”[1]。）

议罪之后便是议功，议礼新贵们一个个意气风发地走上了权力的巅峰。

张璁、桂萼摇身一变成了内阁大学士，当年去穷乡僻壤办教育的席书成了礼部尚书，小学究方献夫则成了吏部尚书。唯独黄绾个性倔强，因他事忤逆了朱厚熜，最终只得了个南京礼部侍郎的职位。

历史深处的目光

折腾了这么久，王阳明呢？

其实，朱厚熜还在做藩王时就听说了王阳明的大名，即位之初便急不可待地下诏给阳明，让他“驰驿来京”。

以张璁、桂萼之辈，窃心学之绪余，犹能入阁拜相，要是王阳明亲自出马，结果会怎样？

然而，这个猜想成了永远的哥德巴赫猜想。终阳明一生，未再踏入北京一步。

还是因为杨廷和。他再次把王阳明阻在了宫阙之外。

以阳明之事功、资历、人气，当世之时，无人能匹，真要到了北京，只

1 出自《临江仙·滚滚长江东逝水》。

能安排入阁，这是正处于风口浪尖上的杨廷和所不能接受的。

深感既生瑜、何生亮的杨廷和指使言官大造舆论，说武宗国丧期间开支浩繁，此时将王阳明召到北京，必然要对跟随他平定宸濠之乱的那拨官兵论功行赏，而户部现在根本拿不出那么多银子，不如让他先在南昌待着，等朝廷理出头绪后再召不迟。

彼时的朱厚熜玩不过杨廷和，只好按他说的来。

王琼都被挤走了，王阳明还能说什么？

但平定宸濠的事天下皆知，朝廷总得有个交代。杨廷和给的交代非常寒碜：升伍文定为都察院左副都御史，给了王阳明一个新建伯的爵位，一个南京兵部尚书的职位，余者一概不赏。

虽然有明一朝伯爵只有三个，非常尊贵，但杨廷和给的这个伯爵是缩水的，只有封号，没有铁券。

铁券有两个作用，第一可以免死，第二可以袭爵。没有铁券的爵位只是空头支票，有名无实。

而且，关于平反冀元亨的请求也没有任何答复。

阳明愤怒了。他上了一道措辞婉转、态度强硬的奏疏，将追随自己的将士们大大褒奖了一番，说自己不配封爵升官，要回家侍奉老父了。

他确实该回绍兴看看，不然就真的没有机会再见到父亲了。

王华已经七十七岁高龄，亲朋好友济济一堂，为他庆寿。

老头明显心不在焉，盯着正门发愣。双亲已逝，还有谁能让他如此牵肠挂肚？

阳明及时赶了回来，老头顿时喜笑颜开，精神抖擞，拉着儿子的手问长问短，喋喋不休。

内阁收到了阳明的奏疏，见他字字在理，无法反驳，不做回应显得理亏，便来了个软处理：将阳明的父亲王华、祖父王天叙、曾祖王世杰三代都封为新建伯。

依旧华而不实，但总算让老人在临别之际获得了一丝心理慰藉。

年轻时，王阳明常与父亲起冲突，这是性格使然。其实在心里，他一直把这个坚持真理的倔老头视作一个伟大的人。而王华，眼看儿子从一个叛逆少年成长为国之栋梁，终于放下心来，甚至佩服起王阳明来。

离世前，朝廷的使者来到余姚，王华在病榻上对王阳明说："不能有失礼之处，扶我起来迎接。"

使者走后，又问王阳明："有失礼否？"回以"没有"。王华颔首，溘然长逝。

这下杨廷和彻底踏实了：按照成例，父亲去世，儿子得在家守制三年。也就是说，至少三年内，他不用为如何安排王阳明而头疼了。

有什么关系呢？父亲的死让阳明沉寂了许多，他的心已不在那片曾经向往的宫阙庙堂之上，荣辱毁誉，听其自然。夏天在微风的吹拂中鉴湖赏荷；冬天去欣赏姚江的雪景；春日微醺的和风里，则带着食物和酒具，同弟子们去城外踏青郊游……

甚至连沸沸扬扬的大议礼也激不起他心湖上的半点涟漪，即使杨廷和一方节节败退，自己的学生席书、方献夫受到热捧，他仍旧一言不发。

为什么？

因为他太明白政治和学术的关系了。

很明显，张璁、桂萼乃至朱厚熜都利用了阳明心学，黄绾、席书、方献夫一定也在为"道治合一"而欢欣鼓舞，毕竟"为帝王师"自古以来就是文人不切实际的梦想，但问题如果真像他们想的那么简单，你如何解释王门弟子中的邹守益、陆澄和舒芬又都站在了反对朱厚熜的一边？

平心而论，杨廷和一方的初衷不坏：通过对正统理学的强调，使朝政纳入一种稳定而有序的机制。其之所以以失败告终，表面上看是相权不敌君权的结果，更深层次的原因则是保守落后的程朱理学已不再具有说服力，从根本上败给了阳明心学。

黄绾等王门弟子参加大议礼不是为了像张璁一样升官发财，而是出于服膺心学，认为"礼本人情"更符合人性，符合礼的本义，有利于改造社会现实。

但他们用更令人信服的心学思想击溃了杨廷和一方僵硬死板的程朱理学的同时，也摧毁了嘉靖朝的士气。结果是利用心学改变社会风气的目的没有达成，反倒成就了一个更为独裁、更不受制约的皇帝。

对此，王阳明早有预见，所以在大议礼期间，数不清的人写信向他垂询意见，他总是不置可否，只向陆澄私下表达过立场：“父子天伦不可夺，皇上孝情不可遏。”

这天夜里，玉宇无尘，银河泻影，阳明独自来到碧霞池畔，静默良久方道：“无端礼乐纷纷议，谁与青天扫宿尘？”

月光洒满了池塘，凉风徐徐袭来，阳明衣袂翩翩，遗世独立。

世人良知不能明觉，所言所行总是缺乏远见。有人领悟了一点新思想就沾沾自喜，继而有怀才不遇之感；有人为了贯彻执行自己的思想，不择手段乃至付诸暴力，结果呢？

再深刻的道理、再独到的见解，如其可能导致一个更专制、更倒退的后果，那我情愿不说、不写。就这一点而言，王阳明超越了后世文人太多。

望着熙熙攘攘的人群，望着那些各怀鬼胎、上蹿下跳、执迷不悟、如狼似犬的人，你又怎能不发出“谁与青天扫宿尘”的感叹？

第十六章

夕阳无限好，只是近黄昏

王与朱共天下

阳明心学已经大行于天下，嘉靖二年(1523年)的会试也开始用心学出题，放在以前这是不敢想象的。

而归越以后的讲学又使阳明收了平生最后两个高徒，这两个关门弟子给他的讲学生涯画上了完满的句号。

钱德洪和王畿。

钱德洪的开场白是："我就出生在你出生的那幢楼里。"阳明一愣，反应过来他说的是瑞云楼。

钱德洪确实与阳明投缘，他的性格跟徐爱很像，优柔寡断却又忠贞不贰。

他资质平庸，在学术上没有其他王门弟子那么超凡的见解，却处处恪守师说，端正心学，外在事功方面也只当到刑部员外郎这样的中层。

那么他作为王门高足存在的意义是什么？

是《王阳明年谱》，是《传习录》，是有关王阳明的一切。所有的资料都是他整理编撰的，难道这还不够吗？

而王畿正好相反，他是王门弟子中智商最高的，没有之一。

这个后来让内阁首辅夏言都颇为忌惮的人时年仅二十岁，还是个裘马轻狂的秀才。跟那个年代大多数年轻人一样，他迷恋的是戏曲小说，实用技艺，诗酒流连，瓦肆勾栏。

而且，他就住在阳明家附近，却从不来听讲，见到王门弟子来来往往还心态扭曲地背地里唾骂。

慧眼识人的王阳明却认定他是个可造之才，叫来魏良器等人，嘱咐他们如此这般。

这日，王畿又路过阳明门前，斜眼往里一瞥，见魏良器正与同门投壶雅歌，好不快活，心下诧异的他便多瞧了一会儿。

魏良器见王畿上钩，搁下投矢，向他走去。

王畿也不跟他打招呼，上来就是一句：“腐儒们也会玩这种游戏？”

魏良器笑道：“我等之学，并不迂腐，也不固执。你心存偏见，所以不知道其中的乐趣。”

王畿有所触动，默默地离开了。

嘉靖二年，王畿参加会试，名落孙山，狂妄之心有所收敛，抱着半信半疑的态度听了几次阳明的课，逐渐心服，拜入王门。

对于这两个徒弟，王阳明因材施教。钱德洪办事踏实却不够果断，阳明便告诫他“心要洒脱”；王畿悟性极高却散漫拖沓、玩世不恭，阳明便提醒他“心要严谨”。

经年累月，王畿成了阳明生前最得意的弟子，而钱德洪则成了阳明身后主持大局的王门首徒。

王畿是个好奇心重、喜欢思考的人。他曾暗中观察过两个同门，一个聪敏伶俐，阳明故意漠视他，屡问不答。另一个放荡不羁，为邻里不齿，阳明却整天与他讲论。

王畿不解，请教阳明。阳明告诉他，第一个虽然精明，却太多心计。如果对他冷漠，或能有所悔改，若对他器重，反而会助长其恶习。第二个虽曾狂悖，但现在已有悔悟之心，因势利导，假以时日，并非没有成大器的可能。

钱德洪将阳明的教学方法归纳为：“仅指揭学问大旨，让学生自己去领悟、证实。”

学生有资质和性格上的差异，提出的问题也有其特定的时间和背景，如果解答过于具体，成为教条，时过境迁将遗祸无穷。所以，只告诉学生解决问题的原则，让他自己去琢磨。这种启发式的教育，可以使每个人获益匪浅。

无论学术还是事功，王阳明都已成为那个时代当之无愧的第一人。即使舆论尚有非议，即使朝中权贵刻意排挤，也不能改变他被莘莘学子顶礼膜拜的事实。想在学术上有所建树，想在仕途上有所作为，不想浑浑噩噩白过一生者，唯一的途径、不二的法门就是去绍兴，去找王阳明——这是那个年代几乎所有人的共识。

他们操着不同的方言，从四面八方赶来。绍兴城内人头攒动，摩肩接踵，连衽成帷，举袂成幕。

客栈住不下了就住寺院，寺院住不下了晚上就轮换着睡。因为人太多，阳明每次开讲都是大课，前后左右环坐而听者常逾千人。一些人一待就是两三年，临别之际，由于人实在太多，记不住他们的名字，阳明不禁感慨：时代永远像一枚硬币，无论是豪奢浮华还是万马齐喑，它的背面都是世代以来延绵不绝的对知识的尊崇和向往。

绍兴知府南大吉被这空前的盛况所感染。作为阳明的父母官，他毅然决然地拜入王门。

南大吉经常向阳明请教，说自己临政处事，多有过错，先生为何无一言相责？

阳明让他把自己的过错全讲出来，南大吉一五一十地说完后，阳明点点头，问："你为何知道这些过错？"

南大吉道："是良知告诉我的。"

阳明笑道："既是良知告诉你的，你就在良知上用功。用良知做功，还有什么不明白的？"

南大吉恍然大悟，欣然而去。

后来，朝中权贵恼怒南大吉给阳明讲学大开方便之门，借故将他罢官。

南大吉不以为意，回到陕西老家自己开书院传播心学，还写信给王阳明，深以不能追随他为憾，对于罢官一事只字不提。

另一个打动王阳明的是著名诗人董萝石。

老头已经六十八岁，不远万里来到绍兴，听说阳明同弟子去爬山了，又一路前往。

在中天阁，董萝石听了阳明的讲座，激动不已，非要拜他为师。

董萝石是民间诗坛的领袖，名满天下，德高望重，一开始阳明并不敢收这个弟子。

谁知董萝石不容他回绝，说自己回家料理一下就来受教。

两个月后的一天，天降大雪，董萝石头戴竹笠，用拐杖挑着铺盖和书卷来了。为防雪天路滑，他在布鞋外面又套了一双草鞋。

阳明握着他的手道："老先生这么大年纪，何必搞得这么辛苦？"

董萝石说，他见过不少所谓的专家学者，一个个道貌岸然、不学无术，唯以争名夺利为乐。本以为当今之世早已无学问可谈，听了阳明的良知之学才如梦方醒。于是打定主意：不入王门，此生便是虚度，死亦有憾！

还有一个广东籍的弟子叫黄梦星，家住潮州。

由于老父一人在家，黄梦星每在阳明门下学习数月，就得辞归探视父亲，离去两三个月，然后又回绍兴听讲。

阳明见他来回折腾，心下不忍，便劝他在家养亲。

黄梦星告诉阳明，是父亲不准他在家长住的。每次到家未及十日，父亲便已将归程的钱粮准备好，举着扫帚赶他走，并反复叮嘱他要他努力求学。

狂狷天泉桥

嘉靖三年（1524年）的中秋，父亲的守丧期已过，阳明在绍兴城内天泉桥边的碧霞池举行了一场盛大的宴会，款待他的一百多名高徒。酒过三巡，歌咏声起，大家都敞开了心扉，有的击鼓，有的泛舟，还有的亦哭亦笑，涕泪满面。

阳明想起了曾点。一次，孔子问他的四个弟子有何志向，其中三人或大言不惭，或小心谨慎，但终不外“以周礼治天下”。

诚然，这也是孔子的理想。

只有曾点，这个一边听老师讲课一边鼓瑟的学生，志向竟然是在暮春时节，和五六个大人、六七个小孩，到沂河里洗洗澡，在舞雩台上吹吹风，再一路唱着歌回来。

如此平淡无奇。

然而孔子竟然否定了前三个弟子，赞成曾点的想法。

想到这儿，阳明侧身嘱咐身边的几个弟子：人只能活一次，不要辜负了这独一无二的生命，骗人骗己，糊涂一生。

众人又起哄让老师赋诗。王阳明豪情倚月，逸气干云，来了两首《月夜》，以一句“铿然舍瑟春风里，点也虽狂得我情”潇洒收尾。

一个叫张元冲的弟子不合时宜地问了句：“有人讥谤老师的学说近于佛

老，然而弟子觉得佛老也有助于圣学，有益于我身，是否应当兼而取之？”

阳明不怪他唐突，而是耐心地解答道：“圣人诚意尽性（尽力推知人性），无物不具，哪还用得着去兼取？佛老两家之用，皆我之用。在尽性中完养自我，这是道；在尽性中不受尘世之累，这是佛。后世儒者自以为得圣学真传，却不懂得圣学的博大和无所不包，同佛老两家分道扬镳，实乃迂腐之至。”

张元冲兴奋不已：是啊，儒、释、道三家各有所长、各有不足，取其精华为我所用有何不可？非要以狭隘可笑的门户之见相互攻讦，浪费生命，岂不无聊？同时，他感到老师的胸怀博大无边，学问深不可测，是真正值得他用一生去追随和品味的。

而阳明接下来的话，又使一众弟子的内心升腾起一股前所未有的自豪感与责任感：“圣人与天地万物为一体，儒释道皆我之用，这才是大道。佛老自私其身，自外于圣学，所以是小道。腐儒们歧视佛道，强分彼此，同样也是小道。”

由此可见，阳明心学已不仅仅是简单的儒学正脉，它吸收了佛老二者之精华，借用儒释道三棵大树，酿出自己的心学之果，最终在致良知上归宗。

钱德洪又问，“致良知”到底有没有一个从本体到功夫、简易精一的概括？

阳明沉思片刻，吟出了那首著名的天泉证道四句教：

无善无恶心之体，有善有恶意之动；
知善知恶是良知，为善去恶是格物。

这四句口诀好比内功心法，吃透了它，就吃透了心学的本质和心学的功夫。

可惜王畿因悟性太高，想法太多，钻研太深，以至于揣摩了一辈子四句教，并试图会通当时各家各派之思想，最终将心学引入了类似于佛家顿悟的神秘主义。

由于对本体和功夫各有偏重，阳明身后，王门弟子一分为三：现成派、归寂派和修正派。

现成派高估人性，认为良知天然明觉，省掉了诚意的功夫，直接推行良知，多重外在事功。代表是王艮和王畿。

王艮学问粗浅，注重身体力行；王畿虽穷思冥想，理论上也属于良知现成派。

除去王艮的泰州学派，剩下的现成派基本上都是王畿的弟子，其中影响较大者当数邹元标。

此君先是同张居正死磕，又与顾宪成、赵南星并称“东林党三君”。愤青了一辈子竟然官至刑部侍郎，死后追封太子太保，可见不是什么省油的灯。

再往后就是隆庆五年的状元、帝师张元忭以及官至吏部侍郎的邓以赞。

同现成派对立的是保守的归寂派，此派低估人性，重功夫，号召大家静坐诚意，明觉良知。代表有：聂豹（正德十二年进士，官至兵部尚书）、聂豹的学生徐阶、罗洪先[嘉靖八年（1529年）状元，著名学者、地理学家]。

人只有将船划向河心才能同时看清两岸的风景。现成派过于理想，归寂派过于现实，唯独夹在两派中间的修正派更为全面地呈现了阳明心学的原貌。

修正派既重本体，又重功夫，代表人物有钱德洪、邹守益、欧阳德、徐文长、刘宗周以及刘宗周的弟子黄宗羲。

这帮人日后或身居要位，或独当一面，但在阳明生前尚未崭露头角甚至尚未出生。

能为他说上话的还是朝廷里的那几个。

按理说守丧期已过，对王阳明，最起码应该官复原职吧？这也是当时但凡还有一丝良心的人都会深表赞同的共识。更不用说那些身处决策层的王门弟子了。黄绾写给朱厚熜的推荐信早已连篇累牍，席书直言：“生在臣前见一人，曰杨一清；生在臣后见一人，曰王守仁。”方献夫亦言：“定乱济时，非守仁不可。”

而张璁、桂萼辈对阳明的感情就比较复杂了。张璁利用心学上位，一直以来都敬阳明之为人，对他颇有好感。桂萼则不同，同王门弟子亲近是怀着显而易见的目的的。不过到目前为止，桂萼的翅膀尚未硬到足以和众人翻脸，因此，他采取的策略是不哼不哈。

朱厚熜的态度却已发生明显的转变。曾经，在最需要支持时，他对那个远在天边却能一呼百应的王阳明寄予了莫大的希望。环顾当世，与杨廷和分量相当、可以一较高下者，除了杨一清，就剩你王阳明。问题是人杨一清不玩意识形态，而你王阳明平日里讲心学讲得热火朝天，正当其时要用你的理论，怎么反倒不吭声了？

现在大局已定，哪儿凉快哪儿待着去吧。

有一类统治者总自以为是“哲人王”，左手道统，右手治统，引经据典，不亦乐乎，朱厚熜就是个中代表。

在翰林院那帮腐儒的吹捧下，朱厚熜断定自己的理论水平已经高到了令人发指的地步，命工部在各书院门前建“敬一亭”，将自己的“大作”《敬一箴》刻于其上。

同行是冤家。对职业哲学家王阳明的安排，“民科”朱厚熜一直不做表态。

拖到嘉靖六年（1527年），不表态不行了——广西思、田两州发生了叛乱。

戏炉焰上片雪飞

广西的思州和田州同其他少数民族聚居区一样，向来采取民族自治的政策，州长官都是当地的土司。

这些土著向来不服中原教化，经常搞些火并、抢劫之类破坏和谐社会的事出来。因此，抓住机会就对他们实行“改土归流”逐渐成为一项大家彼此心照不宣的国策。

所谓改土归流就是指裁撤自治州的土司，任命朝廷流官。

当然，土司是不愿意的，但政府可以找各种借口来改，比如说土司绝嗣了，后继无人；土司之间相互仇杀，让朝廷逮住了把柄；实在不行还可以说是“顺应民意”——由于群众怨声载道，所以请你走好，恕不相送。

总体上看，改土归流促进民族融合，加强中央统治，是一项进步的国策。

但世事从来无绝对，广西田州有其复杂特殊的地域性，岑氏一族从元朝开始就苦心经营，当地百姓只认土司，不认流官。明初，岑氏的当家人岑伯颜主动将田州献给明廷。朱元璋一高兴，设置了田州府后便任命岑伯颜为知府，世袭罔替，还保留了一支家族卫队。

传到第五代岑猛时，由于其是次子，没有继承权，故用谋杀亲父的手段夺得知府之位，并通过贿赂刘瑾洗白原罪，成为田州的领导人。

岑猛野心勃勃，大肆扩张。广西的官员被其喂饱，睁一只眼闭一只眼，导致岑猛坐大。在不断兼并周边土著的过程中，“岑猛谋反”的消息终于传至北京。

桂萼觉得刷政绩的时刻到了，举荐心腹工部侍郎姚镆前去平乱。

姚镆被任命为都察院右都御史兼两广巡抚，提兵八万，杀入广西。

岑猛被打了个措手不及，失掉田州，跑到岳父的地盘上避难，乞求老头向朝廷说情，留他一条性命。

可惜，老岳父笑里藏刀，在设宴款待岑猛时，赐了他一杯毒酒。

姚镆收到岑猛的首级，自信心爆棚，下令杀降，禁止少数民族五人以上的聚会，还在广西大搞改土归流，直至民怨沸腾。

岑猛的余党卢苏、王受见投降也是死，索性跨境逃到了安南，密切关注国内形势。

当他们发现姚镆的高压政策把广西搞成了一个火药桶，各种暴动屡镇不绝后，趁其去往桂林，偷偷溜回田州，再次拉起反旗，并打下了思恩。

姚镆向朝廷讨要军费，准备大干一场。然而，户部没钱，一帮御史也纷纷参劾姚镆愚不可及，导致局面恶化。

桂萼慌了，同张璁商量派谁去给姚镆擦屁股。

讨论了一天也没有结果，只好把吏部尚书方献夫叫来。

方献夫想都没想，脱口而出“王阳明”。张璁为难道：“那你可要提前透透风，这次剿匪没有多少钱，因为都被姚镆用光了。”方献夫替老师打包票：“有一点就成，当初他在南赣戡乱，也没用多少钱。”

桂萼还不放心，试探道：“如果王守仁成功，我们是不是要保举他来北京？”

方献夫心下鄙夷，强笑道：“你们放心，我老师是淡泊名利的人，只专注于军事，并不关心政治。”

他猜错了，王阳明连军事也不关注了。

世事变幻有如过眼烟云，所有的辛酸荣辱都早已定格为历史的陈迹。煌煌青史，历朝历代，哪块角落不充斥着蝇营狗苟的算计？这些大大小小的争斗，都是一场场属于男人的游戏。所谓金钱、美女、权力不过是筹码，由博弈双方挥舞着夜以继日地为自己的集团牟利。随着实力的此消彼长，游戏的参与者又持续不断地变更着自己所属的集团。

这些游戏从来就不是生产力，而是关于财富分配的活动，它无关时代、地点，所不同的只是被各种政治名词包装过后掩人耳目的游戏规则。

转头千载春，断肠几辈人？

对于王阳明，封疆大吏他早已当腻，离那个时代政治家的终极梦想入阁拜相也只差半步，但他确实不想再参与这场无聊的游戏了。

还有任何参与的必要吗？他的成就远远超越了有明一朝所有的内阁大学士，他的光芒早已不是当世任何一个人所能掩盖的。

然而，最根本的原因是：王阳明的生命已经走到了尽头。

本来就身患肺结核，谪居龙场又让病势加重，渐入肌骨。

所幸大难不死，结果还得像漫威的超级英雄一样为明廷四处灭火。再加上平日里广收弟子，诲人不倦，便是铁打的身子也经不起这般昼夜忧劳。眼见咳血的频率日甚一日，终于卧床不起，怎么可能经受得住广西的恶劣天气？

因此，当接到任命他为都察院左都御史，总督两广、湖广、江西四省军务的朝旨后，王阳明上疏婉拒，并真心实意地推荐了兵部侍郎胡世宁。

朱厚熜览奏时却在用阴谋论考虑问题。

阳明在疏中指责姚镆处理问题失当，目的是想提醒皇上改剿为抚，朱厚熜却认为他在暗示自己姚镆碍事，于是下令让姚镆致仕。恰巧黄绾上疏颂阳明之功，让皇帝补发他铁券岁禄。清楚除了王阳明无人能快刀斩乱麻的朱厚熜虽一一照允，但小肚鸡肠的他将这理解为阳明等人的坐地起价。于是，新的圣旨措辞非常强硬：该剿该抚、该杀该放任凭你处置，只有一条，那就是——不得推辞。

还能说什么？为明政府打了一辈子工，以天下为己任的胸怀和担当早就融入生命中的一点一滴，所言所行皆透露着坦荡与光明，任何注解都已显得苍白而多余。

此刻，王阳明的思绪回到了青春年少之时，回到了那个对酒当歌、策马扬鞭，敢登长城、射胡人的少年王守仁身上。

犹记得在烽火台上大声朗诵的那首高适的五律：

行子对飞蓬，金鞭指铁骢。
功名万里外，心事一杯中。
虏障燕支北，秦城太白东。
离魂莫惆怅，看取宝刀雄！[1]

这么多年过去了，从王守仁到王阳明，从英姿焕发的少年到青衫磊落的中年，从北京到贵州，从南赣到江西，他的梦想从未褪色。如果说男人一生当中要经历两次成熟，第一次是适应社会，第二次是找回年轻时的梦想，那王阳明早已将这二者融合得天衣无缝……

最是人间留不住，朱颜辞镜花辞树

由于绍兴已成为全国的讲学中心，钱德洪和王畿组织修建了阳明书院，由他俩接引弟子，打理一切，阳明可以安枕无忧。于是，他决定强撑衰弱之躯，抱病赴任。

临行前，弟子们沿江相送，络绎不绝。一路上，慕名而来的人隔岸远望，只求一见。其中最夸张的当数后来官至礼部侍郎的徐樾。小伙子一路追随阳明的座船跑了几十里，船慢他也慢，船快他也快。阳明见天快黑了，徐樾还没有半点歇脚的意思，心下不忍，让船夫停船。徐樾见状，满心狂喜，就在岸边跪下来要求入门。

船至吉安，登陆休息。

下榻的驿站早就被狂热的粉丝包围，阳明只得强打精神，为恭候多时的三百多名学子做了人生中最后一场讲座。

1　题为《送李侍御赴安西》。

信徒们将驿站围得水泄不通，后来助戚继光抗倭的唐尧臣对这一场面惊愕不已。他很早便听过王阳明的课，但觉云里雾里，故半路退学。但自我修行后，渐悟王学真谛，于是又跑来学习。王门弟子取笑说：“逃兵来投降了？”唐尧臣反唇相讥：“只有老师这样的人才能降服我，你等岂有如此能耐！”

阳明的身体已无法骑马。离去时，百姓们找来轿子，将他扶入，并你争我夺地去抬轿，久久不愿离开……

到了广西东部的梧州，阳明厘清头绪，制定好措施，向朝廷上疏报告他的计划。

首先，卢苏、王受并非恶贯满盈之徒，也无野心。姚镆大军压境，必欲置之死地而后快。二人求生不能求死不得，只好负隅顽抗。从他们具备一定实力后没有继续扩张可以看出两人倾向于同官军谈判。

另外，思田一带与安南接壤。深山绝谷之中，瑶民结寨而居，少则几百，多则上千。如果以土官治土民，尚可借其兵力，为中原屏障；如果尽杀其人，改土归流，等于自撤藩篱，得不偿失。

因此，阳明的平乱方针就是八个字：以抚代剿，土流并用。

然而，好大喜功的桂萼却命王阳明用霹雳手段扫荡卢、王，再去征讨安南，因为他得到可靠情报，这个蕞尔小国爆发了一场百年一遇的政变，正好可以浑水摸鱼。

幸亏阳明留了个心眼，上疏时顺便给黄绾和方献夫都去了密信。于是，在两人的坚决反对下，桂萼不得不打消这个疯狂的念头，并对王阳明怀恨在心。

第二年开春，阳明率两万大军向田州进发，同时诏谕卢苏、王受，缴枪不杀。

二人疑惧，不敢径往。阳明遣散官军，示以诚意，又派使者给他们送去免死牌，等候正式受降。

卢苏和王受一番计议，决定投降。二人身穿囚衣，让手下绑缚着来到阳明军中。

王阳明历数他二人罪状，惩罚却只是象征性地杖责一百军棍（允许身穿盔甲受刑）。两人热泪盈眶，跪在地上，谢阳明不杀之恩，并发誓决不再反。

阳明见二人目光真诚，便问他们愿不愿意戴罪立功。

原来，王阳明在同南宁的士绅们聊天时得知，对广西而言，思田之乱只是毛毛雨，真正让他们寝食不安、让百姓生不如死的是为祸多年的断藤峡与八寨的土匪。

弟子们下来后都苦劝，说他身体再也经不起折腾，赶紧回余姚休养吧。何况朝廷也没有让他解决这些流贼，擅自做主，恐怕会授人以柄。

王阳明笑了：“我只凭良知做事。良知告诉我，贼不除，民不安。”

弟子们急了：“可是您的身体——”

王阳明摆了摆手：“进展顺利的话，一个月足矣。”

虚虚实实的用兵之道再次大显神通。

表面上王阳明罢遣诸军，传檄广西全境叛乱已平，暗中却命卢苏、王受率所部潜攻八寨，命时任广西按察使的弟子王大用攻断藤峡。

卢、王二人立功心切，灭此朝食[1]，率兵偷袭成功。王大用放火烧山，率兵攀木缘崖，仰攻叛军，连破数巢，一举荡平。

田州的百姓迷信，奉城外河边一状如乌龟的巨石为预测治乱的“神石”。当神石静卧不动时，田州太平无事；当它如长了脚般远离河岸时，便有刀兵。

屡试不爽。

然而此番广西全境已定，神石还没回到河边，弟子们都建议王阳明把这封建残余给砸了，却遭到拒绝。

王阳明因地制宜，决意“遵守传统”。他暗中派人把石头抬回原处，又当着一众百姓的面“装神弄鬼”，趴在石头上假装听它说话，最后蓦地跳开指着石头大喝道：“你敢作乱，不怕我毁了你？”

言讫，命人取来纸笔，写下“田石平，田州宁。千万世，巩皇明”，让人刻在石头上。百姓被这肃穆的场面震住了，就像听了成功学讲座似的，欢呼雀跃。

朱厚熜在收到捷报的同时，还收到了王阳明关于实现边疆地区长治久安的建议书。桂萼妒恨交加，煽风点火，以致朱厚熜认为王阳明的捷报“有失信义，近于夸诈”，不愿封赏。

旁观者都看不下去了，翰林院掌院学士霍韬给朱厚熜算了笔账：王守仁

1　灭此朝食，典故出自《左传·成公二年》，意为先消灭敌人再吃早饭，形容急于消灭敌人的心情和必胜的信心。

不费斗米、不折一卒就平定了叛乱，整整为朝廷节省了数十万的人力物力！

的确，王阳明用兵的性价比之高不仅远超姚镆，甚至连半个世纪前同样到断藤峡剿匪的名将韩雍也望尘莫及（韩雍动用了十几万兵力，而王阳明能调动的部队，加上卢苏、王受的杂牌军也不过一万五千人）。

更重要的是，平定断藤峡和八寨之乱彻底根除了延续百年的两广边患，使安南无从勾结，边境从此海晏河清。

因此，黄绾的上疏言辞激烈：臣以为忠如守仁，有功如守仁，一屈于江西，讨平叛藩，却遭忌者诬为同谋，至今未白。若再屈于广西，恐怕劳臣灰心，将士解体，以后再有边患民变，谁还肯为国家出力，为陛下办事？

然而，王阳明已无暇理会朝廷里那些滔滔不绝的争论。为了写成那份治理边疆的建议书，他穿越山林，上下岩谷，考察地形，遍访民情。终因劳累过度，晕厥过去，被人抬回南宁后已是气若游丝。

无休无止的咳嗽和时恍时惚的思维让他意识到自己快不行了。

叶落归根，狐死首丘。他不想再在这个陌生的地方多待片刻，上了一道长长的《乞恩暂容回籍就医养病疏》便坐船顺着漓江向东而去。

一日午后，船在一个宽大的河滩停了下来。阳明问前面是何处，船夫说是伏波山，山上有个纪念汉朝伏波将军马援的伏波庙。

阳明心头一震，回想起四十年前从嘉峪关长城回京后做的一个梦，梦境就是自己去伏波庙游览，并赋诗一首。

他缓步下船，勉力登上了那座小山。

推开庙门，马援威武的塑像映入眼帘，一切都像是当年梦境的重现。但不论它预示着什么，是轮回还是宿命，有一点毋庸置疑，那就是：王阳明所建立的功业，早已百倍于马援。

此时此地，此情此景，如同梦游太虚幻境一般。王阳明心下感念，努力回想起梦中的那首诗，将之刻于庙中，取名为《梦中绝句》。

归程漫长，气息奄奄的阳明感到了死亡的恐惧。死神就像一把寒光闪闪的刀子，一次又一次地刺穿他神游故乡的美好梦境。

唯有钱德洪和王畿的来信能使他获得暂时的慰藉，阳明书院红红火火的景象透过字里行间在脑海中一一呈现，他更是归心似箭。

然而，无论水路陆路，船夫和车夫都不敢走得太快，怕他的病体受不了剧烈的颠簸。就这样，阳明以日行不过五十里的速度“挪”到了广东境内。

路过增城时，阳明拖着病体到湛若水的老家瞻仰了一番，并题诗于壁上：

落落千百载，人生几知音？

虽然阳明晚年同湛若水因学术分歧越走越远，但他始终忘不了这个相知相交了几十年的老友。人之将死，不能一聚，就用诗来纪念这段纯粹的友谊吧。

千古毁誉随风散，只是良知更莫疑

已调任广东布政使的王大用听说老师入境，赶紧带一队士兵前来护卫。

众人一路向北，必须翻越气候恶劣的梅岭[1]。

阴云低垂，远山失色，天与山的交接处，如缕的轻霭被大风吹散，使人顿感寒意彻骨。

阳明从昏睡中醒来，从竹躺椅上支起身子，问两个抬他的军士此地是何处。王大用见状，策马过来，告诉他前方是梅岭。阳明刚想说些什么，一阵北风将他呛得咳嗽不已，又晕了过去。

天空中飘起雪花，进山越深，风雪越大。铺天盖地的大雪像扯碎的棉絮一般萧萧落下，弥漫得人睁不开眼。

王大用找来两条厚厚的棉被，给阳明盖上。

阳明抓住他的手，道：“你知道三国时孔明出祁山前嘱托姜维的故事吧？”

王大用愣了愣，道：“老师多虑了，事情不至于坏到这种地步。”

阳明摇了摇头：“此行凶多吉少，你且按我说的去准备。如果我在途中死了，你一定要将我的灵柩运回余姚。”

王大用含泪答应了。

1　梅岭，即大庾岭，南岭中的“五岭”之一，位江西与广东两省边境。

到了梅关城楼，一行人生火歇息。士兵们围着火堆，一边跺脚，一边哈气。

阳明强撑着下了竹椅，望着城堞上“梅关”二字，不禁一阵眩晕。多亏王大用眼疾手快，一把将他扶住，才不至于摔倒。

王大用提议在梅关住一宿再走，阳明却是一刻也不想耽搁，催他赶紧动身。于是，漫天大雪中，一行人又出发了。

下了陡峻的驿道，终于到了江西南安府。此地的两个王门弟子——七品的南安推官周以善和从四品的赣州兵备道张思聪闻讯已在大雪中迎候多时。

阳明冻得脸色青紫，身体颤抖得厉害，见了二人几乎说不出话来，到官署烤了会儿火才缓过劲来。

周以善和张思聪没料到老师第一句话竟是问他们近来进学如何。二人简略地回答了一番，便询问起阳明的病情。

阳明苦笑不答，一切尽在不言中。

二人又劝他在南安静养几日，待病情稳定后再走不迟。阳明本想拒绝，却连站起来的力气都没有，只好依言住下。

尽管周以善为他找来南安最好的医生，但阳明的身体还是没有任何起色。昏昏沉沉中，他听见王大用在跟张思聪商量后事，嘱咐他买最好的木材，用锡纸裱棺……

两天后，阳明执意要起程，众人不再拂逆，为他准备好了木船。

周以善含泪将阳明扶上船，一直守在他身边。

船启动了，阳明抑制不住伤感，对周以善道：“很遗憾，不能再同你们切磋学问了。”

周以善忙道：“老师哪里话，南安的学子们都盼着您明年春天来讲学呢！”

可惜，阳明再也等不到开春了。船沿着水面静静漂泊，雪落入河中沙沙作响，船桨击水的哗哗声更凸显了夜的沉寂。时间，好像在这无垠的旷野中凝滞；木船，载着阳明向那片有去无回、被人类称作“死亡”的神秘混沌中驶去。

翌晨，船停在了大庾县的青龙铺。雪停了，除了一湾河水清澈碧绿，整个世界变得像童话一样洁白。

清冽的空气让阳明头脑清醒，死前的回光返照让他能够再多看一眼这个美丽的世界。

周以善见他面色红润，方感欣慰，不料阳明却平静地告诉他："我要去了。"

周以善一愣，待反应过来，鼻子一酸，眼泪不禁夺眶而出。他顾不得去拭，泣不成声道："老师，您还有什么话要说吗？"

刹那间，千言万语涌上心头。朝廷、家庭、朋友、同僚、平乱、讲学……一组组词语、一幕幕片段，争先恐后，奔向喉头。

然而，说了一辈子话的王阳明早已说够，无话可说。他对周以善微微一笑，淡然道："此心光明，亦复何言？"

吾心自有光明月，千古团圆永无缺。

明嘉靖七年十一月二十九日（1529年1月9日），有明一朝最杰出的哲学家、教育家、政治家和军事家，儒家最后一个集大成者，阳明心学的创始人王阳明溘然长逝，享年五十七岁。

一介书生，三尺微命，死后亦不得安生。睚眦必报的桂萼在得知阳明死讯后，竟锱铢必较，要清算他擅离职守之罪。朱厚熜也认为阳明不等批复便擅自离任是蔑视朝廷，命群臣议罪。

旋即，由桂萼和朱厚熜联袂打造的"伪学之禁"新鲜出炉。它诋毁王阳明，宣布王学是伪学。然而，时人看得明明白白，什么伪学正学，说穿了都是政治斗争的借口。明史大家谈迁就一针见血地指出：

> 守仁之功不能疵，而疵其学。

在嘉靖，打压了王阳明就抬高了君道，打压了师道，打给所有文官集团看；在桂萼，扳倒了王阳明这棵大树，王门弟子就失去了庇佑，任他宰割。

然而，历史不厌其烦地告诉了我们这样一条真理：天日昭昭，自古不昧。

从南安到南昌，阳明的棺椁所经之处，士民遮道，哭声震天。路过赣州时，官府迎祭，百姓拦路哭吊。到了南昌，自发前来祭奠的人更是连绵不绝、踏破门槛。

正要进京参加殿试的钱德洪和王畿立刻取消了行程，讣告同门，趋迎先师，众人一路护送灵柩而归。

回到绍兴后，一直到落葬，前来吊唁者每日达上千人，其中有致仕的内阁阁臣、六部官员，有浙江的督抚大员、阳明的生前好友。

弟子李珙等人含泪在今绍兴市兰亭镇花街村为先师修墓。

这块墓地是阳明亲手所选，也是他风水理论最好的注释。它坐北朝南，四面环山，虾须水过，洪溪水兜，前方两排青山如仆人相侍，宛转至远天之外。

下葬之日，王门弟子千余人披麻戴孝、扶柩而哭。不能赶来绍兴的人也在家中焚香遥祭，可谓举国同哀。

三年后，方献夫公然违抗桂萼的禁令，联合京城四十多名科道官员、翰林学士，日夜讲会，共倡师学。

六年后，邹守益与欧阳德分别主持南北国子监，堂而皇之地宣扬心学。

二十多年后，徐阶以内阁大学士的身份，与王门弟子上千人会讲于北京灵济宫。

隆庆元年（1567 年），王阳明被追赠为新建侯，谥号“文成”。

次年，明穆宗在颁发的铁券文书中给王阳明做了盖棺定论：

两肩正气，一代伟人。具拨乱反正之才，展救世安民之略。

万历十二年（1584 年），在明神宗朱翊钧的亲自过问和大学士申时行等人的一再坚持下，王阳明从祀孔庙。

两百多年后，《明史》定稿。万斯同、王鸿绪、张廷玉一致写下了那句由衷的赞叹：

终明之世，文臣用兵制胜，未有如守仁者也。

天公不语对枯棋。

人生之棋既已下完，就让这些余响都随风而散吧！毕竟，官方的褒贬从来就只能左右一时的舆论，而不代表永久的世道人心。生前，王阳明就从未在乎过那些飞短流长、是非荣辱。身后的赞誉和毁谤，对他而言又有什么意义呢？

生待如何，死待如何？纸上清名，万古难磨。

王阳明留给世人的是他的文章与功业，这也是官方乐于肯定和宣扬的。然而，我看见的只是那个广袖飘飘、衣裾渺渺、英姿豪迈、卓然独立的强者，我听见的只是那一句句从历史深处传来的与世俱存的声音：

尔身各各自天真，不用求人更问人。
但致良知成德业，谩从故纸费精神。……

……知得良知却是谁？自家痛痒自家知。
若将痛痒从人问，痛痒何须更问为？

……久奈世儒横臆说，竞搜物理外人情。
良知底用安排得？此物由来自浑成。

绵绵圣学已千年，两字良知是口传。
欲识浑沦无斧凿，须从规矩出方圆。……

云山苍苍，江水泱泱，先生之风，山高水长。
久久回响，久久回响……

附录一：王阳明年表

年份	年龄	主要活动
宪宗成化八年 1472 年	1 岁	出生于浙江省余姚县之瑞云楼
宪宗成化十八年 1482 年	11 岁	父亲王华中状元后，随父寓居京师
孝宗弘治元年 1488 年	17 岁	回余姚，与诸氏完婚于南昌
孝宗弘治二年 1489 年	18 岁	偕夫人归余姚，途遇娄谅，信其“圣人必可学而至”之说，立志成圣。格竹七日，病倒
孝宗弘治五年 1492 年	21 岁	参加浙江乡试。翌年，会试不第
孝宗弘治十年 1497 年	26 岁	寓居京师，苦学兵法
孝宗弘治十二年 1499 年	28 岁	中进士，二甲第七名，观政工部
孝宗弘治十三年 1500 年	29 岁	授刑部云南司主事。游九华山，出入佛寺道观
孝宗弘治十五年 1502 年	31 岁	告病返余姚，筑室阳明洞天，静坐行导引术，后摒去
孝宗弘治十七年 1504 年	33 岁	主考山东乡试。九月改兵部武选司主事
武宗正德元年 1506 年	35 岁	受刘瑾案牵连，廷杖下诏狱，旋即贬为贵州龙场驿驿丞
武宗正德二年 1507 年	36 岁	赴谪至钱塘逗留，刘瑾派遣的刺客尾随而至。避入武夷山，后回浙江一带
武宗正德三年 1508 年	37 岁	至龙场，参悟“圣人之道，吾性自足”

续　表

年份	年龄	主要活动
武宗正德五年 1510 年	39 岁	三月任庐陵知县，十二月升南京刑部四川司主事。刘瑾被擒，凌迟处死
武宗正德七年 1512 年	41 岁	三月升吏部考功司郎中，黄绾、徐爱等人一同受业
武宗正德十一年 1516 年	45 岁	升都察院左佥都御史，巡抚南、赣、汀、漳等处，前往平定谢志珊、池仲容等在江西、福建、广东、湖广等地的叛乱
武宗正德十三年 1518 年	47 岁	征三浰，平定后升都察院右都御史。门人刻印《传习录》
武宗正德十四年 1519 年	48 岁	六月，奉命前往平定福建叛军，至丰城，闻宁王朱宸濠反，遂返吉安，兴兵讨之
武宗正德十五年 1520 年	49 岁	与前来平叛的许泰、张忠周旋。王艮投门下，后创泰州学派
武宗正德十六年 1521 年	50 岁	六月升南京兵部尚书。九月归余姚，十月封新建伯。武宗崩，无子，以兴献王之子朱厚熜为天子，是为世宗嘉靖皇帝。百官要求继统须继嗣，朱厚熜怒，大议礼之争爆发
世宗嘉靖元年 1522 年	51 岁	二月父王华死，回乡丁忧。御史承首辅杨廷和意，倡议禁遏王学
世宗嘉靖二年 1523 年	52 岁	在绍兴，来从游者日众。 南京刑部主事桂萼议大礼得宠
世宗嘉靖四年 1525 年	54 岁	夫人诸氏卒。十月，立阳明书院
世宗嘉靖五年 1526 年	55 岁	继室张氏生子正聪
世宗嘉靖七年 1528 年	57 岁	二月平思、田之乱，七月袭八寨、断藤峡。十一月二十九日辰时（1529 年 1 月 9 日 8 时许），病逝于江西南安府大庾县青龙铺码头

附录二：明代官制

文官

明朝的政治体制上承唐宋，略有微调。最大的改变是废除宰相，加强君主集权。此外，太监势大，司礼监掌印太监在中晚明有“批红”之权，决定内阁的“票拟”是否施行。

内阁：由皇帝朱元璋设立，为皇帝处理文件的秘书机构。内阁大学士一般三到五人，官阶很低（正五品）。随着后面的皇帝一个比一个懒，大学士承担起了处理政务的重任，内阁也成了实际上的最高权力机关。“三杨”（仁宣时的三大名臣杨荣、杨溥、杨士奇。明称贤相，必首“三杨”）之后，内阁阁员一般兼任六部尚书，且非翰林不得入阁。于是，入阁拜相便成为每个文官梦寐以求的事。

六部：吏部、户部、礼部、兵部、刑部、工部（排名要分先后）。六部各设尚书一人（正二品），直接对皇帝负责，尚书之下有左右侍郎（相当于副部长）、郎中（相当于司长）、员外郎（相当于副司长）和主事（相当于处长）。

都察院：只对皇帝负责的监察部门，下设左右都御史（正二品）、左右副都御史（正三品）、左右佥都御史（正四品）。再往下设十三道监察御史，分管每个省的监察工作（明朝有两京十三省）。十三道监察御史与直属于皇帝的六科给事中统称“科道”，就是通常所说的言官。

六科：分为吏、户、礼、兵、刑、工六科，每科设都给事中（正七品）一人、左右给事中各一人（从七品）以及给事中（从七品）若干人。给事中品级虽低，权力很大，皇帝交给各部办理的工作每五天要到六科注销一次，如有拖拉或办事不力者，六科可直接向皇帝报告。除此之外，六科还参与官员的选拔、御前会议以及审理有罪官员。最重要的是六科有封还皇帝敕书的权力，皇帝的旨意如果六科认为不妥可以封还，不予执行。

翰林院：相当于中央党校。翰林院的一把手叫掌院学士（正五品），下设侍读学士、侍讲学士各两人（从五品），侍读、侍讲各两人（正六品）。修撰（从六品，考中状元后立即授予），编修（正七品，考中榜眼、探花立即授予）。翰林虽无实权，但从翰林院出来的人大多成为高官，且有非翰林不得入阁的硬性规定。

大理寺（相当于最高人民法院）：与刑部、都察院合称“三法司”。

太常寺：主管祭祀。

光禄寺：主管宴席。

太仆寺：管车马。

鸿胪寺：接待外宾。

武官

最高军事机关为五军都督府（中、左、右、前、后五军），管理除禁军以外的京军和各地卫所，每一军的长官均为正一品的左、右都督（相当于大军区政委和司令）。五军都督府和兵部都听命于皇帝，前者有统兵权而无调兵权，后者有调兵权而无统兵权。相互节制，互不统属。

卫所：卫相当于各市的军分区，长官为指挥使（相当于师长），统辖下面的“所”（相当于各县的团级部队），所的长官称“千户”（相当于团长），底下还有百户（相当于营长）和总旗（相当于连长）。各省的卫所都归该省的都指挥使（相当于正军级的省军区司令）统一指挥。

禁军：拱卫京师，保护皇帝，主要分为三大营：五军营（以步兵为主）、三千营（以骑兵为主）和神机营（火器枪炮）。

锦衣卫：下设南、北镇抚司，从事侦察、逮捕和审问等特务活动。北镇抚司专理皇帝钦定的案件，拥有自己的监狱（诏狱），不必经过三法司便可自行抓人判刑。长官称都指挥使（正三品），下设指挥同知两人（从三品）、指挥佥事两人（正四品）、镇抚使两人（从四品）、十四所千户十四人（正五品）。

宦官

十二监：司礼监（内廷最高权力机构，设掌印太监一人和秉笔太监数人）、御马监、内官监、司设监、御用监、神宫监、尚膳监、尚宝监、印绶监、直殿监、尚衣监和都知监。

四司：惜薪司、钟鼓司、宝钞司和混堂司。

八局：兵仗局、银作局、浣衣局、巾帽局、针工局、内织染局、酒醋面局和司苑局。

东厂：长官称提督，一般由排名第一的司礼监秉笔太监兼任。东厂的职能同锦衣卫重合，但锦衣卫要接受东厂的指挥。

后记

我们一路奋战不是为了改变世界，而是不被世界改变

公元 527 年，达摩祖师抵达南京，见到痴迷佛法的梁武帝萧衍。

萧衍大建佛寺，精研佛理，甚至亲自登坛讲经，还动不动就跑到寺庙剃度出家，自以为功德无量，夸示于达摩，孰知只换来一句：“并无功德。”

萧衍不甘，追问怎样才算有功德，达摩对曰：既净化自我，又净化他人。这种度己度人的功德，不是靠世俗的有为来求得的。

达摩看出萧衍动机不纯，就像康德哲学里的“假言命令”——一个行为，只是在作为一种达到其他事物的手段时才是好的。

比如一个不谙世事的小孩走进镇上的一家杂货铺买面包，店主完全可以多收他的钱，因为其对面包价格缺乏基本的认知。但是店主意识到，如果有人发现他在占小孩的便宜，事情传播开来，会影响自己的生意，毕竟镇子不大。有鉴于此，他决定按正常价格收费。

与“假言命令”相对的，是“绝对命令”，即做一件事是因为它符合你内心的良知和真切的选择，而非因其有用或能带来其他便利。

康德之所以肯定“绝对命令”，是因为其代表了人本自具足的绝对价值，

人不是工具。

靠拍马屁换取晋升的机会，是为了外界加诸人的利益或目的而选择的行动，是“假言命令”。

只有在“绝对命令”中，人才能实现真正的自由，才可以说“知行合一”。

柏拉图有言：“人类对于不公的行为加以指责，并非因为他们愿意做出这种行为，而是唯恐自己会成为它的牺牲者。”

谁都不想生活在一个毫无底线的比坏型社会里。肉食者没有资格以道德和文化来回避法制建设、政治改革，而每一个公民，亦没有权利因制度的缺漏，便纵容姑息人性中的残酷和冷漠。

广场效应表明，群体的理智远远不如个体。一面墙，如果出现涂鸦没被清洗，不用多久，墙上就会布满其他乱七八糟的东西；一个人，如果做了缺德事却无人追究，那么更多的人便会毫不犹疑地跟着做，不觉羞愧。

对恶的无能为力，让所有人都无师自通地学会了分饰两角：现实中的沉默者和网络上的卫道士。当所有事物都被商品化后，人本身就丧失了价值，整个社会都将被冲垮。随之而来的便是富人视穷人为草芥，穷人视富人为仇雠，戾气弥漫，人人自危。

如果体制有毒，个人在其中的罪孽就可以赦免吗？

1964年，纽约皇后区发生了一起令人震惊的案件。刚刚下班的酒吧经理吉诺维斯在即将抵达公寓时遭到持刀歹徒的劫持，对方欲行强奸。她大声呼救并反抗，歹徒向她连刺几刀。三十八户邻居听到了呼救，目睹她垂死挣扎却无人出言阻止，直至歹徒逃离，才有人打电话报警。

吉诺维斯因为没有得到及时救治而死去。

此案在美国引发了广泛的讨论，并因此诞生了“吉诺维斯综合征”一词，心理学家用“旁观者效应”来解释不肯伸出援手的看客心理。

19世纪的问题是上帝死了，20世纪的问题是人死了。从卡夫卡到萨特，一个相同的主题是：发达的工业社会使生活于其中的人成为单向度的动物。他们丧失了自由和创造力，不再跳出同A4纸般整齐划一的生活，不再向往和追求诸如诗意、浪漫、敢爱敢恨和拔刀相助等高贵精神。

对此，弗洛姆主张社会改良和道德重建：“在一个健全的社会中，人不是他人达成其目的的手段，而永远是他自己的目的。因此，没有人被别人当作手段，也没有人把自己当作手段，人可以展现他身上人性的力量。一切政治和经济的活动都要服从于人的发展这一目的，使人成为他生活的主人。”

康德也说过：“人类在内心里有其尊严，因此他是万物之灵。而他的根本义务也在于不去否认其人格当中人性的尊严。”

这种尊严，便是良知——一种明辨是非的能力和智慧。

如果每个人都能倾听内心深处最真实的价值判断，那么技术红利耗尽、经济增长乏力、贫富差距拉大、民粹主义盛行的全球性危机并不难走出，因为一个敬信良知的人会非常清楚群己权界，不因追求自己的自由而伤害他人的自由。同时，明确了私域和公域的界限，也就明晰了权利和义务的划分，政治文明与精神文明才不是无根之木，人类命运共同体的构建也就不再是一纸空谈。

以入选《古文观止》的《象祠记》为例：

灵博之山（灵鹫山和博南山），有象祠（舜的弟弟象的祠庙）焉。其下诸苗夷之居者，咸（都）神（以之为神）而祠（供奉）之。宣尉安君（宣尉使安贵荣），因诸苗夷之请，新（翻修）其祠屋，而请记于予（请我写一篇记）。予曰：“毁之乎，其新之也？”曰：“新之。”“新之也何居（考虑）乎？”曰：“斯祠之肇（初建）也，盖莫知其原（起源），然吾诸蛮夷之居是者，自吾父、吾祖溯曾（曾祖）、高（高祖）而上，皆尊奉而禋祀焉，举（全部）而不敢废也。”

予曰：“胡然乎（为什么如此）？有鼻（古地名。相传舜封象于此，象死后，当地人为他建了祠庙）之祀，唐之人盖尝毁之。象之道（作为），以为子则不孝，以为弟则傲。斥于唐，而犹存于今；坏于有鼻，而犹盛于兹土也，胡然乎？”

我知之矣：君子之爱若人（此人）也，推及于其屋之乌（乌鸦），而况于圣人之弟乎哉？然则祠者为舜，非为象也。意（猜想）象之死，其在干羽既格（舜用干舞羽舞感化苗族）之后乎？不然，古之骜桀者岂少哉？而象之祠独延于世。吾于是盖有以见舜德之至，入人之深，而流泽之远且久也。

象之不仁，盖其始焉耳，又乌（怎么）知其终之不见化（被感化）于舜也？《书》不云乎：“克谐以孝，烝烝（音同“呈”）乂，不格奸”（《尚书》中对舜的赞美，说他能用孝心和淳厚感化自己的父亲和弟弟，故治国不会差），“瞽瞍（舜父，以心术不正著称）亦允若”。则已化而为慈父。象犹不弟（像个弟弟的样子），不可以为谐（称为全家和睦）。进治于善，则不至于恶。不底于奸，则必入于善。信（相信）乎象盖已化于舜矣。《孟子》曰：“天子使吏治其国。”象不得以有为也（天子派官吏治理他的国家，象原本将无所作为）。斯盖舜爱象之深而虑之详，所以扶持辅导之周（周到）也。不然，周公之圣，而管、蔡（管叔、蔡叔）不免（避免作乱）焉。斯可以见象之见化于舜，故能任贤使能，而安于其位，泽加于其民，既死而人怀之也。诸侯之卿（大臣），命（受命）于天子，盖《周官》之制，其殆（大概）仿于舜之封象欤？

吾于是盖有以信人性之善，天下无不可化之人也。然则唐人之毁之也，据（依据）象之始也；今之诸苗之奉之也，承（遵照）象之终也。斯义也，吾将以表于世。使知人之不善虽若象焉，犹可以改；而君子之修德，及其至也，虽若象之不仁，而犹可以化之也。

舜的父亲瞽叟是个瞎老头，老婆死后续弦，生了舜的弟弟象。象是个渣男，为了继承家产，千方百计地谋害作为长子的舜。瞽叟受后妻的挑唆，也在“杀舜”的游戏中上线，趁舜挖井时封井口、修房顶时撤梯子，谁知都被舜一一化解。

剧情很狗血，但历史就是这么记载的，王阳明也只好展开联想，说瞽叟和象三番五次地迫害舜，估计是因为舜责怪了他们的过错，激发了他们的恶性。舜在死里逃生的同时，意识到自己要象向善的心太迫切了，故反其道而行之，只在自身找原因并修正，且暗示父亲和弟弟“不要以为我好欺负，我只是不跟你们一般见识”。最后，舜在心理强大、良知充盈的过程中感染了象，使其无地自容，改邪归正，故有苗地之人也为其修建“象祠”。

画面切换到二次元世界。

腐败横行、贫富悬殊、堕落的哥谭市在黑暗中迷失了太久。市民早就习惯了逢人只说三分话，醉生梦死，得过且过。

还需要图腾吗？还需要英雄吗？

基督教的传说里，撒旦赢得世界的方式是捕获人类的灵魂，《蝙蝠侠》里的小丑亦然。

在《黑暗骑士》中，小丑自称“这座城市配得上一个有品位的罪犯”。他用极端的手段，设置了一道拷问人性的选择题。

哥谭即将毁灭，最后一批逃离的人坐上了两艘船。一艘全是普通人，另一艘则是黑帮党徒。

船至河心，骤然停歇，随即传来小丑的威胁：两条船上都装有大量炸药和一个起爆器。不过，起爆器控制的是另一艘船上的炸药，而只有一条船上的人可以生还，前提是12点前必须引爆一条船。

自私的民众已经选择了抛弃蝙蝠侠，他们还会选择抛弃彼此吗？

结果，小丑失败了。

载有普通人的船通过民主投票决定不引爆起爆器；而载有罪犯的船，起爆器被一个黑帮老大扔到了河里。

茫茫宇宙，地球不过是银河系某个旋臂角落上一粒无足轻重的微尘。人类的出现，据说源于一颗撞击地球的彗星带来了能形成原始生命的元素，概率极其渺茫。

唯一让人不后悔来到这个世上，不会觉得彗星的撞击是一次偶然的错误的，无非是人性当中残存的光明。

这便是《象祠记》所着力探讨的：一、在一个恶人遍布的环境里，是否还要当一个好人？二、恶人能否被好人感化，从而变好？

用舜和象的故事，王阳明给出了肯定的答案：天下无不可化之人。

从个体到全人类，我们都需要存在的意义和活下去的希望。因此，人的一生，心性是一项绕不过去的课题。

许多人承受着生命的考验，却不肯正视这个议题，宁可投机取巧，逃避考验，殊不知自以为得计时，已累积了更大的苦难，在余生等着他去品尝。

人在世俗生活中通常忘记了自己会死。这种“我不会死”的自信，促使人忙着规划未来，做着不属于现在的事，积累了种种成就，也提供了人对自我的认同。

然而，这种我们认为可以占有的东西，使“我”异于我的存在，使我们对自己的认识，并不是借由对自身内在的了解，而是借由对身外之物的拥有。

而外在之物变动不居，以此来确证我是谁，必将不断随之而变，直至走形。

当一个早已异化却不自知的人在社会中占据的位置不尽如人意时，就会觉得自己在人前何其卑微；而当他们继续占有更多东西的希望破灭时，就会觉得活着已毫无价值。

这种错把务虚当务实的颟顸之举虽说荒诞，但因习焉不察，生活中俯拾皆是。

其实，无论是生前悟道还是死前悟道，人终究会悟道。

当生命来到终点，欲望散尽，人就不再需要维护或隐藏什么。他已经百无禁忌，只需冲破死亡对生命的禁锢。

因此，临终之人，往往会产生无善无恶的意念。因其自我防卫机制已经瓦解，不再有个人的利害可图。

回顾此生，所有妄执都因其有限而虚假的特性一一破灭，一个广袤无垠的新世界逐渐在眼前呈现。

由此可见，常人想看清世界的本质，不在世间大死几回（精神的崩溃与重构），焉能拆除那顽固的自我意识，洞见良知良能的自性？

而举凡成大事者，又有哪个没在性命攸关的搏斗里垂死挣扎，凤凰涅槃，而后悟透了人生的真相？

人的一生有三个阶段：前自我、心智自我以及超自我。

前自我：由胚胎到儿童，依赖他人获得成长。

心智自我：由青年到中年，人生所有的表象成就（名、利、权）都在这个阶段获得。

超自我：随着身体衰老，心智自我渐渐破裂，开始超越个体的限制，与整个存在合为一体。

心学打破了这一起承转合的顺序，彻底在当下回转生命的态度，让自性贯穿从摇篮到坟墓的整个历程。

事实上，自我（意识）与自性（良知）既矛盾又相容。

人如果没有自我意识，则连行住坐卧都成问题。但若只有自我意识，便无法复见自性本体，同万有合一。

更严重者，自以为掌握了真理，专横跋扈，但凡听到不同的意见，便觉得是对真理的亵渎，立刻搬出各种术语和词汇，猛烈反驳。

这就是国人最普遍的问题：动辄拿有限的知识去批判他人的观点，好像只有这样才能彰显自己坚持了独立思考。

事实上《九三年》[1]早就回答了这个问题："真正的革命观点是不指控任何人。谁都不是无辜者，谁也都没有罪。"

从柏拉图的理想国到陶渊明的桃花源，每个人心中都有一个乌托邦。

秦始皇亦然，希特勒亦然。

有梦想不是错，但强迫他人活在自己的梦想里便大错特错。

同理，罪恶不在乌托邦，而在于它是否强制合流。

执着于自己的立场，自认为代表真理，是一种作茧自缚、妨碍人体悟自性的意念。受制于此，虽看起来气势汹汹、挥斥方遒，实则已陷入批评的反作用力所产生的情绪里，无法获得安宁。

另外，沉重的毁誉得失又使自我意识强烈的人活得很累。怀着做个世俗好人的心态，放弃原则，活给他人看，以便落一个蜗角虚名[2]。

长期迎合他人，不做真我，并不能取得你想象中的荣耀，反而越活越轻，失去存在感。

你庸庸碌碌，四处碰壁，直到有一天，发现把自己放空，看清了为什么活，要怎么活，与他人无关，心安自足，如同站在万仞悬崖边，即使风声鹤唳，也不再凄冷孤寂，因为那个饱满的自性，正与你紧密相依。

怀着这样的精神，做这样的事，不再有任何挂碍和恐惧，任何流言蜚语都与这个生命无关。你终于明白了要做什么样的人才会淋漓尽致，没有虚度。

人如果厘清自己生命的意义，把全部的意念都放在实践生命意义的斗志里，那种酣畅纯粹的美，就是心学。

小时候读过一则故事，主人公是一个叫罗汝芳的明朝人。

罗汝芳十几岁时曾跟一个朋友去探望某身患重病的长辈。长辈混得不错，有身份，有地位，还特别有钱，可谓不枉此生。

然而，当两人赶到时，已届弥留之际的长辈看看罗汝芳，又看看他朋友，

---

1 《九三年》是法国小说家雨果创作的最后一部长篇小说，描绘了资产阶级和封建势力在 1793 年进行殊死搏斗的历史场面。

2 蜗角虚名出自宋代苏轼的词《满庭芳·蜗角虚名》，比喻微小而没有作用的名声。

一句话也说不出来，只是一声接一声地叹气，好像对自己这辈子充满了遗憾，死不瞑目。

回去的路上，罗汝芳陷入沉思，对朋友说：“他老人家顺风顺水，万事如意，怎么临了还一直叹气？你说，要是咱们科举登第，仕途得意，甚至入阁拜相，临终时会不会叹气？”

朋友想了想，说：“恐怕也免不了。”

罗汝芳若有所悟：“既如此，我辈须寻个不叹气的事做。”

做不叹气的事，曾经是许多年轻人的梦想。然而。随着时间的流逝，人们发现想把一件小事做精做专，都难如登天，因为太多的诱惑和杂音以及光怪陆离的价值观要来抢占你的大脑。

我们这个时代的荒谬之处在于，表面上说价值多元，好像再也没有什么意识形态可以主宰所有人的思想，但其实骨子里绝大多数人仍被一种单一的价值观所奴役，那就是金钱至上。

有人喜欢月亮，有人喜欢六便士，但商品经济的消费主义强悍地驱逐了前者——我们被剥夺了不想成功的权利，似乎不擅长攫取资源，不会当精致的利己主义者，在这个丛林般的社会里就没有存在的价值。

王阳明是第一个在重农抑商的传统中国替商人撰写墓志铭（《节庵方公墓表》）的大儒，振聋发聩地提出“四民各尽其心，没有高下之分”。但他没有料到，一个还没有解决政治民主化的国度，又不得不直面一项新的挑战。

哈佛大学教授桑德尔在分析美国为什么出现衰败时认为，根源是建国之初的那种“共和主义”思想消失了，即自由取决于共享自治。

所谓共享自治，是说公民要与伙伴就“共同的善”展开协商，并致力于塑造政治共同体的命运，这就要求人们在充分尊重个体权利的同时，还需要“关于公共事务的知识、归属感、对集体的关心和对与自己命运休戚与共的共同体的道德联系”。

然而，当越来越多的东西都待价而沽，甚至为了满足虚荣不惜卖身卖肾时，这种价值观便到了需要反思的境地。

当我们决定某些物品可以买卖时，也就有意无意地认为把这些物品视作商品是适当的，但并非所有物品都适用于这样的评价。奴隶制之所以骇人听闻，就是因为它将人看作明码标价的商品，而事实上每一个人都有其尊严，不能被当成创收的工具和使用的对象。

在一个充斥着“买卖”的社会里，人的痛苦，本质上源于欲望大于能力，读书太少而想得太多。

佛教认为，大部分人都活在一个由职业、收入、人际关系和思想观念因缘和合的“假我”之中。“假我”不常在，因为构成它的诸般事物依赖特定的条件组合在一起，一旦众缘变化或离散，便迅速坍塌。

认同“假我”之人，等于将短暂的生命拱手交给了命运这个心狠手辣的编剧。命运无常，制造一个情境让他哭他就哭，制造一个情境让他笑他便笑。一辈子在红尘中颠沛流离，尽情演绎，到死也没活明白。

乔布斯有言：“你的时间有限，所以不要为别人而活，不要被教条所限，不要活在别人的观念里，不要让别人的意见左右自己内心的声音。最重要的是，勇敢地去追随自己的心灵和直觉。只有你的心灵才知道你最真实的想法，其他一切都是次要的。”

人人生而自由，但无往不在枷锁之中。摆脱束缚的唯一法门是反身而诚，跳出梦幻泡影般的俗世苦乐，点燃自性之光。

阳明心学一言以蔽之，乃“为己之学”，即每个人都要为自己的内心和人生负起责任，而不是按照别人的标准，在他者的目光中上演一场生活秀，左右逢源，丢失自己。

叔本华说：“‘人是什么’比‘人有什么’重要得多，也比‘他人的评价’重要得多。”以明觉良知、完善自我、建立事功为导向，王阳明告诉世人一个观点：成功虽以物质为表征，但莫不以精神为其来源。

大多数人一事当前，往往脑子没动心先动，很容易被自己的情绪和欲望控制，无法做出理性的判断。而人们做事之所以感到累，又常常是因为他根本不喜欢这些事本身，只想要事情背后的东西。比如读书为了考大学，上大学为了找工作，工作为了赚钱。说得极端一点，国人一辈子其实就干一件事——出人头地。

似这般戴着镣铐过活，当然沉重压抑，离禅宗所说的“饥来吃饭，困来即眠”相去甚远。

《中庸》有言："喜怒哀乐之未发，谓之中；发而皆中节，谓之和。"意思是，人的喜怒哀乐等情感尚未发动时，内心保持一种寂然不动、不偏不倚的状态，就叫作"中"；情感表现出来时，都能把握一个适当的度，符合自然常理和社会规范，就叫作"和"。《中庸》认为"中"与"和"是一种非常高的境界，当大多数人都能达到时，则天地便能各安其位而运行不息，万物也能各得其所而生长发育了。

马斯洛通过研究发现，那些自我实现的成功人士身上有一个共同而显著的特点，即打破了二元对立和"非此即彼"的惯性思维，能够把游离甚至是相互矛盾的事物整合进统一体。事实上，王阳明将其学说归宗于"致良知"，也正是希冀这样一个"万物一体"的大同世界。从一只虫子身上，你可以看见大地的历史；从一颗星星表面，你可以看见宇宙写下的诗。一即一切，一切即一，万物相依相存，没有任何事物可以脱离万物的怀抱而独立存在。

事实上，一个社会不可能在缺乏良知和信仰的情况下还能长期运转自如。人与人之间日渐消亡的信任，个体内心与日俱增的不安——光明不直接惩罚不接受它的人，但拒绝光明，停留在黑暗之中，这本身即是一种惩罚。

晚清学者严复曾说："制无美恶，期于适时；变无迟速，要在当可。"这与梁启超"于国体则承认现在之事实，于政体则求贯彻将来之理想"的主张不谋而合。什么时候我们构筑起了独立自主、充实完整的心灵世界，勇于自己承担责任，不再把错误推诿于他人；什么时候在思想上形成了有风度的对抗以及和平竞争的思维，国家才能有力量，民族才能有希望。

然而这一切，都自阳明心学始。

拂去尘埃，那个华丽的时代引人遐想。在本土的文化传统中孕育出民主科学的思想，进而过渡到公民社会，到底有没有可能？王阳明给出了答案。

阳明心学具有思想解放的意义，它提倡人格独立，不盲从权威，人人都可成王成圣。悍然独往却随机转化，变而通之又岿然不动。心有主，我制外；心无主，外制我。心为本体，万物在我。

阳明心学是明朝中后期启蒙运动的发轫。自万历十二年（1584 年）王阳明从祀孔庙以来，阳明心学便以顺风扬帆之势风靡天下。据时人记载："始于一方，则一方如狂；既而一国效之，则一国如狂；至于天下慕而效之，则天下如狂。"

错过了王阳明，中国停滞了数百年；得到了王阳明，日本有了明治维新。

人生糊涂识字始，人生强大炼心起；知行合一常磨炼，心学悟后无六经。

你可能遍览群籍，无所不晓；你可能左冲右突，寻找成功的法门。然而你可知道，心理弱小之人注定无法成功，生活亦不可能幸福；取得辉煌事业的人，均有泰山崩于前而面不改色的心理素质。阳明心学不是辞章之学，而是促使你心理强大、成王成圣的实学。

可惜，人的眼睛向外，永远看不到自己，都是自己的陌生人。长此以往，你失去自我，沦为他人的客体。任何人的语言都可以轻易绕过你的思维，迅速进入你的心里，激起你情绪的波澜。更可悲者，你根本没有时间去反思，而是被媒体和朋友圈裹挟着去消费、去愤怒、去笑、去哭，发泄剩余的精力，直到有一天，你的内心彻底被虚假的信息支配，变得唯唯诺诺。你认同了开豪车的比骑机车的值得尊敬这一价值排序，面对前者你就会畏首畏尾，面对后者你就会色厉内荏——你早已听不见自己的声音，真假不辨，是非不明。

成大功者必有大智慧。围棋的变化有360的360次方，生命亦如此，每个“下一刻”都是无法预料的，事先很难做出准确的计划。但是，外界无法一目了然，却可以了然于心，因为事都是人做出来的，对弈的主体也是人，把握了自己就把握了世界，对人心认识越深，就越能获得主动权。

阳明心学就是要人摊开来检视自己，认识生命，从虚假信息和有害情绪搭建的自我意识中跳出，站在心体的层面审视、监督意识，用正确务实的观念指导行动，用对人心深刻的体察来打破他人的心墙。

就像歌词里唱的一样：从来就没有救世主。只有你能为你做出的判断负责，只有你才是你命运的主人，只有你才是你世界的主宰，只有你知道到底值不值得，只有你能排除旁人嗤之以鼻的杂音，走出一条属于自己的路。这就是“心即理”，它告诉我们：人的本质，一切人性，并非自然获得，而是人类自我建立起来的。对人类整体而言是这样，对个体来说也是如此。

王阳明最反对盲目崇拜、人云亦云，将之比作矮子看戏，随人喝彩。事实也是如此，贪官和奸商的话天花乱坠却一文不值，只有用良知去检验证悟，身体力行，千锤百炼，才能看穿一个人的本质，检验一条道理是否行之有效，这便是“知行合一”。

用在个人，这是一种雷厉风行的作风、理性严谨的态度和审时度势的智慧。而用在国家，它又是推动一切政策贯彻落实的利器，消灭各种不正之风的灵丹妙药。毕竟，历览前贤国与家，从来就不缺好的制度，缺的只是将其执行到位的人。

五百年前，有明一代最杰出的哲学家、政治家、军事家王阳明平地一声响雷，以恢宏无匹的气概打破了明朝媚俗、沉闷的世风，建立起独树一帜的思想体系。他为世人的安身立命找到了精神归宿，那是一种脱胎换骨、由内而外的洗礼，又传授了他们实现自我价值的终极奥义。他改写了一个时代，影响了三个国家（中国、朝鲜、日本），就像那个被人用滥了的比喻一样：

鸟，我知道它能飞；鱼，我知道它能游；兽，我知道它能走。飞的我可以射，游的我可以钓，走的我可以网。但是龙，我不知该怎么办啊！学识渊深莫测，志趣高妙难知。龙乘风云，可上九天！

任何溢美之词都已显得多余，彼时，他的门生故吏已遍布天下；身后，追慕膜拜者更是延绵不绝，连乾隆皇帝也要附庸一把，亲笔为他书写“命世真才”的御碑。

然而，面对这一切，九泉之下的王阳明只会淡然一笑。他从来就不自囿于权威，也反对任何形式的造神运动，即使那些文治武功早已成为世人津津乐道的传奇，王阳明却从来没有变过，他永远只是那艘载你过河的船，河的对岸是你的内心世界。既已渡河，船也会自然而然淡出你的视线，消失在那雾气蒙蒙、虚无缥缈的河面上。

随露珠凋零，随露珠消逝，此即吾身。龙冈的往事，宛如梦中之梦。

此刻，我依稀听见从东海之东飘来一个声音，那是历史深处的回响，是高杉晋作[1]正在吟诵自己的诗：

王学振兴圣学新，古今杂说遂成烟。
唯能信得良知字，即是羲皇以上人。

1　高杉晋作是日本幕末时期的著名政治家和军事家，长州藩尊王讨幕派领袖之一。

参考文献

（明）王守仁著．王阳明全集．上海古籍出版社 .2011

（明）王守仁著，（明）施邦曜编．阳明先生集要．北京：中华书局 .2008

（宋）朱熹，吕祖谦编．近思录．郑州：中州古籍出版社 .2008

（明）王阳明著．传习录．郑州：中州古籍出版社 .2008

（宋）陆九渊著．陆九渊集．北京：中华书局 .2012

冯友兰著．中国哲学史．上海：华东师范大学出版社 .2011

张岱年著．中国哲学大纲．南京：江苏教育出版社 .2005

李泽厚著．中国古代思想史论．北京：生活·读书·新知三联书店 .2008

陈来著．有无之境．北京：人民出版社 .1991

杨国荣著．心学之思：王阳明哲学的阐释．北京：中国人民大学出版社 .2009

杜维明著．青年王阳明：行动中的儒家思想．北京：生活·读书·新知三联书店 .2013

余英时著．宋明理学与政治文化．吉林出版集团有限责任公司 .2008

（清）黄宗羲著．明儒学案．北京：中华书局 .2008

钱穆著．国史大纲，修订本．北京：商务印书馆 .2013

钱穆著．阳明学述要．北京：九州出版社 .2010

（清）张廷玉等著．明史．北京：中华书局 .1974

孟森著．明史讲义．北京：中华书局 .2006

谷应泰著．明史纪事本末．北京：中华书局 .1977

谈迁著．国榷．上海古籍出版社 .2008

彭国翔著．良知学的展开．北京：生活·读书·新知三联书 .2015

（日）冈田武彦著，吴光等译．王阳明与明末儒学．上海古籍出版社 .2000

秦家懿著．王阳明．北京：生活·读书·新知三联书店 .2011